国家级职业教育培训规划教材
人力资源和社会保障部职业能力建设司推荐

大学生
职业生涯发展规划

主 编 李亚慧 韩 燕

中国劳动社会保障出版社

图书在版编目（CIP）数据

大学生职业生涯发展规划 / 李亚慧，韩燕主编．-- 北京：中国劳动社会保障出版社，2020

ISBN 978-7-5167-4631-8

Ⅰ．①大… Ⅱ．①李…②韩… Ⅲ．①大学生－职业选择－高等学校－教材 Ⅳ．①G647.38

中国版本图书馆 CIP 数据核字（2020）第 159798 号

内容提要

本教材基于大学生的学习特点和发展规划需求，以心理学、教育学、管理学等学科理论为基础，结合职业生涯理论和当今社会的就业形势，采取“1 个体系 +4 个重点”“1 个兼顾 +4 个结合”“1 个基础 +4 个模块”的全新模式，既阐述理论、传授知识，又指导实践、拓展思考，激发大学生的自主意识，促使大学生科学、理性地规划自身未来的发展，并努力在学习过程中提高就业能力和生涯管理能力。

本教材适合在校大学生和毕业生使用，还适合高等院校就业指导教师、从事职业生涯指导工作的人员、其他职业人士阅读和使用。

中国劳动社会保障出版社出版发行

（北京市惠新东街 1 号　邮政编码：100029）

*

三河市潮河印业有限公司印刷装订　　新华书店经销

787 毫米 ×1092 毫米　16 开本　17.75 印张　287 千字

2020 年 8 月第 1 版　　2020 年 8 月第 1 次印刷

定价：38.00 元

读者服务部电话：（010）64929211/84209101/64921644

营销中心电话：（010）64962347

出版社网址：http://www.class.com.cn

本书编委会

（排名不分先后）

主　编：李亚慧　韩　燕

副主编：卢田锡　刘　华　李作学　胡日查

编　者：张　鸣　陈晓娟　郭　疃　齐艳霞

刘　晖　刘丽君　王　靖

前 言

随着大学生就业形势的日益严峻，大学生职业生涯发展规划的重要性得到了越来越多的认可，但不少大学生乃至毕业生都还没有真正理解职业生涯规划的意义，不了解职业生涯规划的流程、方法和技巧，对职业的选择和职业生涯的规划都呈现出或盲目或茫然的状态。

例如：不知道自己能干什么，不知道自己想干什么，也不知道自己适合干什么；不知道社会需要什么样的人，不了解自己所学专业的未来发展状况，也不了解应该到哪里找工作；不知道现在该做些什么，是应该考研、出国、择业，还是创业……

如何抢在毕业之前解决就业问题？如何抢在就业之前解决创业问题？如何抢在创业之前解决学业问题？提前做好职业生涯与发展规划，是解决这些问题的前提。

本教材基于大学生的学习特点和发展规划需求，以心理学、教育学、管理学等学科理论为基础，结合职业生涯理论和当今社会的就业形势，从职业生涯规划概述、自我认知、认识工作世界、大学生职业生涯目标与决策、大学生职业生涯规划的实施和管理、大学生职业素养提升、大学生就业指导、大学生创业指导等方面入手，通过激发大学生职业生涯发展的自主意识，促使大学生科学、理性地规划自身未来的发展，并努力在学习过程中提高就业能力和生涯管理能力。

本教材主要有以下三个特点。

1. 1个体系＋4个重点

本教材全面梳理了大学生职业生涯发展规划的体系，同时着重阐述了生涯规划、素养提升、就业指导和创业指导四项重点内容，既强调职业在人生发展中的重要地位，又关注学生的全面发展和终身发展，引导学生树立正确的职业理想和求职理念，全面提高大学生职业素养和综合职业能力。

2. 1个兼顾+4个结合

本教材兼顾知识与能力，同时坚持职业生涯规划教育与就业指导结合、职业生涯规划与素质教育结合、职业生涯辅导与心理调适结合、理论学习与实践体验结合，以有效引导大学生正确认识和了解自己，准确指导大学生提高职业实践能力和职业生涯设计能力，激发其提高全面素质的自觉性。

3. 1个基础+4个模块

本教材采用“1+4”的内容呈现形式，“1个基础”即贯穿全文的理论知识，“4个模块”即穿插其中的学习目标、引导案例、拓展模块（包括延展阅读、案例分析、探索思考、经验分享、问题指导、实践示范、职场访谈、小组讨论、团队训练、管理游戏等）和实践作业，既阐述理论、传授知识，又指导实践、拓展思考，构建了大学生从理论学习转向社会实践的桥梁。

综上，本教材涵盖了大学生职业生涯发展规划的各项细节和关键问题，适合在校大学生和毕业生使用，还适合高等院校就业指导教师、从事职业生涯指导工作的人员、其他职业人士阅读和使用。

本教材由内蒙古财经大学、沈阳航空航天大学的各位老师共同编著。韩燕、李作学编写第1章和第3章，刘华编写第2章和第4章，卢田锡、齐艳霞编写第5章，胡日查编写第6章，张鸣、郭曈、王靖、刘晖编写第7章，李亚慧、陈晓娟、刘丽君编写第8章，全书由李亚慧统撰定稿。

编者

2020年5月

目　录

第1章　职业生涯规划概述

第2章　大学生职业生涯规划的基础：自我认知

第3章 大学生职业生涯规划的基础：认识工作世界

第4章 大学生职业生涯目标与决策

第7章 大学生就业指导

第8章 大学生创业指导

第1章

职业生涯规划概述

学习目标

1. 熟悉职业、职业生涯、职业生涯规划等相关名词的内涵；
2. 了解职业对个体生活的重要意义；
3. 掌握职业生涯规划与大学生未来生活的关系；
4. 了解影响大学生职业生涯规划的因素；
5. 了解大学生涯与职业生涯的关系；
6. 掌握大学生活对职业生涯规划的影响；
7. 了解大学学习的特点；
8. 了解大学期间的发展阶段及特点；
9. 学会对大学期间的学业进行规划。

☆ 引导案例：目标明确，精心构筑未来

张同学是某普通本科院校优秀毕业生，毕业后顺利进入某知名企业，目前已成为部门的业务骨干。

张同学对大学的学习和生活有充足的心理准备，从未后悔过当初的选择。他没有像有些同学那样抱怨“时运不济”，胡思乱想，把时间浪费在上网、玩游戏、聊天上。他坚信，成功主要靠自己去把握，历经磨炼，才能成才。

进校伊始，他定了三个目标：第一，顺利完成大学本科学业，不挂科；第二，积极参加学校各类活动，争取担任学生干部；第三，积极向党组织靠拢，通过自己的优异表现加入中国共产党。以上三个目标，在大家看来会显得过于实际，甚至有些功利，但正是如此清晰的目标，指引了他学业生涯成功的方向。他说：“人不应该好高骛远，但也不能没有目标；可实现的事情就可作为我的目标，而这些目标的实现是有助于我将来跨入社会、顺利就业的。”

他给自己设定清晰目标以后，是如何去做的呢？

第一，他保证了专业成绩名列前茅。大学期间的八个学期，他有六个学期都是综合成绩第一，每年都获得学校的奖学金。他也是同年级学生中最早一批通过英语四级考试的，在别的同学“享受生活”的时候，他却在背英语单词。

第二，他进入大学后就通过自己的努力成为班长，并一直保持到大学毕业，他积极参加学校的各类活动，比如“迎新生晚会”“职业生涯规划大赛”“专业技能竞赛”“职场精英挑战赛”等，毕业的时候，证书和奖杯有十几个。

回首往事，他说，人生最重要的就是任何时候都不要气馁，要给自己定目标，要付出努力，要耐得住寂寞，经得起诱惑，决定的事情一定要坚持，不管面对多少困难，也要将自己的命运牢牢掌握在自己手中，未来才会更美好。

读完这个故事，你有哪些想法？你制定好自己的目标了吗？你是否打算为自己的将来付诸行动？

（资料来源：李莉．大学生职业生涯规划实训教程［M］．北京：北京理工大学出版社，2015.）

1.1 认识职业生涯规划

在我们生活的时代，“成功”是一个非常耀眼的名词。成功意味着很多美好的事物，例如地位、金钱、名誉、成就感等。因此，每个人都渴望成功，为了成功而拼命学习和工作。对于大学生而言，成功不是通过幻想得到的，而是通过脚踏实地的专业学习和实践获取的。

有人说，人一生都在寻找三样东西：一是“它”——你的事业或职业；二是“他”或“她”——你的另一半；三是自己。本书所要实现的目标就是引领大学生科学地规划自己的职业生涯，帮助大学生找到人生最重要的三样东西中的两样。

1.1.1 职业、职业生涯与职业生涯规划

1. 职业

恩格斯认为：“劳动创造了人本身。”社会的进步带来了劳动分工，随着社会分工越来越细化，不同的社会需求便形成了不同的职业类别，其内部构成与外部关系也越来越丰富，因此，国内外的学者从不同角度出发，对职业的概念进行了论述。

美国学者舒尔茨认为，职业是一个人为了不断取得个人收入尤其是最低层次的因维持生计而从事的、具有市场价值的连续特殊活动。

教育家、哲学家杜威认为，职业不是别的，是可以从中得到利益的一种活动。

综上，本书认为比较科学的“职业”定义是：人们在社会生活中所从事的以获得物质报酬作为自己主要生活来源并能满足自己精神需求、在社会分工中具有专门技能的工作。它是对特征相同或相类似的一类工作的统称。职业的内涵可从以下四个方面来理解。

（1）与人类的需求和职业结构相关，强调社会分工。

（2）与职业的内在属性相关，强调利用专门的知识和技能。

（3）与社会伦理相关，强调创造物质财富和精神财富，获得合理报酬。

（4）与个人生活相关，强调物质生活来源，并满足精神需求。

联合国在1958年正式颁布了《国际标准职业分类》，将职业分为9个大类、83个中类、284个小类、1 506个细类。目前许多国家根据该职业分类，编制出符合本国国情的职业分类词典。1999年，劳动和社会保障部组织编制《中华人

民共和国职业分类大典》，区分了三大产业。2004 年 8 月，劳动和社会保障部建立了新职业信息发布制度，不定期发布职业分类大典上未收录的新职业，引起社会各界广泛关注，也为大学生选择职业拓展了渠道。

2. 职业生涯

“生涯”一词由来已久，最早可追溯到《庄子 · 养生主》：“吾生也有涯，而知也无涯。”可见，“生涯”最初是被用来说明生命是有限度的，后来逐渐引申为道路，即人生的发展道路，如“学术生涯”“戎马生涯”等。《辞海》对“生涯”的解释是：从事某种活动或职业的生活。

探 索 思 考

我的生命线

请在白纸上画一条直线，这条直线的长度代表了你生命的长度。思考一下，你期待自己活到多少岁？将直线的一端视为你生命的开始，另一端写上你期待可以活到的年龄。

在这条生命线中找到你现在的年龄点，并标记出来，写下现在的年龄。

回顾你过往生命历程中发生的重大事件，在直线上方写出两到三件对你有积极影响的事件，并在直线的相应位置上标明年龄；在直线下方写出两到三件对你有消极影响的事件，并在直线的相应位置上标明年龄。

思考一下这些事件对你的影响，即它们如何使你成为今天的你。

职业生涯的内涵要丰富得多。在英文中，职业生涯的对应词汇是“career”，美国心理学博士格林豪斯（Greenhaus）认为职业生涯是“贯穿于个人整个生命周期的、与工作相关的经历的组合”。他指出职业生涯同时包含客观和主观的成分：客观成分是指客观存在部分，例如工作职位、工作职责、工作活动以及与工作相关的决策；主观成分是指对工作相关事件的主观知觉，例如个人的态度、需要、价值观和期望等。一个人可以通过改变客观的环境（如转换工作）或者改变对工作的主观评价（如调整期望）来管理自己的职业生涯。所有人都拥有自己的职业生涯，而无论从事何种职业，个人、组织和环境都会对职业生涯产生重大影响。

3. 职业生涯规划

美国是职业生涯规划的发源地。1908 年，有“职业指导之父”之称的帕森斯（Frank Pasons）针对大量年轻人失业的情况，成立了波士顿职业局，首次提出职业指导的概念。从此，职业指导开始系统化。

美国著名学者唐纳德·舒伯（Donald Super）认为职业生涯（又称生涯）是生活里各种事态的演进方向和历程，其核心是自我的形成、发展与实现。经过四年的研究，舒伯提出了生活广度、生活空间的生涯发展图形，即“生涯彩虹图”，如图 1–1 所示。

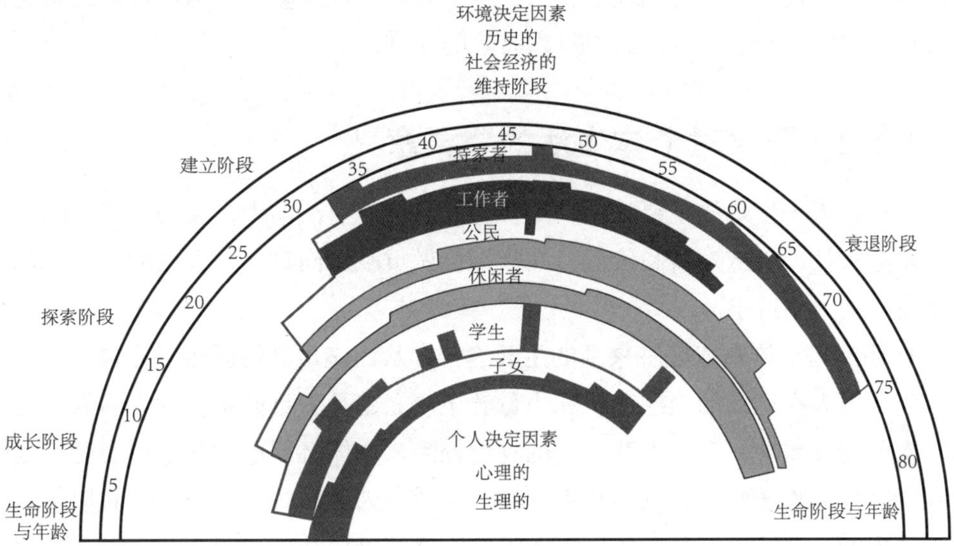

图 1–1　生涯彩虹图

在生涯彩虹图中，最外的层面代表横跨一生的“生活广度”，又称为“大周期”，包括成长阶段、探索阶段、建立阶段、维持阶段和衰退阶段，如图 1–1 所示。大学生的生涯发展阶段属于探索阶段。这个阶段主要的生涯发展任务是从多种机会中探索自我，逐渐确定职业偏好，并在所选定的领域中开始起步。里面的各层面代表纵贯上下的“生活空间”，由一组角色和职位组成，包括子女、学生、休闲者、公民、工作者、持家者等主要角色，这些角色都是一个人自我认知的具体表现。自我认知是个人对自己的兴趣、能力、人格以及价值观等方面的认识，是个人职业生涯规划的核心。工作与生活满意度的程度，取决于个人能否在工作中、职场上以及生活形态中找到展现自我的机会。

在舒伯的生涯彩虹图中，生涯规划被立体化了，更注重职业对人的意义，同时关注非职业角色对生涯的影响。一个理想的人生，不仅仅依赖于职业角色的完美与否，更多的非职业角色使人生有更多自我实现的可能性。台湾学者金树人先生这样描述非职业角色对职业生涯规划的意义：“生涯辅导是将休闲视为生涯当中与教育、职业不可分割的部分：宛如一幅画，留白的部分也同时构成全幅画的精髓；又似一盆插花，空间的部分也是花道的精华。”

综上，职业生涯规划是指在对个人职业生涯的主客观条件进行测定、分析、总结的基础上，对自己的兴趣、人格、能力、价值观等进行综合分析与权衡，结合所处时代、社会、经济和政治特点，根据自己的职业倾向，确定最佳的职业奋斗目标，并为实现这一目标做出行之有效的安排。

1.1.2 职业对个体生活的重要意义

职业是人一生中的主要活动，个体主要通过职业活动为社会的经济、政治、文化服务，从而创造效益和价值，在为社会做贡献的同时达到自己的人生目标，实现自己的人生追求。

1. 职业是个体获取经济来源的主要途径，从而满足其物质生活需求

需求是人类活动的内在动机和力量源泉。无论是满足低层次的生理需求还是高层次的发展需求，都离不开一定的物质保障。个体必须通过参加社会劳动获取生存所必需的物质资料，维持基本的物质生活。因此，职业是人们为获取生活来源而从事的社会活动，是个体生存和维持家庭的物质基础。职业活动最基本的意义就是谋利，人的谋利更多体现在追求高收入的职业上，这也是人们选择职业的主要标准。各国统计数据都显示，不同职业从业者在收入水平上会有很大不同。基于这一点，目前很多大学生把外企白领、软件工程师、金融分析师、医生、大学教授等职业作为心目中的首选。

2. 职业是个体参与社会交往的重要手段，从而满足其精神层面需求

职业可以使人获得非经济利益。个体在职业活动中所展示的才华和业绩一旦被社会所肯定，就可以获得相应的社会地位、荣誉、权力、友谊等，并充当一定的社会角色。职业类别、职业环境和职业中的个人等级就像是标记符号，显示出一个人的社会地位，同时也体现出一个人的社会价值。

1954 年，美国社会学家怀兹等人对数百位美国人进行了一项调查，调查问题是："当你拥有一笔不必工作也能维持生计的遗产时，你还会工作吗？"调查结果显示，超过80%的人给出了肯定的答案，因为他们认为工作可以给他们带来很多乐趣，使他们感受到自身存在的价值。由此可见，职业对个体的精神生活具有重要的意义。

3. 职业是个体实现自我价值的必要载体，是个体奉献社会的重要途径

职业除了给个体提供生活来源外，还能给个体提供体现及发展个人才能的舞台以发挥其特长和优势，使个人和社会发生更深程度的接触。当一个人把某项职业作为自己一生的理想和追求时，那他就找到了自己的事业。他会最大程度地发挥自身的潜能，积极投入到社会建设当中，为社会做出自己的贡献。因此，职业是个体实现自我价值和社会价值的重要平台。

选择不同的职业，生活将向不同的方向展开。不同职业就意味着不同的收入水平、不同的生活状态、不同的社会地位、不同的交往圈子。从这一角度看，职业确定了一个人的人生。

1.1.3 大学生做好职业生涯规划的意义

案例分析

李强，大四学生，快要毕业了，不知道该做什么工作，也不知道自己的未来在哪里，对前途比较迷茫，平时除了上课也不知道干什么好。来学校就业创业咨询室咨询的问题是：将来应该做什么？做职业生涯规划有用吗？

下面是他和咨询师的一段对话。

咨询师："你了解你自己的专业吗？"

李强："不是太了解，就感觉自己的专业不好，没有前途。"

咨询师："你有没有和你的专业课老师谈谈呢？"

李强："老师比较忙，怕打扰老师，没敢找老师。"

咨询师："......"

李强："职业规划有用吗？"

咨询师："你满意你现在的状态？"

李强："不！"

咨询师："你现在的状态与你缺少规划有没有关系呢？"

李强："……"

大四了，对自己的专业既不了解，又缺乏主动性，还没做什么就先给自己设限，把自己限制死，其实是为自己的不作为找理由和借口。

从职业生涯规划咨询过程中，我们可以清楚地看到，李强对职业生涯规划持怀疑的态度，如果他明白职业生涯规划的重要性，不至于是现在的状态。

现在不少大学生都缺乏紧迫感，热衷于追求一些所谓的潮文化，推崇时尚，沉湎于玩网游，看偶像剧，上网，谈恋爱，没有认真规划自己的将来。当然，有的人也想过，但只是偶尔，想完了也就算了。

有很多人会问：职业生涯规划真的有用吗？不是说计划不如变化快吗？即使规划好了，还是会有很多变化，那么规划真的有用吗？他们认为，船到桥头自然直，这世界变化太快，生涯规划只是一时的流行，很多事情既然无法预测，再规划也是枉然。

生涯规划的目的不是让你很快找到自己的人生目标，迅速做出决定，而在于对自我和环境的不断探索。通过生涯探索，更多地了解自己和环境，那就可能做更充分的准备，也更可能有意识地发挥出自己的潜能。以积极的态度面对人生，随时知势知时知己，才不会被淘汰。正是由于时代变化太快，生涯规划才显得更有必要。计划时代和"铁饭碗"时代是不用生涯规划的。没有变化，何须规划？因为变化，所以规划！

做生涯规划，并不是让你去控制变化，而是去预测变化，做好准备，在变化来临之前，已做好准备。

（资料来源：张静．大学生职业生涯规划［M］．青岛：中国海洋大学出版社，2016.）

大学阶段是大学生职业生涯的准备期。大学生在大学阶段的职业生涯规划和准备情况，对其未来的生活和职业发展有着非常重要的意义。

1. 有利于大学生明确未来切实可行的职业方向

有效的职业生涯规划可以使大学生充分认识自己，在了解自己的兴趣、能力、价值观等个人特质的基础上，客观分析外部环境，获取详细的职业信息，找出自己在知识、技能等方面的不足，尽早确定自己的职业发展方向，树立科学的职业生涯目标。这就促使大学生合理规划自己的学习和实践，为理想的职业去做各种准备，避免学习的盲目性和被动性。

延展阅读

目标的影响

1952年7月4日清晨，美国加利福尼亚海岸笼罩在浓雾中。在海岸以西21英里的卡塔林纳岛上，一位34岁的女士跃入太平洋海水中，开始向加州海岸游去。要是成功的话，她就是第一位游过这个海峡的女士。她叫弗罗伦丝·查德威克。在此之前，她是游过英吉利海峡的第一位女性。

早晨的海水冻得她全身发麻。雾很大，她连护送她的船都几乎看不到。时间一个小时一个小时地过去，千千万万的人在电视前看着她。有几次，鲨鱼靠近了她，被人开枪吓跑了。她仍然在游着。

15个小时之后，她又累又冷，她知道自己不能再游了，就叫人拉她上船。她的母亲和教练在另一条船上，告诉她离海岸很近了，叫她不要放弃。但她朝加州海岸望去，除了浓雾什么也看不到。几十分钟后——从她出发算起是15个小时55分钟之后——人们把她拉上船。又过了几个小时，她渐渐觉得暖和多了，却开始感受到失败的打击。

她不假思索地对记者说："说实在的，我不是为自己找借口。如果当时我能看见陆地，也许我能坚持下来。"人们拉她上船的地点，离加州海岸只有半英里！查德威克一生中就只有这么一次没有坚持到底，因为她看不到她的目标。

故事启迪：要想获得成功，就必须要确定一个清晰可见的目标，因为目标是人奋勇向前的动力源泉。

2. 培养大学生的自信心，提高自身综合素质

自信心是影响大学生职业成功的重要因素之一，求职过程中的困境和挫折往往使大学生的自信心也受到影响。职业生涯规划的过程使得学生充分认识自我，找到自身的差距和不足，通过不断学习和调整增强对职业和工作的认识，自信心也随之建立起来。同时，随着就业形势越来越严峻以及未来社会对人才需求趋向多元化和专业化，且注重品行合一，是否具备社会需要和认可的综合素质也会影响到大学生的职业生涯。在挑战和趋势面前，大学生应该根据自己的职业方向和目标，将所学专业与社会要求结合起来，有针对性地培养自己的综合素质和能力。

3. 帮助大学生进一步了解社会，增强就业竞争力

社会的发展使职业的选择成为一个比较复杂的社会历程。生活在象牙塔里的大学生们在大学期间缺乏实践活动，对社会及外部的职业信息知之甚少。针对当下大学生的就业压力，系统的职业生涯规划可以帮助大学生未雨绸缪，充分获得职业、礼仪、社会交往等多方面的信息，使其能够根据自身的特点和社会的需要，结合自身利益和长远发展的关系，合理规划自己，找到适合自己发展的平台，提升自己的就业竞争力。

4. 帮助大学生实现职业成功，促成自我实现

大学阶段是大学生职业生涯规划的重要准备阶段，将直接影响大学生毕业后的就业竞争力和未来能否获得职业成功。根据马斯洛的需求层次理论，人的需求是由低向高逐渐推进的，而所有这些需求必须通过职业生涯活动来实现。作为社会中的一员，每个人都需要通过一份职业来满足自己的需求，发挥自己的潜能，实现自我价值。但是，并不是有一份职业就意味着可以满足自己的需求、体现自己的价值。人人都渴望事业成功，接受过良好高等教育的大学生更是对未来职业道路充满了很高的期望，并且愿意为之付出努力。但职业成功和自我价值的实现仅靠主观努力是不够的，还要看是否选择了正确的方向。明确的职业生涯规划可以帮助大学生理性地选择职业，使其迈出的每一步都走向成功。古语讲凡事“预则立，不预则废”就是这个道理，一份好的职业生涯规划能够加大职业成功的概率，为大学生实现自我价值创造机会。

延展阅读

四只毛毛虫的故事——关于人生规划

有四只毛毛虫都喜欢吃苹果，于是去森林里找苹果吃。

第一只毛毛虫跋山涉水，终于来到一棵苹果树下。它根本就不知道这是一棵苹果树，也不知道树上长满了红红的可口的苹果。当它看到其他的毛毛虫往上爬时，就稀里糊涂地跟着往上爬。没有目的，不知道终点，更不知道自己到底想要哪一种苹果，也没想过怎么样去摘取苹果。它的最后结局呢？也许找到了一个大苹果，幸福地生活着；也可能在树叶中迷了路，过着悲惨的生活。不过可以确定的是，大部分的虫都是这样活着的，没想过生命的意义是什么、为什么而活着。

第二只毛毛虫也爬到了苹果树下。它知道这是一棵苹果树，也确定它的“虫”生目标就是找到一个大苹果。问题是它并不知道大苹果会长在什么地方，但它猜想：大苹果应该长在大枝叶上吧！它慢慢地往上爬，遇到分支的时候，就选择较粗的树枝继续爬。于是它就按这个标准一直往上爬，最后终于找到了一个大苹果。它刚想高兴地扑上去大吃一顿，突然发现这个大苹果是全树上最小的一个，上面还有许多更大的苹果。更令它泄气的是，要是它在上一次选择中选择另外一个分支，它就能得到一个大得多的苹果。

第三只毛毛虫也到了一棵苹果树下。这只毛毛虫知道自己想要的就是大苹果，并且研制了一副望远镜，还没有开始爬时就先利用望远镜搜寻了一番，找到了一个很大的苹果。同时，它发现当从下往上找路时，会遇到很多分支，有各种不同的爬法；但若从上往下找路时，却只有一种爬法。它很细心地从看中的苹果的位置，由上往下反推至目前所处的位置，记下这条确定的路径。然后，它开始往上爬了，当遇到分支时，它一点也不慌张，因为它知道该往哪条路走，而不必跟着一大堆虫去挤破头。比如说，如果它的目标是名叫“教授”的苹果，那应该爬“深造”这条路；如果目标是“老板”，那应该爬“创业”这条路。按理说，这只毛毛虫应该会有一个很好的结局，因为它已经有自己的计划。但真实的情况往往是：因为毛毛虫的爬行相当缓慢，当它抵达时，苹果不是被别的虫捷足先登，就是已熟透而烂掉了。

第四只毛毛虫可不是一只普通的虫，它有自己的规划。它知道自己要什么苹果，也知道苹果将怎样长大。因此当它带着望远镜观察苹果时，它的目标并不是哪个大苹果，而是一朵含苞待放的苹果花。它计算着自己的行程，估计当它到达的时候，这朵花正好长成一个成熟的大苹果，它就能得到自己满意的苹果。当然最后它如愿以偿，得到了一个又大又甜的苹果，从此过着幸福快乐的日子。

第一只毛毛虫是只毫无目标、一生盲目、没有规划的糊涂虫，不知道自己想要什么。遗憾的是，我们很多人都像第一只毛毛虫那样活着。

第二只毛毛虫虽然知道自己想要什么，但是它不知道该怎样去得到。在习惯中的正确标准指导下，它做出了一些看似正确却使它渐渐远离正确的选择。而曾几何时，正确的选择离它又是那么接近。

第三只毛毛虫有非常清晰的规划，也总是能做出正确的选择。但是，它的目标过于远大，而自己的行动过于缓慢，机会、成功不等人。同样，我们的人生也极其有限，单凭个人的力量，也许勤奋一生也未必能找到自己的苹果。

第四只毛毛虫不仅知道自己想要什么，也知道如何去得到，以及应该需要什么条件，然后制订清晰实际的计划，在望远镜的指引下，一步步实现自己的理想。

其实我们就像毛毛虫，而苹果就是我们的人生目标——爬树的过程就是我们职业生涯的道路。毕业后，我们都得爬上人生这棵苹果树去寻找未来，而没有规划的职业生涯注定是要失败的。

有什么样的规划就有什么样的人生。我们的时间非常有限，越早规划人生，就能越早成功。因此，要想得到自己喜欢的“苹果”，想改变自己的人生，就要先从改变自己开始，做好自己的职业生涯规划，做第四只毛毛虫。

1.1.4 影响大学生职业生涯规划的因素

众所周知，人一生的职业历程经历着种种不同的可能：有的人从事这种职业，有的人从事那种职业；有的人一生变换过多种职业，有的人终身在一个岗位上；有的人功成名就，有的人碌碌无为……每个人都有不同的职业生涯发展阶段，在进行职业生涯规划时所考虑的因素也不同，从而造就了不同的发展结果。因此，大学生在进行职业生涯规划时，要认真思考影响自己职业生涯规划的每一个因素。

1. 个人因素

每个人都有其独特的心理特质和个性，不同的兴趣、性格、能力、价值观等都会对职业生涯规划产生不同的影响。

（1）兴趣。简而言之就是你喜欢什么工作。兴趣是职业生涯选择的重要依据，是影响一个人选择职业最主观的因素，也是判断一个职业是否适合自己的关键。可以说，兴趣是职业成功的起点。一个人找到自己最感兴趣的工作，就等于踏上了通向成功的道路。从事与自己兴趣相吻合的职业能更好地激发人的潜能，使其积极地关注和感知与该职业相关的知识和动态发展变化。正如孔子所言：“知之者不如好之者，好之者不如乐之者。”职业兴趣对人的行为具有强大的驱动作用，所以大学生在规划自己的职业生涯时，一定要充分了解自己的兴趣所在，尽量选择感兴趣的职业。

延展阅读

如何处理兴趣和责任的关系

中央电视台《绝对挑战》有一期节目，是阿里巴巴旗下的淘宝网招聘商务谈判经理。当时，马云先生问了三个很经典的问题，其中一个是：“如果你感兴趣的事情你的上级偏不让你做，而你不感兴趣的事情，上级偏让你做，这时候你会怎么办？”

二号选手说：“和上级沟通。”

“如果沟通不成功呢？”马云先生接着问。

二号选手说：“那我要告诉他：不为结果负责任。”

马云先生意味深长地点了点头。

这个问题应该怎样回答？我们必须先搞清楚兴趣和职业究竟如何匹配。

第一，对于个人来讲，一定要做自己感兴趣的工作。

一个人如果要长期发展，就要有动力，而兴趣就是最重要的动力之一。但是在现实中，很多人在选择职业时想选自己喜欢的，实际行动中选择的却是“看似不错的行业”“容易进入的企业”“待遇不错的工作”“听上去有发展前景的事业”等。尽管这些选择并没有错，但是如果缺乏了兴趣——动力的来源，很可能会出现缺乏足够的竞争力，或者在面临困境和压力时难以坚持下去的情况。

第二，对于职业人来讲，只有兴趣还不够，还要有责任。

工作，经常是一部分让你感兴趣，也有一部分让你不感兴趣（比如，你喜欢和人打交道，但是不一定喜欢和各种类型的人打交道），所以每个人都会在工作中遇到兴趣和工作的冲突。这个时候，成熟的职业人会采取“暂时忍耐”的策略，以工作需要为重。

第三，对于职业人来讲，兴趣和职业的匹配是一个渐进和艰难的过程，很多时候不得不暂时放弃自己的兴趣。

在成功的道路上，很多时候难以做到兴趣和职业相匹配。比如，你喜欢自由，但是职业会有很多约束；你喜欢管理，但是经常被人管；你喜欢创意，但是工作要求你循规蹈矩；你喜欢实干，但有时会陷入“办公室政治”中不能自拔。

职业规划的道路上，太多职业人面临着“如何接纳一个不喜欢的职业状态”的挑战，有时候甚至面临改变自己核心价值观的问题。在多年摸索的道路上，职业人必须明白一个事实，那就是：兴趣是可以培养的，也是可以管理的，有时候甚至可以通过放弃旧兴趣来激发新兴趣。

因此，可以这样回答马云先生的问题：

“如果领导总是让我做我不喜欢的事情，短期来讲，我可以接受，毕竟工作是第一位的，不能按照我的喜好来行事。但是长期来讲，我需要考察这个工作是不是符合我的兴趣，如果长期做不符合我的兴趣的事情，我不能做得出色，我也不会接受这样的任用。我一直在学习管理自己的兴趣，尽量在工作中做到不让自己失去兴趣带来的动力，同时也会考虑企业的大局和利益，不被个人的兴趣所左右。”

（资料来源：深圳荣格职业规划中心）

（2）性格。即个人对现实的稳定的态度和习惯化的行为方式。俗话说“江山易改，本性难移”，性格一旦形成就具有独特性、一致性和相对稳定性。性格影响着一个人对职业的适应性。从人–职匹配理论来看，一个人所从事的职业环境与其性格特点如果一致性高，他就会得心应手，愉快地享受工作；反之，虽然也能完成工作，但事倍功半，容易感到疲劳和厌倦。最好的情况是选择与性格类型相适应的工作。

（3）能力。能力一词的内涵很丰富，如社会能力、交际能力、表演能力、学习能力、适应能力等都属于能力范畴。能力说明了一个人擅长做什么。在职业生涯规划中，能力是自我认知最重要的一个方面，是事业成功的必要条件。因此，大学生在职业生涯规划过程中，有必要了解自己的能力及其与相关专业的匹配程度。

（4）价值观。价值观是指个人对客观事物（包括人、物、事）和对自身行为结果的意义、作用、效果和重要性的总体评价，是对什么是好的、什么是应该的总的看法。价值观使人的行为带有稳定的倾向性。

职业价值观是人生价值观在职业问题上的反映，其体现了一个人真正想从工作中得到什么，决定了个体对工作的相对稳定的、内在的追求。职业价值观对大学生的职业选择与发展起着方向引导及动力维持的作用。

探索思考

生命中最珍贵的五样东西

人的一生中有许多东西难以割舍。在同学们的生活中，同样也有些东西非常重要。现在，给大家五分钟时间，请大家安静、认真地思考，然后写下你认定的生命中最宝贵的五样东西。

接下来，请同学们逐一删去你认为五样中不那么重要的项目，最后只留下一项。

请同学们仔细思考：最终留下的是不是你生命中最宝贵的东西？是不是你生命存在的意义？

2. 职业因素

职业是社会分工的结果，随着社会需求逐渐增多，职业的种类和需求也随之发展，每一种职业都被赋予不同的功能，使得各种职业在收入状况、智力水平、劳动强度、工作条件等方面有着较大的差异。如有的需要消耗体力，有的需要消耗脑力，有的需要在户外风吹日晒，有的终年可以坐在舒适的办公室里，这些差别导致了人们对职业形成了不同看法和态度。

人们往往根据职业性质、职业条件、经济收入来评价职业的社会地位与职业声望。一般来说，职业声望包括四个方面的内容。

（1）职业的社会功能。它表现为职业对社会的作用和意义，主要通过责任、权利和义务体现出来。一般来讲，社会功能越强、任职条件越高的职业，职业声望和职业地位就越高。

（2）职业报酬。它是从业者获得的各种利益，包括工资收入、福利待遇、晋升机会、发展前景等，是一个比较综合的指标。如工资收入高的职业福利待遇不一定好，晋升机会也不一定多。另外，每个人对职业地位的判断也有差别。一般来说，职业报酬越高，职业地位也就越高。

（3）职业自然条件。它是与职业活动相关的工作环境，如劳动强度、技术装备、安全系数、卫生条件和业余时间等。

（4）职业要求。它是职业对任职者各项素质的要求，包括受教育程度、资格认证、政治面貌、职业道德、身体状况、综合能力和知识结构等。职业对人的要求越高，被替代的可能性就越小，这种职业就越有吸引力。

职业声望是以上各要素的综合反映和综合作用的结果，单个要素不能全面反映职业声望，比如有的职业的从业者虽然收入高，但社会地位并不高。大学生职业声望印象的形成，一方面受社会职业声望的影响，另一方面也受自身态度因素的影响。现在许多大学生往往将某一种因素作为判断职业地位的依据，具有很大的片面性。只有全面了解职业声望的意义，才能更好地进行职业生涯规划。

3. 环境因素

人不能摆脱环境而生存，社会因素、社会需要、家庭、学校教育等外在环境因素对大学生职业规划也有着直接或间接的影响。

（1）社会因素的影响。从宏观上看，社会文化环境、社会主体价值观念、政治制度和氛围等社会因素对大学生择业有着广泛而深远的影响。

影响大学生职业生涯规划的社会因素具体包括三个内容。一是社会文化环境，主要包括教育水平、教育条件和社会文化设施等。在良好的社会文化环境中，个人能力通过良好的教育和感染得以提升，可以为职业生涯发展打下良好的基础。二是价值观念，一个人在不同的社会环境中生活，必然会受到不同价值观念的影响。大多数人的价值取向在很大程度上都为社会基本价值取向所左右。社会价值观念正是通过影响个人价值观来影响个人职业选择，从而影响职业发展。三是政治制度和氛围，政治不仅影响到一国的经济体制，而且也影响着企业的组织体制，必然直接影响到个人的职业发展。政治制度和氛围还会潜移默化地影响个人的追求，从而对其职业生涯产生影响。

总之，分析和理解影响职业生涯的社会因素，有助于大学生进行正确的职业生涯规划，使大学生在变化的社会环境中取得职业生涯的良性发展。

（2）社会需求的影响。社会需求是决定大学生职业生涯规划和选择的最重要的客观条件。一般来说，社会需求会对职业选择造成四种影响。一是影响职业选择的实现程度。一般来讲，求大于供，大学生职业选择的范围就大，实现的程度就高；反之，则选择范围相对缩小，实现程度就低。二是影响职业选择的时间性机遇。用人需求具有时间性，只有当用人需求付诸招用实践时，它才能够切实地为大学生的职业选择提供机遇条件。因此，是否具有社会需求的时间性机遇，对大学生职业选择的成功与否影响巨大。三是影响职业选择的范围。职业选择要在社会需求可能的范围内进行，超出这个范围，就很难获得成功。四是影响职业技能的发展方向和水平。有的大学生不朝着社会需求的方向发展自己的职业技能，而是盲目地按个人的喜好进行，虽然具备了某些方面的知识与技能，但不为社会现实所需，也无法实现职业理想。

（3）家庭的影响。家庭是社会的细胞，也是我们成长的环境，家庭氛围、父母的职业、家庭教育、社会地位、家人的期望、家庭经济状况等因素跟一个人的成长有很大的关系，因此，家庭是造就个人素质与职业生涯的重要因素。

延展阅读

杨峥的职业生涯规划

2004年，中国农业大学大四学生杨峥经过深思熟虑后，决定放弃考研，自行创业。然而，考研是父母为杨峥设定的唯一目标，在得知杨峥的决定后，父母以“脱离父（母）子关系”表示强烈反对。杨峥专门请了三天假回家与父母沟通，希望说服父母同意自己的做法。

杨峥的家乡是安徽桐城，清代的桐城派散文让这一古城闻名全国。桐城派的雅致文风与清代历史相伴，在我国文学史上的影响绵延了200多年，桐城人以这里曾经拥有闻名全国的美文而自豪，“敬学识、出才子”是桐城人多少年来形成的文化传统。

杨峥成长在一个典型的“严父慈母”家庭中，在杨峥成长过程中，父亲认为儿子的全部精力应该放在学习上，母亲则给了儿子很多的宠爱和呵护。让父母骄傲的是，杨峥的学习成绩非常优秀，中考时考入了全市最好的学校；高考时又以高出重点线50多分的成绩考入了中国农业大学。杨峥在那时曾经和父母有过一个约定——四年之后，他还要去考取硕士研究生，继续深造。

几年前，杨峥的父亲下岗了，虽然他不懂电工技术，但是却在一家餐馆学着做一份电工的工作。父母的工资加在一起不到2 000元，但每月都会按时给杨峥寄来800元的生活费。母亲有一次在电话里跟杨峥说，家里已为他攒下几万元钱，供他读研究生时再用。杨峥不考研对他们来说是件非常没面子的事情，如果让邻居们知道了，他们会觉得很丢人。

杨峥自己却有着明确的职业生涯规划：他计划在30岁的时候达到较为成功的职业状态。他计划先用两年的时间尝试创业——如果成功了，30岁前自己会有一份自己的事业，那时还可以继续深造；如果失败了，两年后自己23岁，同样可以通过读研去寻求发展。杨峥认为，现在研究生毕业去大公司应聘，用人单位都要求有两年的从业经验。自己先尝试一下创业，即便是失败，也可以从中获得很多经验。

在和母亲的交谈中，杨峥拿出了他的职业生涯规划图。看到儿子的职业规划，母亲的态度有所转变。然而，在儿子考研的时间问题上，她还有着疑虑。原来，在外公家的四个孩子中，杨峥的三个舅舅和姨妈都是本科学历，现在他们都已在广州、武汉等大城市有了比较好的工作和生活。相比之下，只有杨峥的母亲没有走出桐城。她一直认为是大专学历限制了自己的发展，儿子有张过硬的文凭是她最大的心愿。她告诉杨峥，她在工作后也有过继续深造的机会，但是工作的时间长了，学习的想法也就淡了，最终放弃了学习的机会。所以，对于杨峥暂不考研的想法，她是有顾虑的。

经过反复沟通，杨峥的母亲最终表示了理解，同时也对杨峥提出了两个条件：首先，杨峰必须完成好本科学业；另外，如果明年5月，杨峥和同学们还没有找到创业的资金，那么就要找一份工作，一边就业一边创业，更加踏实地面对生活。谈话结束时，杨峥再次向母亲做出了承诺：无论成功与否，两年之后他都会回到学校继续深造。

由杨峥这个例子我们可以看出，大学生在做职业生涯规划时，一定要考虑父母的意见和感受，与父母进行充分沟通，双方才能够取得足够的理解，职业生涯规划才能得以顺利实施。

（4）学校教育的影响。学校教育包括上大学之前的学校教育和大学教育。学校教育对大学生职业生涯规划的影响也是至关重要的。学校的老师，无论是中小学老师还是大学老师，都不同程度地对学生起到了楷模的作用。老师的支持和鼓励可能决定学生终身对某一学科、专业或工种的兴趣。另外，接受过不同教育程度的人，在个人职业选择或被选择时具有不同能量。一般来说，接受过较高水平教育的人，在就业以后会有较大的发展；在职业不如意时，再次进行职业选择的能力和竞争力也较强。此外，所学专业、学科门类对其职业生涯规划也有着重大影响。大学生在选择职业、转换职业时往往与所学的专业有一定的联系，或以该专业的理论知识、技术能力为基础，流动到更高层次的职业岗位上。因此，学校教育是事业成功不可缺少的因素。

1.2 大学生涯规划

1.2.1 大学生涯与职业生涯的关系

大学是一个影响大学生未来的重要时期。诚如李开复所言："大学是人生的关键阶段。这是因为，进入大学后你终于放下高考的负担，第一次开始追逐自己的理想、兴趣。这是你离开家庭生活，第一次独立参与团体和社会生活。这是你不再单纯地学习或背诵书本上的理论知识，第一次有机会在学习理论的同时亲身实践。这是你第一次不再由父母安排生活和学习中的一切，而是有足够的自由处置生活和学习中遇到的各类问题，支配所有属于自己的时间。"因此，大学生涯是整个人生的重要阶段，是大学生职业生涯发展的准备期，也是个人职业生涯的起步阶段。

大学生从本质上来讲还是学生，大学阶段是其人生观、价值观、世界观形成的重要阶段，因此大学生的主要任务就是学习。但这种学习和高中阶段的学习是截然不同的，大学生学习的目的是为了提升自己的职业能力，为毕业后走向社会、参加工作做准备。大学生涯实际上就是就业准备阶段，目的是为自己能够更好地适应社会储备知识、提升能力。因此，大学期间的生涯规划应以学业规划为主，辅以成长、实践规划。

1.2.2 大学生活对职业生涯规划的影响

如果现在问大家一个问题："你为什么上大学？"答案可能五花八门：有的人为了学习更多的专业知识；有的人为了改变现状，将来找到一份好工作；有的人根本不知道自己为什么上大学，仅仅就是因为升学惯性，稀里糊涂地来到了大学。对于绝大多数人而言，上大学最直接的目的是为了学习知识、培养能力，将来找一份好工作，提升生活层次。而针对大学生的职业生涯规划来说，大学生活为大学生的职业生涯规划奠定了良好的基础。

延展阅读

她的故事

村里已十多年没有出过大学生了，她以全县文科第三名的成绩考上大学，乡亲们纷纷送来红包表示祝贺。

进了大学校门，一切都很新鲜，校园依山傍水，建筑物错落有致。她没见过火车，没见过那么宽的马路，还有那么高的楼房，仿佛从地球的一隅被空投到了繁华的都市。

在新生活中，她很愿意表现自己，但却接连遭受打击。学生会纳新，因为在中学一直是班干部，她满怀信心地报了名，却名落孙山，因为她长相一般，也没有任何特长，书法、唱歌、跳舞、排球……样样都不会；去食堂打饭，食堂师傅都责怪她说不清“四”和“十”，宿舍的同学也常拿她开玩笑；去校医院看病，她紧张得竟不知道如何向医生讲述自己的病情。

尽管这一切让她受尽委屈，但是她在一点一点地努力改变自己。一次，老师布置大家写一篇文章：《我最喜欢的一本书》。大家都觉得这是小学的题目，草草了事，但是她写得很认真。她的文章被老师大加表扬，并建议同学们传阅，她第一次被别人重视起来。

不久，由于她文章写得好，老师提议她担任学生会的秘书长。之后，她组织并参与了多项活动，如矿泉水的市场调查、电视台的收视情况调查、大学生科技创业项目等。她在日益丰富的校园生活中锻炼了能力，逐渐找到了自我。

大学毕业后，她应聘到当地一家报社做编辑。由于她文笔好，工作踏实努力，很快得到领导的赏识，晋升为栏目主编。在职业发展的道路上，她迈出了成功的一步。

大学生活对职业生涯规划的影响主要体现在以下四个方面。

1. 创造良好的成长环境

大学是高级知识分子的聚集地，这里有学识渊博的老师，也有知识高深的学术精英。在这里，大学生们可以通过上课、讲座、报告、日常辅导等多种方式，系统地掌握基础知识和专业知识，接近学科前沿，提高专业能力尤其是专业创造能力。

大学有浓厚的学习、研究与成才氛围，有藏书丰富的图书馆，大学生们可以广泛涉猎各种新的思想和学术成果，拓宽知识面，不断培养自己的理论思维能力、实践操作能力和探索创新能力。

另外，大学还汇集了富有激情、敢于挑战、思想开放的来自五湖四海的同学。每位学生都是独特的，有自己的兴趣爱好、处事方式、价值观念，大家可以相互学习，取长补短，不断丰富和完善自己。

2. 获取较高的职业生涯规划起点

虽然职业没有高低贵贱之分，但是社会职位是有层次之分的。从社会职位的分布来看，低层职位在社会上的分布最多，职位层次越高，相应的职位也就越少。任何职位都有任职资格要求，要求任职者具备相应的能力。高层职位要求任职者具备更高的能力。无疑，上大学是获取较高职位发展起点的一条非常便捷的途径。大学生在大学期间能够系统地学习相关专业知识，提升自己的能力和综合素质，为个人将来的职业生涯规划创造一个比较高的发展起点。

3. 积累宝贵的人际资源

大学聚集了很多优秀的同学和老师，大学生可以通过各种各样的途径去结识他们，扩大自己的人际关系网，譬如师生关系、同学关系、校友关系、朋友关系等。这些人际资源对于以后的求职以及职业生涯规划来说是一笔非常宝贵的财富。

4. 满足更高层次的人生需求

在人生的大舞台上，每个人都渴望实现自我价值。我们上大学不仅是为了学习知识，更重要的是通过上大学找到一份适合自己发展的职业而实现自我价值，获取职业生涯的成功。按照马斯洛的需求层次理论，人的需求是一个由低层需求向高层需求逐渐发展的过程，即生理需求→安全需求→社交需求→被尊重的需求→自我实现需求。所谓“人往高处走，水往低处流”，要实现较高层次的人生需求，大学生就应具备丰富的知识、较高的素质和能力。而大学的学习过程则为实现高层次的人生需求创造了条件。

1.2.3 规划大学生涯

1. 大学学习特点

大学阶段的学习与中学阶段的学习相比，在学习内容、方法和要求上具有较大的变化，表现在以下四个方面。

（1）管理自我，主动学习。与中学阶段相比，大学的最大不同之处在于：生活上要自理，管理上要自治，学习上要高度自觉。据调查，大学生约有45%的学习时间可以自我支配，且利用方法也不尽相同。有的人充分利用这些时间来学习，有的人利用这些时间去打工挣钱，有的人利用这些时间从事自己感兴趣的活动。其实在看似自由的时间里，大学生仍需要完成许多自学任务，学习气氛是外松内紧的。因此，如何培养和提高自学能力显得尤为重要。大学的学习不像中学那样完全依赖教师的计划和安排，大学生不能只单纯地接受课堂上的教学内容，必须充分发挥主观能动性，发挥自己在学习中的潜力。这种充分体现自主性的学习方式将贯穿于大学学习的全过程，并反映在大学生活的各个方面，如学习的自主安排、学习内容和学习方法的自主选择等。

（2）专业性与综合性相结合。从报考大学的那一刻起，专业方向的选择就提到了考生面前，被大学录取之后，专业方向就已经确定了。四年大学学习的内容都是围绕着这一大方向来安排的。大学的学习实际上是一种高层次的专业学习，这种专业性随着社会对本专业要求的变化和发展而不断深入，知识不断更新，知识面也越来越宽。随着经济和社会的发展，社会对人才素质的要求越来越高。为了适应社会的需要，在竞争中立于不败之地，大学生不仅要有专业知识，还必须培养多方面的知识和能力。因此，大学生除了完成专业学习外，还需要广泛地涉猎其他领域，将自己的兴趣爱好和社会需求相结合。

（3）全面发展，注重能力培养。能力培养是现代社会对大学教育提出的一个重要任务。知识再多，不会运用，也只能是一个“知识库”“书呆子”。由于大学教育中的确存在着高分低能的现象，这就使得大学生的能力培养问题成为高等教育中一个亟待解决的重要课题。这要求大学生必须在全面掌握专业知识和其他有关知识的基础上，加强专业技能的培养和智力的开发，在学习书本知识的过程中重视教学实践环节的锻炼，例如大学生暑期社会调查、创业计划大赛、挑战杯大赛、科技法律管理咨询等，通过大量的社会实践活动，更多地接触社会、了解社会、发现问题，并努力运用现代科学知识和手段去解决实际问题。

（4）掌握正确的学习方法。在大学的学习中，大学生应注重培养正确的学习方法，要善于思考，深入挖掘问题，在理解的基础上进行记忆，及时消化和吸收。经过不断思考，不断消化，不断加深理解，才能得到扎实的知识和能力。学习方法正确，往往能收到事半功倍的效果。

2. 大学期间的发展阶段

对大学生而言，是否能够顺利地完成由中学生到大学生的转变，能否顺利地完成大学期间的各阶段任务，能否顺利地找到自己喜欢而且能够胜任的工作，关键在于大学生的自我规划意识和能力。大学生在校期间的职业生涯规划大致可以分为以下四个阶段。

（1）大学一年级——准备与适应阶段。这一阶段的大学生刚步入大学校门，面对新的学习方式和生活环境，往往会感到迷茫和失落，找不到正确的目标和方向。这就需要大学生通过积极主动地与老师、家长、同学交流，尽快适应新的环境，完成从高中生到大学生的角色转变，增强自我管理和适应能力。如积极参加学校组织的专业知识讲座，了解自己所学专业的历史变革、发展前景及学习方法；积极参加学校组织的职业生涯规划讲座，了解职业生涯规划的程序、理论和自我认知的方法等。

（2）大学二年级——调整阶段。经过一年的大学学习和生活，大学生已经能够适应大学生活，对大学生活和社会环境有了初步的认识和了解，同时对自身的优势、劣势、兴趣、爱好、性格、能力等也有了初步的认识和了解，有能力初步制定自己的职业生涯目标。这时，大学生应在学校与相关教师的指导下，积极开展社会实践调查活动，参加素质拓展训练，发挥自我的主观能动性，促使自己正确进行环境评估。大学生还可以通过职业测评系统完成职业认知，初步制订出个人职业生涯规划，并通过相关心理团体活动，提升自我认知能力、职业能力，提高行为管理、时间管理、压力干预能力以及工作学习的平衡管理能力，以积极有效地推进职业生涯规划的进程。

（3）大学三年级——发展阶段。通过前两年的职业生涯辅导和能力锻炼，大学生的各项素质得到了明显提高，根据职业能力的需求，大学生职业发展方向出现了多元化：考研、创业、就业等个性化辅导提上了日程。因此，这一时期大学生要通过专业咨询和测试的帮助，明确个人价值观，进一步修正和完善自己的职业目标。同时，大学生应积极参加各种社会实践活动或进入企业实习，积累工作经验，同时考察自己的表达能力、组织管理能力、团队协作能力、人际关系处理能力、执行能力等职业能力是否初步具备，并针对不足制定提升方案。

（4）大学四年级——成熟与职业准备阶段。四年级的大学生即将面临个人生涯发展过程中的又一次转变，将面临着实习、就业或升学，所以大四学生应该进一步确认自己职业意向的可行性。通过之前三年的学习和准备，大学生应该对自己的职业发展有了清晰的认识，也能下定决心脚踏实地从基层做起。这个阶段的大学生应该认真对自己的大学生活做一个总结，从个人的学识、能力、优势、劣势等方面给自己一个准确的定位，结合自己的人生目标，制订一个详细的短期规划，可以包括大四和毕业后一两年时间。该规划要对毕业时可能发生的各种事情做出假设和设想，并提出相应的解决方案。这一过程对大学生来说具有重要的实践价值和指导意义。另外，大学生要多参加学校开设的创业讲座，提升自身的创业、就业能力，还可以通过实践、座谈等多种渠道对自己进行就业心理、就业技巧等方面的训练，快速提升自身的就业能力和就业技巧。

经验分享

我的大学

弹指一挥间，四年光阴已匆匆流逝。随着毕业季的到来，心里沉甸甸的，满载着对北航的眷恋与不舍。回首四年的成长历程，心中对母校充满感恩之情。

沐浴在北航淳朴而严谨踏实的氛围中，四年来，我过着一种简单而美好的生活，规律而充实，心里时时快乐。我相信，做好简单的事情并坚持下去就是一种成功。

大一：做最好的自己

由于高考没能发挥出理想的水平，高考后的暑假我一直生活在自责与反思之中，对专业不是特别满意，对自己的前途又是那么迷茫。9月，抱着复杂的心情来北航报到，不知道自己的大学四年会是什么样。

感谢北航的开学小军训，慢慢融化了我那颗麻木冰冷的心。小军训中，学长、学姐对我们体贴备至。记得9月军训期间天气突然转冷，早操时尤其冷。我因为家在北京，报到的时候并没有带太多的衣服，同学又都是刚刚认识，不好意思借外套，只能先忍一下了。至今记得，早晨在2号楼集合完毕准备去训练场的时候，学姐看见我只穿一件短袖，就关切地走过来询问。知道我的情况之后，学姐就跑回去给我拿了一件她的外套。随后几天，每天晨训的时候我都一直穿着学姐的外套在训练。也许在她看来这是一件小得不能再小的事情，却开始慢慢融化我初来报到时麻木的心。北航于我而言，不再是一个冷冰冰的代名词。相反，它开始渐渐变得有血有肉有感情。之后几天的军训我也练得很认真，最后还被选为优秀学员。这些小事渐渐冲淡了高考的阴影，班主任赵老师和几位辅导员的学前教育也给了我更多的动力，使得我能够将更多的精力投入到新的生活中去。

接下来的大一一年，一切都似乎过得格外顺利。排练元旦晚会节目、参加学生会、去暑期实习，每一天的日子都过得快乐而充实。总结起来，这一年各个方面的进步很大程度上是因为我放下了思想包袱。走出阴影，放下包袱，着眼当前，轻装前进，做最好的自己！

大二、大三：从哪里摔倒就从哪里爬起来

相比于大一，大二这一年不再那么一帆风顺。由于参加了太多课外活动，我的学习成绩有所下降。伤心之后，我细细思考，自信源于实力，消除阴影的最好办法就是在哪里摔倒就从哪里爬起来。大二下学期到大三，我集中精力，开始了非常疯狂的自习。一方面，除了一些必要的事情请假之外，所有的课程都基本保证了全勤，而且只要去上课就会认真听讲，不在底下做与课程无关的事。另一方面，放松娱乐的时间减少了，时间基本都在自习中度过。虽然明知上学期和同学之间的差距难以完全弥补，但是至少做到无愧于心、不留遗憾。通过课上的认真听讲、课下的刨根问底、课后的认真刻苦，我的成绩有了明显的回升。学习中，我找到了自信，同时发现自己更适合学习而不是外事活动，所以大二开始为保研做准备。

感触最深的两点是：第一，自己要对自己负责，因为没有人会不断提醒你。比如保研报名截止时间之类的一些细节要做到心中有数，不能因一些自己的小失误造成无谓的遗憾。第二，就是平时的积累。做好这一点真的是最难的事情，但这也是保研中最重要的事情。平日感觉大家都学得差不多，但是往往在对知识点细节方面的把握上会体现出与同学之间的差距。

大四：生活，依然奔跑在路上

保研之后，我前进的脚步没有像其他保研同学那样渐渐慢下来。相反，大四的生活一如既往地忙碌而充实。每天都在进步，每天都有新的收获。文武之道，一张一弛，忙碌之余，我也尽量拿出更多的时间与家人、与朋友一起度过。另外，多次和几位学弟学妹的交流也让我在分享的过程中收获了友谊。分享是快乐的，爱出者爱返，福往者福来。

结语：收获

回顾我的大学四年，不是一帆风顺的四年，但的的确确是收获的四年。我收获了成长，收获了友谊，收获了希望。我认为，职业生涯规划并没有那么难。根据我的经历来看，规划源自实践：尝试了学生会，发现自己不喜欢做外事、人际活动；努力学习，发现自己具有读研的潜质。很多时候，认真去做眼前的事，心里自然就会有一杆秤，就会知道什么适合自己。生活，在于全力以赴的态度！

（本文作者为北航2007级本科生，2011年9月进入清华大学就读硕士研究生）

---

3. 大学期间的学业规划

（1）学业规划的概念。学业规划是指大学生根据自身情况，结合现有的条件和制约因素，为自己确立整个大学期间的学业目标，并为实现学业目标而确定行动方向、行动时间和行动方案。换言之，就是大学生通过解决学什么、怎么学、什么时候学等问题，确保顺利完成学业，为成功实现就业或开辟事业打好基础。对于在校的大学生来说，只有及早设计自己的学业规划，明确自己的学业目标，提高素质优势，才有可能在将来激烈的竞争中把握机会，获得成功。

大学阶段，大学生究竟应该怎样规划学业？马英九的家训或许能够带给大学生一些值得思考的东西。

延展阅读

此生理想，近期规划，今日功课

虽然马英九是独子，但其父马鹤凌还是极其严格的。他从国学精髓中找出了一些准则要求儿子做到。

其中一条便是：有原则不乱，有计划不忙，有预算不穷。这位老父亲可真是教子的典范，仅仅这三个“不”字，完全说透了做人的根本。任何人，之所以当断不断，根本症结便是没有目标、没有原则、没有信念。相反，一个人如果有明确的信念，便可以始终如一，立场坚定。仅仅有了原则和信念显然还不够，还得有明确的人生计划。如果没有计划，或者不脚踏实地去执行这一计划，那么即使有原则，也只是空谈。

人生的计划应该怎样确定？乍一听这个题目，谁都会觉得发懵，尤其是对社会缺乏足够的认识，对未来缺乏远见的年轻人。马鹤凌又为儿子解决了这一难题，他说："此生理想，近期计划，今日功课。"

人生的计划，原是分为三大部分的。第一部分就是要确定一生的理想。这一点，似乎绝大多数人都曾做过，有人想当科学家，有人想当医生，甚至有人想当总理、总统。定这样一个计划不是难事，眼睛一闭，随口说出就可以了。至于未来能否实现，那是另一回事。针对这一症结，马鹤凌为儿子开出了药方：近期计划。此生的理想是由一个又一个近期计划组成的，每实现一个计划，便离理想更近了一步。怎样实现近期计划？说起来也很简单：今日功课。在近期计划中明确每天必须完成的功课，只要能够一步步扎实地把握今天，明天就能走向成功。

（2）学业规划的内容。学业规划一般包含如下内容。

① 专业技能学习规划。进入大学，每位大学生都必须根据自己被录取的专业进行专业技能的学习。那么怎样做好专业技能学习规划呢？

一是确定专业技能学习的目标。比如，人力资源管理专业学生的学习目标应该是达到人力资源管理岗位所需要的技能要求，即一方面要达到理论学习要求，顺利毕业，取得人力资源管理师资格证；另一方面，要通过实习，熟练掌握实操技能。初入大学的学生对这些专业要求可能并不熟悉，可以通过各种途径增加了解，比如查阅资料、咨询老师等。

二是合理分解不同阶段的学习规划。大一主要是打基础的阶段，适应新的学习环境，掌握专业的基础知识，了解专业的基本特点，寻找专业学习的方法，培养专业兴趣；大二是深入学习阶段，主要是了解专业的就业特点；大三是实习实践阶段，主要是提高专业动手能力；大四是就业准备阶段，撰写毕业论文，准备相关职业资格证书考试，为毕业后的就业做准备。

三是明确自己的学习方式。大学学习与高中有很大不同，学习的自主性很强，主要依靠学生自律、主动地去安排自己的学业。专业学习不可能完全靠老师，大学生要充分利用好课堂与自学两种方式。

② 公共基础知识学习规划。公共基础知识主要指外语、计算机、写作等方面的知识。信息化时代，越来越严峻的就业环境对人才的综合素质提出越来越高的要求，大学生需要通过公共基础知识的学习不断提升自己的综合素质。

③ 就业知识学习规划。就业知识主要指就业形势分析、就业信息收集、就业技巧训练、职业素养提升等。掌握各种收集就业信息的渠道、面试和笔试的技巧等，将对毕业生的顺利就业起到事半功倍的效果。

职 场 访 谈

优秀毕业生访谈

我们要对自己的人生负责，就要对人生的方向有一个整体的认识。这就要求我们在大学期间根据毕业以后所要从事的工作做一个合理的职业生涯规划。通过对职业生涯进行规划，我们能知道自己的优劣势，明确职业方向，了解所要从事的专业，加强对专业知识的学习，提高各方面的综合能力，开阔视野等，使我们能够有目的、有计划地学习。

为了使自己的职业生涯规划更具合理性和可行性，我采访了我们专业16届毕业生沈学姐。沈学姐是我校优秀毕业生之一，在校期间曾在学生会工作，也参加了很多校内外的活动，非常注重自己各方面能力的培养。我就大学生现在都比较关心的几个问题和沈学姐做了一些探讨。

我：现在很多人包括我，对大学期间应该怎样学习感到困惑，因为很多人告诉我们，大学里学的东西到了工作的时候根本用不到，而且也不一定会做和专业相关的工作。你觉得我们到底要不要好好学习呢?

沈学姐：肯定是要好好学的。在大学里有很多的时间去学习，而一旦工作了就不太有时间去学习了，更多的是要学着去适应工作，适应这个社会。大学里学的很多都是理论知识，也许你在大学里和刚开始工作的时候觉得不太有用，这是因为在大学里不太有运用这些理论的机会，而刚工作的时候要学习和适应的东西也不太会和所学的理论有关。但是如果懂得运用的话，很多东西都是可以融会贯通的。就像我现在虽然不是做物流行业，但很多知识还是会涉及的。在大学里掌握一定的知识基础，工作时学起其他的东西来也会很快。

我：我现在是一个大三的学生，很快也要进入社会。作为一个即将毕业的大学生，我将会面临就业的问题。你觉得我们在学校的时候应该培养哪些能力以帮助我们顺利就业呢？

沈学姐：我觉得很多能力都是逐渐形成的，没有人生来就具备各种能力。像你们在学校里，培养自己的沟通交流能力是很重要的，因为我现在是做业务，所以更能体会这一点。在学校的时候，你是和同学、老师进行交流沟通，在工作的时候，你是和同事、老板、客户沟通，如果你能够处理好各方面的关系，老板可能就会对你另眼相看。还有就是要有团队精神，要有一个认真负责的工作态度。当然，一定的知识技能和能力也是必需的。

我：现在一些企业设立的招聘门槛越来越高，有的公司还要进行行政能力测试。针对这些企业设立的门槛，你觉得我们是否应该为自己制订一个规划呢？

沈学姐：嗯，现在很多的公司都这样做，因为去面试的大学生很多，有些还是研究生、博士生。大家都想进一个好的企业，比如一些500强企业，这些企业不可能对这么多的人都进行面试，只能通过一定的手段来进行筛选。比如说要通过英语四、六级考试，要获得该岗位的相关证书等。很多企业设立的门槛都差不多，所以你在学校的时候就可以好好想想以后要从事什么工作，然后制订一个计划。如果你要做和物流有关的工作，比如说报关、报检，那么你就要获得报关证、报检证。但是我觉得先在一些小型企业发展也是可以的，毕竟刚毕业的时候，很多东西还要慢慢学习，起点可以放低一点。不过你对自己的能力、兴趣要有一定的认识。

我：沈学姐，你在大学的时候有进行过职业规划吗？现在你对接下来的工作有没有什么计划？

沈学姐：没有很具体地去制订过什么计划，但是想过以后要干什么，所以有目标地去学习。比如考一些证书，参加一些活动以培养自己的能力等。我现在也刚刚开始，工作还不是很稳定，接下来就先稳定自己的工作，希望有所提升。空闲的时候也会去学习其他知识或健身，保持自己的身心健康，才能更好地投入到工作中去。身体是革命的本钱，知识和能力是革命的基础。

通过和沈学姐的交流，我发现她是一个很健谈的人，也可以说是一个很热情、很有激情的人，她的交流沟通能力让我自叹不如。社会是残酷的，不能由你自己选择，比如就业就是要别人选择你。那怎么样才能让别人选择你呢？关键在于你怎么把自己推销出去。如果一个产品的质量好，售后服务好，性价比高，但是不对它进行推广，那么消费者也不一定会购买这样的产品。总的来说，大学生在重视自己各方面能力培养的同时，还要懂得推销自己。

好好学习是必不可少的，只有学好了理论知识，你才有可能将它运用于实践，也不至于在遇到这类问题时无从下手。当然，我们在校的时候也要培养自己的沟通能力、学习能力，使自己能够适应社会的发展。同时，我们还要对自己的职业生涯进行系统的规划，并能把它作为一个目标去实现。

实践作业

“六步游戏”找到人生目标

以下是一个寻找人生目标的逐步突出法，现在就让我们通过这个“六步游戏”来找到自己的人生目标。

游戏道具：4~5张小纸片。

环境要求：安静舒适。

情绪状态：精神饱满，情绪激昂，思维活跃。

提醒：在考虑目标时尽量全面，避免仅从一个方面考虑，不仅要考虑事业，还要考虑家庭、人际、业余生活等方面。

第一步：寻找终生目标

拿出一张纸片，写下第一个问题：“我终生的目标是什么？”然后用两分钟写下答案，要无拘无束，想的是什么就写下什么。再花两分钟进行必要的修改。

如果不好直接确立你的人生目标，可以回想一下你童年、少年时的梦想，或者那些最令你开心的事。以此作为启发，再写下你的答案。

实例扫描：事业成功、家庭幸福、快乐……

也许你写下的目标比较宽泛，那也没有关系，还有第二步呢。

第二步：思考如何度过今后三年

请在第二张纸片上写下第二个问题：“我该怎样度过今后三年？”用两分钟尽快写下答案，再用两分钟完善。

在第二张纸片上，所写的东西较之第一张纸片要具体。这里的具体是指所做的工作要具体。如第一张纸片写了过幸福的生活，那么在第二张纸片上就得将之分解为较为具体细致的目标。

实例扫描：拥有一份满意的工作，进入管理阶层；经济收入比刚工作时翻一倍；向女朋友求婚；将母亲接到自己身边；和好朋友经常保持联系……

第三步：找出半年内最重要的事

请在第三张纸片上写下第三个问题：“我在这半年内都应该做哪些事？哪些工作对我来说是最重要、最迫切的？”这张纸片所列的内容，应该比第二张纸片更具体、细致、全面，是自己需要也是能够立刻做的。

实例扫描：联系实习单位去实习；帮助女友补习功课；经常给母亲打电话；和朋友保持联系……

第四步：浏览前三步

浏览一下前三步答案，能够发现第二步的答案就是第一步答案的延伸，第三步的答案则是前两步答案的继续。如果你的三步答案不具备这种逻辑，就需要重新来做，务必使这些答案符合事物的发展逻辑。

第五步：目标分类

请把三张纸片都拿起来，把上面的目标分别归类，如分为事业目标、爱好特长目标、能力目标、婚恋目标、社会友情目标、身心素质目标、读书目标等。

实例扫描：

事业目标是功成名就、进入管理层、联系实习单位。

婚姻目标是幸福、向女友求婚、帮女友补习功课。

……

第六步：确立不同时期的目标

请按类别关系，将三张纸片上的目标按同类关系以及同性质的关系连成一条线，就成了你的短期、中期、长期的目标了。

实例扫描（以事业目标为例）：

短期—中期—长期。

联系实习单位—进入管理阶层—功成名就。

然后，结合自己的个人情况，根据短期目标制订切实可行的月计划、周计划、日计划。每一级计划的制订都应该是服务于上一级计划的，比如，制订周计划是为了完成月计划，制订日计划是为了完成周计划。当短期目标实现后再向下一个目标突进。

第2章

大学生职业生涯规划的基础：自我认知

学习目标

1. 了解兴趣的概念及其与职业的关系；
2. 运用兴趣评定方法识别自己的职业兴趣；
3. 了解人格、气质、性格的概念及其与职业的关系；
4. 运用人格评定方法识别自己的气质和性格；
5. 了解能力的概念及其与职业的关系；
6. 运用能力评价方法识别自己的能力结构和水平；
7. 了解价值观的概念及其与职业的关系；
8. 掌握价值观的澄清方法。

☆ 引导案例：优秀的前提是清楚地知道自己是谁

太阳的光线在逐渐隐退，咖啡馆里也慢慢热闹起来。坐在桌前的萧乾浅浅地笑了，非常诚恳地说："我不优秀，但我知道怎么变得优秀。变得优秀的前提就是要清楚地知道自己是谁。"

在前不久公司的半年会中，刚刚入职半年的萧乾拿到了公司最佳新人奖，这个奖在萧乾意料之中。正如他的主管评价的那样：在一同进入公司的应届生中，萧乾是一个目标意识很强的人，最难得的是他知道自己的长处是什么、短板在哪里，因此他知道应该做什么、不应该做什么。当他的同学正在挣扎着适应工作时，他已经遥遥走在前面了。

萧乾在刚刚进入大学的时候，就对自己有明确的规划。喜欢与人交往，并且也很愿意组织活动的他参加了学生会。在学生会里，他结识了很多同学，锻炼了组织能力。在很多校内活动中，他一步一步地认知和反省自己。三年下来，他清楚地知道自己最擅长的是管理和组织，并且很看重这方面的能力发展。

毕业的时候，他没有像本专业的同学那样进行海投，而是有针对性地研究了大量用人单位的管理职位信息，对自己的求职方向进行了准确定位。最终，他拿到了好几个其他同学想都没有想过的录用通知。说起当时求职、面试的经历，他不禁感慨："知道自己是谁真的很重要。否则，机会和幸运是不会降临到你头上的。因为面试时你无法和面试官说清楚你想要什么；工作了，你的上级也不知道如何给你提供机会。"

思考：

1. 为什么说"优秀的前提就是要清楚地知道自己是谁"？
2. 如何才能做到清楚地知道自己是谁?
3. 请你很快地写出自己的三个特质。

古希腊德尔菲的阿波罗神庙入口处的上方赫然写着这样几个大字："认识自己"。这几个字隐含的意思是：在你问任何其他问题之前，先问一个生命中最基本的问题——我是谁？中国也有句古话："人贵有自知之明"，只有正确地认识自己，客观地评价自己，并愉快地接纳自己，才能发展自我，成就自我。由此可见自我认知的重要性。

认知自我就是对自己的主体地位的觉知，认知自己的个性，体验自己内心深处的需求，体察自己的价值观念，明确自己的基本原则和追求的目标，同时还要熟悉自己所掌握的能力和技能，了解自己的优势和不足。

大学生在进行职业规划之前，首先要弄清楚这些根本性的问题：你喜欢什么？ 你想要什么？你想从事什么职业？你的气质和性格适合什么样的职业？什么样的职业才能让你充分发挥潜能？你愿意和谁在一起工作？完成什么样的工作让你最有成就感？你最不能放弃的是什么？

回答这些问题的过程其实就是一个认知自我的过程，认知自我可以说是职业生涯规划的基础和起点。

2.1 兴趣的自我认知

2.1.1 兴趣的概念

兴趣是指个体力求认识某种事物和从事某项活动的心理倾向，表现为对这些事物或活动的选择性态度和积极的情绪反应。兴趣是个体积极探索事物的认识倾向，同时也是引起并维持注意的重要因素。例如，当一个人对某种事物感兴趣时，他就会对有趣的事物给予优先注意，产生接近这种事物的倾向，并积极参与相关活动，表现出乐此不疲的极大热情。

兴趣可以分为物质兴趣、精神兴趣和社会兴趣。物质兴趣主要与物质爱好相联系，是人们对某种物质的迷恋和追求。比如一个人喜欢收藏，那他可以废寝忘食、全身心投入，收藏的东西也各式各样，应有尽有。精神兴趣主要是人们对文化、科学和艺术的追求和迷恋，如喜欢旅游、写作、摄影、绘画等。社会兴趣主要是人们对社会工作、社会活动的兴趣，更多表现为职业兴趣。

兴趣通常具有五个方面的特征：广度，指兴趣范围的大小；指向性，指感兴趣的具体内容和对象；持久性，指兴趣的稳固持久程度；效能，指兴趣对人的活动产生实际效果的大小；层次性，指兴趣的雅俗程度等。

2.1.2 兴趣与职业的关系

当兴趣直接指向与职业有关的活动时，就表现为职业兴趣。职业兴趣是指一个人在探究或者从事某种职业活动所表现出来的特殊个体倾向，它使个人对某种职业给予优先的关注，并具有向往、积极的情感。职业兴趣是影响个体工作满意度、职业稳定性和职业成就感的重要因素，是个体选择职业的重要依据，同时也是对职业进行分类的重要基础。因此，职业兴趣是职业规划的认知自我过程中一个极为重要的方面。

1. 兴趣在职业活动中具有重要的作用

（1）兴趣是最好的老师，是一种强大的精神力量。它可以使人集中精力获得知识、开发智力并创造性地开展工作。当一个人对某种事物发生兴趣时，兴趣能调动整个身心的积极性；能使人有效地感知、观察事物，积极思考，大胆探索；能使情绪高涨，想象丰富；能增强记忆效果，增强克服困难的意志。反之，“牛不喝水强按头”是不会取得好效果的，当然也就不可能充分发挥一个人的聪明才智。

（2）兴趣可提高人的工作效率。一个人对某一工作感兴趣时，枯燥的工作也会变得丰富多彩、趣味无穷。据研究，如果一个人对某一工作感兴趣，就能发挥他全部才能的 80%~90%，并且长时间保持高效率工作不感到疲倦；而对这一工作没有兴趣的人，只能发挥其全部才能的 20%~30%，也容易筋疲力尽。

（3）兴趣是促使事业成功的重要因素。兴趣是动力的源泉。对工作感兴趣，就愿意钻研，这样就容易出成就。这就是兴趣的作用。多方面的兴趣可以使人善于应付多变的环境。如果变换工作，只要自己感兴趣，也能很快熟悉、适应新的工作。

探 索 思 考

幸福和满足从哪里来

美国芝加哥大学心理学教授米哈利（Mihaly Csikszent Mihalyi）花 30 多年时间对几百位各行各业的人进行了访谈，研究什么事情能够真正令人感到幸福和满足。他发现，和通常想象的不同，人们不是在很放松、什么事也不做（比如看电视）的时候，而是在专心致志地从事某种活动，甚至忘记时空和自己，完全沉浸在这种活动中的时候，他们感到最为愉快和满足。而对不同的人而言，带来幸福和满足的事情也不同，可能是跳舞，可能是演奏乐器、绘画，也可能是阅读、写作或即兴演讲等。

米哈利将这种状态称之为“flow”（它的原意是“流动”，也被译为“沉浸”或“心流”状态）。因为这个时候人们的体验好像是被一种潮流往前推动，一切都很平稳而自然地发生了。在这种状态下，人们没有考虑到做这件事情可能带来什么样的回报或担心自己的表现如何，而只是把整个人忘情地投入其中，享受从事这个活动的过程本身带来的快乐。而且这种活动通常对人们的体力和智能有一定的挑战，同时人们也在最大限度地使用自己的技能。

米哈利的这一发现表明，人们的满足感、幸福感往往来源于从事某种活动，而不是无所事事或单纯地享受游玩。他一直强调要做自己喜爱的事情才能获得快乐，而这也正是工作原本的意义所在。因为对大多数人而言，工作占据的是他们一生之中、一天之中最好的时光。

思考：

1. 想一想有没有什么事情让你感到幸福和满足，回想一下你做这件事情时的情景，体会一下究竟是什么让你产生了满足感。

2. 想象这种满足感，你可以从你寻求的职业中获得吗？大致可以从哪些工作中获得？

---

2. 兴趣与职业的匹配

对兴趣与职业的关系研究最为著名的莫过于霍兰德的职业兴趣理论。约翰·霍兰德（John Holland）是美国约翰·霍普金斯大学心理学教授，美国著名的职业心理学家与职业指导专家。他在20世纪60年代以自己从事的职业咨询为基础，通过对职业兴趣的深入研究，编制了职业兴趣测验，并制定出与职业兴趣匹配的不同的职业类型。该测验能帮助人们发现和确定自己的职业兴趣和能力专长，从而科学地做出求职择业的决策。

霍兰德于1959年提出了具有广泛社会影响的职业兴趣理论，认为人的人格类型、兴趣与职业密切相关，兴趣是人们从事职业活动的巨大动力。霍兰德认为，大多数人的人格特质及其偏好可以归纳为六种类型。

（1）现实型（Realistic Type，简称 R）：喜欢做使用工具、实物、机器或与物有关的工作；具有手工、机械、农业、电子方面的技能；爱好与建筑、维修有关的职业；脚踏实地，实事求是。

（2）研究型（Investigative Type，简称 I）：喜欢各种与生物科学、物理科学有关的活动；具有极好的数学和科学研究能力；爱好科学或医学领域里的职业；生性好奇，勤奋自立。

（3）艺术型（Artistic Type，简称 A）：喜欢不受常规约束，以便利用时间从事创造性的活动；具有语言、美术、音乐、戏剧、写作等方面的技能；爱好能发挥创造才能的职业；天资聪慧，创造性强，不拘小节，自由放任。

（4）社会型（Social Type，简称 S）：喜欢参加咨询、培训、教学和各种理解、帮助他人的活动；具有与他人相处共事的能力；爱好教师、护士、律师一类的职业；乐于助人，友好热情。

（5）企业型（Enterprising Type，简称 E）：喜欢领导和左右他人；具有领导能力、说服能力及其他与人打交道所必需的重要技能；爱好商业或与管理有关的职业；雄心勃勃，友好大方，精力充沛，信心十足。

（6）常规型（Conventional Type，简称 C）：喜欢做系统地整理信息资料一类的事情；具有办公室工作和数字方面的能力；爱好记录、整理文件、打字、复印及操作计算机等职业；尽职尽责，忠实可靠。

这六种人格类型对应着不同职业兴趣的职业类型，如表 2–1 所示。

表 2–1　霍兰德人格类型 – 职业类型匹配理论

类型	偏好	人格类型特点	职业类型
现实型（R）	需要技能、力量、协调性的体力活动	① 物质的；实际的；安定的；喜欢具有基本技能、有规则的具体劳动 ② 缺乏洞察力，往往不善于与人交往	有一定程序要求的、明确的、具体的岗位职务，运用工具或机器进行的操作性强的技术工作
研究型（I）	需要思考、组织和理解的活动	① 分析的；独立的；内省的；慎重的；喜好运用智力，分析、概括、推理的定向的科学研究与技术工作 ② 往往缺乏领导能力	以观察和科学分析进行的创造性研究活动和实验工作，一般侧重于自然科学方面

续表

类型	偏好	人格类型特点	职业类型
艺术型（A）	需要创造性表达的、模糊且无规则可循的活动	① 想象力丰富；直觉的；冲动的；理想的；有独创力的；喜欢以表现技巧来抒发丰富的感情 ② 往往缺乏事务性办事能力，不愿依赖、服从他人，不愿做循规蹈矩的工作	在文学与艺术创作方面，侧重非系统化、自由的活动方式，擅长具有艺术表现力的职业
社会型（S）	能够帮助和提高别人的活动	① 助人的；易合作的；喜欢交往；责任感强；有说服力；愿为别人服务，关心社会问题，对教育与社会福利等事业有兴趣 ② 往往缺乏动手操作能力	为社会及他人办事或服务，从事与他人打交道、说服、教育、治疗及与社会福利事业方面有关的职业
企业型（E）	能够影响他人和获得权力的言语活动	① 支配的；冒险的；自信的；精力旺盛的；有自我表现欲的；不易被人支配；喜欢管理和控制他人，喜欢担任领导角色 ② 往往缺乏科学研究能力	从事具有风险、需要胆略、承担较大责任的工作，善于管理、经销、投资与指派他人去做工作的职业
常规型（C）	规范、有序、清楚明确的活动	① 有耐心和良好的自制力，顺从的；实际的；稳定而有秩序的；喜欢比较保守的、循规蹈矩的、有条理、系统性强的工作 ② 往往缺乏创造力和艺术性	按照固定程序与规则，从事重复性的、习惯性的、具体的日常事务，适宜常规管理方面的职业

霍兰德将这六种人格类型排列成一个六边形，形象地阐述了六种类型之间的关系，如图 2–1 所示。

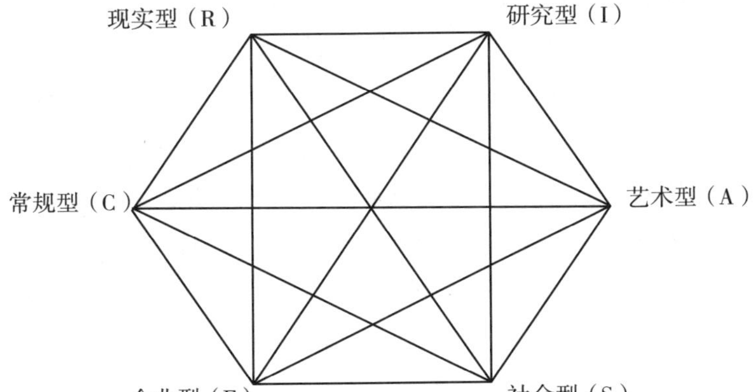

图 2–1　霍兰德六边形模型

在这个六边形中，每种人格类型与其相邻近的两种类型属于相邻关系，与其处于次对角线上的两种类型属于相隔关系，与其处于主对角线上的那种职业人格类型属于相对关系。

（1）适宜关系，即每种人格类型的人适宜从事同种类型的职业。

（2）相邻关系，即每种人格类型的人选择从事与其相邻类型的职业，比较容易适应。如 RI、IR、IA、AI、AS、SA、SE、ES、EC、CE、RC、CR。

（3）相隔关系，选择从事与人格类型成相隔关系类型的职业，由于两种类型之间有较高的相关性，个人经过努力与调整，也能适应职业环境，达到人职匹配。如 RA、RE、IC、IS、AR、AE、SI、SC、EA、ER、CI、CS。

（4）相对关系，即如果选择与人格类型相对的职业，如现实型（R）的人不喜好人际交往，则很难适应社会型（S）的工作，即人职不匹配，如 RS、IE、AC、SR、EI、CA。

在实际测评中，很少有人属于某一种单一类型，通常是几种类型的混合型。个体在选择职业时，可以选择与自己人格类型完全一致类型的职业，如果不能实现，也可以选择与之相邻或相隔关系类型的职业，但应尽可能避免选择相对关系类型的职业。

2.1.3 职业兴趣的评定

了解个人的职业兴趣，可以通过观察法、访谈法和测评法来搜集信息进行分析，在这里重点介绍测评法。

目前在职业规划与指导领域，对职业兴趣进行评定应用最为普遍的就是霍兰德根据职业兴趣理论先后编制的职业偏好量表（Vocational Preference Inventory，VPI）和自我指导搜寻表（Self-Directed Search，SDS）两种职业兴趣量表。

由于职业兴趣是同人们的日常生活、工作和学习密切联系的，因此职业兴趣量表的编制必须符合本国国情、文化和职业分类体系的特点。中国科学院心理研究所方俐洛等编制了霍兰德式的中国职业兴趣量表，简称“H-C 职业兴趣量表”。该测验有活动、潜能、职业和自我评判四个分量表，每个测验量表包含六个因素。分别对应于现实型、研究型、艺术型、社会型、企业型和常规型。该量表有较好的构想效度、效标效度以及较好的信度。按照每一部分的具体要求进行测试，可以帮助人们了解自己的职业兴趣和能力特长，从而更好地做出求职择业的决策。

2.2 人格的自我认知

2.2.1 人格的概念

人格是由个体表现出来的独特并相对稳定的行为、思想及情感模式，它标志着一个人具有的独特性，并反映着人的自然性与社会性。

气质和性格是构成人格的重要组成部分。

1. 气质

（1）气质的概念。气质也就是人们平常所说的“秉性”“脾气”，是指个人心理活动的稳定的动力特征，主要表现在心理活动的强度、速度、稳定性、灵活性及指向性上。譬如，我们情绪的强弱、意志能力的大小、知觉或思维的快慢、注意力集中时间的长短、注意力转移的难易，以及心理活动是指向于外部事物还是指向于自身内部等，都是其具体表现。

（2）气质的类型。古今中外对气质的解释是多种多样的，最有影响力的是古希腊著名医生希波克拉底（Hippocrates）的人格气质学说。他认为人体内有四种体液：血液、黄胆汁、黏液和黑胆汁。根据四种体液在人体中所占比重不同，可以把人的气质分为四类：多血质、胆汁质、黏液质、抑郁质。

① 多血质。这种人情感丰富、外露但不稳定，思维敏捷但不求甚解，活泼好动、热情大方、善于交往但交情浅薄，行动敏捷、适应力强；他们的弱点是缺乏耐心和毅力，稳定性差，见异思迁。

多血质的人，适合与外界打交道，从事灵活多变、富有刺激性和挑战性的工作，如政府及企事业单位的管理工作、外事工作、公关工作、驾驶员、医生、律师、运动员、新闻工作者、演员、公安侦查员、服务员等。多血质的人不适合做过细的工作和单调机械的工作。

② 胆汁质。这种人情绪体验强烈、爆发迅猛、平息快速，思维灵活但粗枝大叶，精力旺盛、争强好斗、勇敢果断，为人热情直率、朴实真诚、表里如一，行动敏捷、生气勃勃、刚毅顽强；但他们遇事常欠思量，鲁莽冒失，易感情用事，刚愎自用。

胆汁质的人，适合从事与人打交道、工作内容和环境充满变化性的工作，如导游、勘探工作者、推销员、节目主持人、外事接待人员和演员等。他们对长期安坐的细致工作很难胜任。

③ 黏液质。这种人情绪平稳、表情平淡，思维灵活性略差但考虑问题细致而周到，安静稳重、踏踏实实、沉默寡言、喜欢沉思、自治力强、耐受力高、内刚外柔，交往适度、交情深厚；但他们的行为主动性较差，缺乏生气，行动迟缓。

黏液质的人，适合做稳定的、按部就班的、静态的工作，如外科医生、法官、文员、播音员、会计、出纳和统计工作等，而不太适合需要经常策划创造的工作。

④ 抑郁质。这种人情绪体验深刻、细腻持久，情绪抑郁、多愁善感，思维敏锐、想象丰富，不善交际、孤僻离群，踏实稳重、自制力强；但他们的行为举止缓慢，软弱胆小，优柔寡断。

抑郁质的人，适合安静、细致的工作，如校对、机要秘书、编辑、档案、化验、保管工作，也适合从事研究工作和艺术造型等工作，而不适合热闹的场合。

在现实生活中，不是所有的人都可以按照四种典型气质类型来划分的，多数人是介于各类型之间的混合型，即在某种气质类型下，兼具其他气质类型特征。

2. 性格

（1）性格的概念。性格是人格的重要组成部分，是人在现实的、稳定的态度和习惯的行为方式中表现出来的个性心理特征。每个人对人、对事、对社会总会有自己的态度和行为，经过长时期的社会生活实践认知活动，这种态度与行为逐渐巩固下来，在以后的社会生活中自然地、反复地表现出来，就形成了个人的一种习惯方式。性格体现了人们对现实生活以及周围世界的稳固态度，并通过其心理活动方式和言行举止表现出来。

个体性格的形成、发展、变化乃至完善是建立在特定的个体生理基础之上的，同时更多地受到后天的教育、环境、社会等因素的影响。

（2）性格的结构。性格具有复杂的心理结构，即性格是由多种因素构成的一个统一整体。这些因素或特征在性格中所处的层次、轻重是有区别的，在日常生活中，人们往往忽略了性格的核心特征，即对社会、对集体、对他人的态度特征。

性格由彼此联系、相互依存的态度、意志、情绪和理智四个方面的性格特征构建而成。

① 性格的态度特征。性格的态度特征，指对待和处理社会关系的性格特征，可以分成四类。一是对社会、集体和他人的态度所构成的性格特征，如爱祖国、爱集体、大公无私、见义勇为、助人为乐、富有同情心、正直、诚实、善良、文雅礼貌等；或敌视祖国、背叛人民、自私自利、损人利己、狡诈、虚伪、粗暴、冷酷无情等。二是对劳动、学习和工作的态度所构成的性格特征，如勤奋、认真、

细致、富有创新精神等；或懒惰、马虎、粗心、因循守旧等。三是对物品的态度所构成的性格特征，如节俭、爱护财物、廉洁等；或铺张、奢华、贪得无厌等。四是对自己的态度所构成的性格特征，如自信、自爱、自尊、自律、自强、谦虚、谨慎、大方等；或自负、自满、自卑、自弃、轻浮、放任、放肆、狂妄等。

以上特征的有机结合，构成了个体起主导作用的性格特征，这些特征多属于理想、道德品质，是性格的核心。

② 性格的意志特征。性格的意志特征，指个体对自己的行为进行自觉调节的特征，主要表现在行为方式之中。大致表现在四个方面。一是行为目的性的性格特征，如计划性、主动性、独立性等；或盲目性、被动性、受暗示性等。二是自我控制方面的性格特征，如主动控制、自制力、严于律己、闻过必改等；或被动控制、情绪左右、放荡妄为、我行我素等。三是面临紧急或困难情境时的性格特征，如沉着、镇定、机智、果断、勇敢等；或惊慌失措、优柔寡断、冒失鲁莽、胆怯畏缩等。四是日常工作中表现出来的性格特征，如严谨、坚韧不拔、善始善终、顽强、博采众长等；或松懈、见异思迁、半途而废、顽固、懦弱、刚愎自用等。

③ 性格的情绪特征。性格的情绪特征，指情绪对人的活动的影响和人的情绪等方面的性格特征。表现在四个方面。一是情绪的强度，有的人情绪强烈，一经刺激就难以控制；有的人情绪微弱，甚至很大的刺激都不能使他产生情绪反应。二是情绪的稳定性，指情绪的起伏、波动程度，有的人情绪起伏、波动大，焦虑不安，容易激动且不能自控；有的人情绪稳定，引发缓慢且能自控，不因小事而乱大谋，恬静、温和、安宁。三是情绪活动时间，有的人情绪体验深刻持久，有的人情绪体验肤浅且持续时间短。四是主导心境。心境是一种微弱、持久而具有渲染性的情绪状态，主导心境是指在一个人身上经常、稳定存在的心境。心境有积极和消极之分，有的人经常情绪饱满，热情奔放，乐观开朗，善于调整情绪；有的人则经常情绪低落，郁郁寡欢，多愁善感，萎靡不振。

④ 性格的理智特征。性格的理智特征，指人在感知、记忆、想象、思维等认识方面所表现出的不同的性格特征，主要包括四个方面。

一是感知方面。有主动观察型、分析型和被动观察型、概括型（前两者观察问题仔细，精确；后两者观察问题粗糙，注意的是事物的整体和轮廓）；快速型和精确型（前者认知速度快，但浅尝辄止；后者认知敏锐而精细）；记录型和解释型（前者是客观认知事物的事实，尽可能了解事物的各个方面，能描述有关事物；后者善于分析解释事物，但往往加入自己的情感、愿望和观点）。

二是记忆力方面。有的人善于形象记忆；有的人精于抽象记忆；有的人擅长视觉记忆；有的人擅长听觉记忆；有的人擅长动作记忆等。

三是想象方面。有的人是再造想象者；有的人是创造想象者；有的人脚踏实地，联系实际；有的人崇尚空谈，脱离实际，想入非非等。

四是思维方面。有的人全面深刻、灵活变通，属于系统思维者；有的人则偏执，爱钻牛角尖，沿着一条路思考，棒打不回头，属于线性思维者；有的人喜欢独立思考；有的人则惯用现成答案等。

气质和性格所反映的是人的本质属性的不同侧面，气质更多反映个性的自然属性，而性格反映了人的社会属性；前者形成多与遗传因素有关，后者则更多受到社会环境的影响，可塑性比前者大。在社会意义的评价上，气质无好坏之分，无论哪种气质类型的人都能取得显著成就；而性格则有好坏之分（如勤奋比懒惰好，诚挚比虚伪好），对事业有显著影响。

2.2.2 人格与职业的关系

大学生在进行职业选择的时候，人格是依据之一。人格因素不仅影响职业选择，也可能直接影响职业成就。因此，结合自己的人格特征进行职业规划，往往能更好地适应职业生活，也能更好地发扬自己的长处，规避自己的短处，在职场表现得更加得心应手。

1. 气质与职业

气质是个体的个人特点的重要组成部分，一个人的气质不仅影响他所从事的活动的动力，而且也影响活动的效率，因此气质就成为职业选择、职业培训和职业淘汰的重要依据。

一些特殊的职业和工种，如飞机驾驶员、宇航员、高空作业人员、运动员、雷达观测员、消防队员、大型企业的调度员等，紧张的工作和重大的责任就要求其具备灵敏而快速的反应、冷静、胆大心细等心理素质，强而平衡且灵活型的气质。在这种情况下，气质特性就决定了一个人是否适合从事该种职业。

至于一般的职业，原则上讲也都要求从业者具有相应的气质特点。例如采购、公关、推销等工作，多血质的人会做得非常好；而精细的工作，黏液质、抑郁质的人会做得很好。但是，对于一般职业或工作而言，一个人即使不具备所需的气质特点也同样可以做好，因为不同气质特点之间具有补偿作用。例如注意力转移迅速且灵活可以补偿注意力不集中的弱点，这种补偿作用使气质类型对工作效率的影响并不显著。但不能否定的是，在普通职业中，当一个人所具备的气质特点符合工作要求时，这个人就比较适应工作，完成工作比较轻松；当一个人所具备的气质特点不符合工作要求时，这个人就难以适应工作，完成工作比较困难。

2. 性格与职业

性格是具有核心意义的心理特征，它是一个人社会本质的集中体现。在人的个性心理特征中，与能力、气质相比较，只有性格具有直接的社会意义。一个人的能力有大有小，对社会的贡献各不相同，但如果有良好的性格特征，就可以勤勤恳恳、兢兢业业地把自己的力量奉献给社会。不同的气质特点不会影响人对社会所做出的贡献。性格则不同，它贯穿于人的全部行为之中，既表现出一个人对人、对事、对己的态度，又反映其习惯性的行为方式，是一个人的品德和世界观的具体标志、精神面貌的综合反映和本质的集中体现。

性格影响着一个人对职业的适应性，一定的性格适于从事一定的职业；同时，不同的职业对人有不同的性格要求。比如，开朗、活泼、热情的性格比较适合从事外贸、销售、教育等与人交往较多的职业；深沉、严谨、认真的性格比较适合行政、党务工作等。

性格与职业相对应能保证个体以积极的心理状态和良好的职业适应性从事职业工作，但是，我们也不能过分强调性格与职业的完全对应关系。因为，大多数职业并不过分强调与性格之间的严格对应。同一职业领域不可能完全由某一类性格的人来从事，而某一性格类型的人在很多岗位上都可能取得成功。

经验分享

个性能否决定职业方向

目前的职业生涯规划中，不少人往往为“个性”问题所迷惑，有的人认为自身应该从事某种工作，原因就是自己的性格与之匹配；而有的人做不好现有的事情，也说是性格不适合造成的。个性是否一定要与职业相匹配？个性能否决定职业方向？它在职业中到底能起什么作用呢？

某职业顾问曾遇到这样一个案例：一个毕业于西北某大学的女孩随先生来到北京已经九年了，这个女孩是比较典型的南方姑娘，而且生性比较腼腆，不善言辞，胆子小，也怕和陌生人讲话。但是一个偶然的机会让她做了销售工作，而且一做就是七年。她工作成绩非常出色，在公司超过万人的销售队伍中名列前茅。按照大部分人的理解，这个女孩绝对不是一个做销售的好材料，而当初经理给她机会的原因是可怜这个当初连普通话都说不好的外地姑娘。女孩的亲人、朋友和同学都不相信她的个性可以做这样每天和不同客户打交道的工作，而且可以做得如此好。直到现在，并没有人感到这个女孩在个性上有任何显著的变化。

这个女孩告诉职业顾问，她没有什么诀窍，如果说有些体会的话，信心是第一位的，另外再加上诚恳待人，为客户着想。在碰到困难时，她也曾对自己的个性是否可以做好这样的工作表示过怀疑，但她坚持下来了，而且现在越做越有信心。她觉得她的经历可以告诉那些过于看重个性可以决定职业方向的人：没有什么一定做不好的工作，只要用心去做就可以。

个性能否决定职业方向是一个有争议的话题，不同的人会持有不同的看法，目前还没有一个可以被认可的权威答案。之所以讨论这个话题，是希望大学生可以从中得到些启发，在职业发展的过程中少走些弯路。因此，我们可以从以下几个方面来讨论这个问题。

（1）专业和经历对职业方向的影响。一些人开始考虑从事什么职业是从选择专业或从学校毕业找工作的时候开始的，也有人是在有了一段工作经历之后提出这样的问题，无论哪种情况，大家对所学专业和工作经历在选择职业中的影响作用是有共识的。尤其是那些专业技术性比较强的学科，情况更是如此。对于那些和职业联系不紧密的专业，个人特点、兴趣和市场需求影响的因素会大些。但无论如何，个人都无法回避找工作时市场对个人在专业和经验方面的条件和要求，尽管在个性和市场之间，不同的人会有不同的选择，但很显然，在目前供求关系不平衡的条件下，市场有更大的影响力。

（2）市场因素对职业方向的影响。时下常提到的“先就业再择业”的观点，就从某种程度上说明了这样的问题。实际上道理很简单：如果我们连工作都无法找到，还怎么谈职业的发展？所以在就业和选择职业方向的问题上，就业应该排在第一位。因此，我们没有办法忽略市场的因素而单纯地来讨论选择职业方向的问题。只有当我们有条件在不同的选择中挑选时，个性问题才是重要的。

（3）个人需求对职业方向的影响。对工作的选择在某种程度上反映了个人对生活的态度和追求，每个人对生活的理解和追求是有差别的，个性也是这种理解和追求的一种表现。生存是人最基本的需求，当生存受到了威胁，其他方面的需求就变得不那么重要了。也就是说，当无法找到工作维持生活时，个性对职业方向的影响已经不是首要考虑的问题了。

我们不能否认人的个性对职业发展方向有一定的影响，但也不应忽视个人的主观因素是做好任何工作最重要的条件（如上面的例子中提到的）。同时也要注意，抛开市场来考虑个性是不现实的。我们要客观地分析个性在现在职业发展方面占据的比重，完全忽视或过分强调都是不恰当的。

2.2.3 人格的评定

既然不同的个体在人格上存在着多样化和差异性，那么应该如何认识和了解人格特征呢？随着心理学研究的深入，认识和鉴别个体人格特征的方法和手段也越来越多，常用的有观察法、量表法和投射法等。

1. 观察法

观察法可以说是了解一个人的人格特征的最简单易行的方法。这种方法既可以在自然环境中进行，也可以在实验室的人为环境下进行。观察者通过对被观察者的言行来推断、评价其人格特征。

2. 量表法

量表法通常以让被评价者填写心理测验量表的方式进行。常用的测验量表有以下几种。

（1）气质量表。国外较著名的测验量表有瑟斯顿气质量表、斯特里劳气质量表等。近年来，我国心理学工作者也进行了一些尝试，如张拓基、陈会昌编制的气质量表，将每种气质类型编出15道题，共60题，以评定被测评者的气质类型。

（2）卡特尔16PF性格测验。16PF性格测验是美国心理学家卡特尔根据人格特质理论，运用因素分析方法编制的。卡特尔从众多的人格特质中分析归纳出16种根本性的特质因素，这些因素的不同组合构成了一个人与其他人相区别的独特性格。这些根本特质对一个人的职业取向、人际关系、家庭生活等都有明显的影响。卡特尔16PF性格测验通过运用乐群性、智慧性、稳定性、影响性、活泼性、有恒性、交际性、情感性、怀疑性、想象性、世故性、忧虑性、变革性、独立性、自律性、紧张性 16 个相对独立的性格特质对人进行描述和评价，用以了解测验对象在环境适应、职业选择、心理健康等方面的特点，从而帮助人们全面了解自己的性格特征。该测验由 187 道题组成，每一性格特质由 10~13 个测试题组成的量表来测量，共 16 个分量表。卡特尔 16 种性格因素测验量表具有较高的效度和信度，因而被广泛应用。

（3）MBTI 性格测评。MBTI（Myers-Briggs Type Indicator）性格测验是一种自我报告式的性格测评工具，用以衡量和描述人们在获取信息、做出决策、对待生活等方面的心理活动规律和性格类型。它以荣格的性格理论为基础，由美国的凯瑟林·布里格（Katherine C. Briggs）和伊莎贝尔·迈尔斯（Isabel Briggs Myers）母女共同研制开发。MBTI 性格分析来源于有关判断、知觉和人格态度的观点。该测验是国际上最为常用的一种性格测验，广泛用于自我探索、人才选拔、职业发展、团队建设、管理培训等领域，具有很高的信度和效度。对于大学生来说，最重要的是通过 MBTI 测验来了解自己的性格及与职业之间的匹配关系。

3. 投射法

投射法是指向被测试者提供一系列模糊不确定的信息刺激，并根据被测试者对这些刺激的反应来评价其性格特点。投射法最常用的有罗夏墨迹测验和主题统觉测验。投射测验的实施和解释工作只有训练有素的专业人员才能胜任，而且编制起来也相当不容易。一般情况下，被测试者的反应与测评者的解释都具有一定的随意性，信度与效度也难以检验，因此它只能是一种辅助性的测评工具，在职业选择与决策中应用较少。

2.3 能力的自我认知

能力是大学生能否进入职场的先决条件，是其能否胜任工作的前提和基础。任何人无论从事什么工作总是要有一定的能力作保证，没有能力，也就无所谓职业生涯可言。

2.3.1 能力的概念

1. 能力的定义

能力是指顺利完成某一活动所必需的心理条件，是直接影响活动效率，并使活动顺利完成的个性心理特征。

一个人的能力大小直接影响活动效率。所谓活动效率，主要是指在完成活动任务时表现出来的速度快慢和质量高低。在其他条件相同的情况下，能力强的人工作效率高，质量好；能力弱的人工作效率低，质量差。

2. 能力的类型

（1）一般能力和特殊能力。

一般能力是指在一切活动中都必须具备的基本能力，即通常所说的智力，包括观察力、记忆力、想象力、注意力和思维力等，以思维力为核心。它们适用于广泛的活动范围，保证人们较容易和有效地掌握知识、认识事物。

特殊能力是指人在专业活动中表现出来的能力，是顺利完成某种专业活动的心理条件。如节奏感、色彩辨别能力、管理能力、机械操作能力等，它们只在特殊活动领域中发挥作用。

一般能力与特殊能力的关系是十分密切的。一方面，一般能力是特殊能力的组成部分。例如，人的一般听觉能力既存在于音乐能力中，也存在于言语能力中。没有一般听觉能力的发展，就不可能发展音乐和言语听觉能力。另一方面，特殊能力的发展有助于一般能力的发展。例如，音乐能力的发展会提高一般的听觉能力，并进而影响言语听觉能力的发展。

（2）模仿能力和创造能力。

模仿能力是指人们通过观察别人的行为、活动来学习各种知识，然后以相同的方式做出相同反应的能力。如儿童在家庭中模仿父母的说话、表情，模仿电视中的动作，从字帖上模仿前人的书法等。模仿不但表现在观察别人的行为后做出的相同反应中，而且表现在某些延缓的行为反应中。模仿是人类的一种重要的学习能力。

创造能力是指产生新的思想和新的产品的能力。一个具有创造力的人往往能摆脱具体的知觉情景、思维定式、传统观念和习惯势力的束缚，在习以为常的事物和现象中发现新的联系，从而提出新的思想，产生新的产品。例如，作家在头脑中构思新的人物形象，创造新的作品；科学家提出新的理论模型，并用实验证实这些模型等。

模仿能力和创造能力是两种不同的能力。动物能模仿，但不会创造。模仿能力只能按现成的方式解决问题，而创造能力能提供解决问题的新方式与新途径。人的模仿能力和创造能力有明显的个别差异。有的人擅长模仿，而创造力较差；有的人既善于模仿又富有创造力。

模仿能力与创造能力之间有密切的关系，人们常常是先模仿，然后再进行创造的。例如，科研工作者先观察模仿别人的实验，之后才提出有独创性的实验设计；学习书法的人先临摹前人的字帖，之后才创作出具有个人独特风格的作品。从这个意义上来看，模仿可以说是创造的前提和基础。

（3）认知能力、操作能力和社交能力。

认知能力是指人脑加工、储存和提取信息的能力，如观察力、记忆力、想象力等。人们认识客观世界，获得各种各样的知识，主要依赖于认知能力。

操作能力是指人们操控自己的肢体以完成各项活动的能力，如劳动能力、艺术表演能力、体育运动能力等。操作能力是在操作技能的基础上发展起来的，而后又成为顺利掌握操作技能的条件。操作能力与认知能力不能截然分开。不通过认知能力积累一定的知识和经验就不会有操作能力的形成和发展。反过来，操作能力不发展，人的认知能力也不可能得到很好的发展。

社交能力是人们在社会交往活动中表现出来的能力，如组织管理能力、言语感染力、判别决策的能力、调解纠纷和处理意外事故的能力等。这种能力对组织团体、促进人际交往和信息沟通有重要作用。

3. 能力与技能之间的关系

技能是指通过练习而获得的有意识活动中接近自动化的动作方式和心智活动方式。技能可分为动作技能和智力活动技能两种。动作技能是由以完善而合理的方式组织起来并能顺利进行的一系列外部动作构成的，如绘图技能、操作技能等。智力活动技能是由按一定的合理方式组织起来的一系列内部智力操作构成的，如设计技能等。

能力与技能有密切的关系。能力的提高和发展是在掌握和运用知识、技能的活动过程中完成的，所以凡是离开学习和训练，什么事也不做的人，其能力是得不到提高和发展的。同时，一个人能力的高低，又在一定程度上决定了这个人在技能方面可能取得成就的大小。由此可见，能力和技能之间是相互联系、相互制约的关系。掌握知识、技能是以一定能力为前提的，能力制约着掌握技能的快慢、难易和巩固程度；而知识、技能的掌握又会导致能力的提高。在不同人身上，可能具有相同水平的技能，但不一定具有相等水平的能力，反之也一样。也就是说，两个工作成绩优异的人，一个可能是才华出众的，另一个则可能主要是依靠刻苦勤奋。

2.3.2 能力与职业的关系

从事任何一种职业的一个重要前提，就是要具备与该职业需求相适应的能力。在特定的职业环境下，能力是影响工作效果的基本因素。因此在进行职业生涯规划时，大学生需要考虑能力和职业的吻合问题。

1. 能力类型与职业类型相吻合

能力的类型差异是人的能力在质的方面的差异。它一般表现在能力上的性向差异，即在解决相同的问题或完成同类任务中擅长于利用智力的某些方面去实现。比如有人擅长抽象思维，还有的人擅长逻辑思维。那么擅长抽象思维的人较适宜从事文学艺术类职业，擅长逻辑思维的人较适宜从事哲学、数学等理论性强的职业。

2. 能力水平与职业层次相当

由于工作内容、职责不同，同一职业或同样类型的职业可以划分为不同的层次，不同层次对能力的要求也不同，因此，大学生在选择职业之前，应该清楚自己的能力在哪一个层次上，使自己的能力水平与职业层次相吻合。

3. 充分发挥优势能力的作用

每个人都具有一个多种能力组成的能力系统。在这个能力系统中，每个人各方面能力的发展是不平衡的，常常是某方面的能力占优势，而另一些能力则不太突出。针对职业规划和职业选择而言，大学生应主要考虑最佳能力，选择最能运用优势能力的职业。

4. 发现并开发潜在能力

大学生在进行职业生涯规划时应该注重自己的潜在能力，发现并激发、培养自己的潜在能力，通过能力倾向测验准确把握自己的潜在能力，更好地确定自己的职业发展方向，使自己得到充分的发展。

需要说明的是，职业能力是可以有意识地培养的。在同样的客观条件下，人的能力发展主要取决于主观努力的程度，“勤能补拙”就是这个道理。

2.3.3 个人能力的评定

大学生对自己的能力有正确的认识，是进行科学的职业规划的重要前提。过高地估计自己的能力或者对自己的能力特点认识不正确，都可能使职业定位出现偏差，难以在职业活动中取得预期的成就，也找不到成就感，从而陷入自我挫败的情绪中。相反，过低地估计自己的能力或者对自己的能力特点认识不正确，即使在“眼光向下”的职业定位中找到自己的位置并有所表现，也难以找到满意的感受，更不要说让生命的意义得到充分的体现。正如我国职业教育奠基者黄炎培先生所言：“一个人职业和才能相当和不相当，相差很大。用经济眼光看起来，要是相当，不晓得增加多少效能；要是不相当，不晓得埋没多少人才。就个人论起来，相当，不晓得有多少快乐；不相当，不晓得有多少怨苦。”

因为不同人的能力不尽相同，要想根据自己的能力成功地进行职业规划，就需要对自己的能力进行测评。

1. 智力测验

智力测验是用以测量人的一般能力也就是智力水平的一种方法。测量智力的工具称为智力量表。由于一个人智力的高低通常用智商来表示，所以智力测验又叫智商测验。

世界上第一个智力量表是由法国心理学家比奈（Alfred. Binet）和他的同事西蒙（Theodore. Simon）于1905年编制而成的比奈－西蒙量表。该量表是应法国教育部区分正常儿童与低能儿童的需要而编制的。此后陆续编制的各种智力量表和类似智力量表的测量工具有200种以上，其中以斯坦福－比奈量表和韦克斯勒智力量表最具影响力和权威性。

韦克斯勒智力量表由11个分测验组成，其中常识、数字广度、词汇、算术、理解、类同等六个分测验又构成言语分量表，填图、图画排列、积木图案、拼图、数字符号等五个分测验构成操作分量表，由此可得到言语智商、操作智商和总智商。

我国也先后对比奈－西蒙量表和韦克斯勒智力量表进行了修订，从而将其使用面推广到全国。

2. 能力倾向测验

能力倾向是指一个人经过适当训练或被置于适当的环境下完成某项任务的可能性，而不是其当时就已经具备的条件。换句话说，能力倾向是指一个人能学会做什么，即其获得新知识、技能和能力的潜能如何。

能力倾向测验主要用于测量被试者的潜在成就或预测其将来的作为水平，也就是预测个体在将来的学习或工作中可能达到的成功程度。例如某位同学的测验结果表明他在逻辑推理能力上有明显的优势，我们就可以预测此同学将来在理科课程的学习上可能获得较好的成绩，从而可以帮助他在未来的专业或职业选择中做出正确决策。

1941年，瑟斯顿（Louis L.Thurstone）编制了第一个能力倾向成套测验。此后，能力倾向测验得到迅速发展，成为学校教育和人事工作的有效辅助工具。能力倾向测验包括一般能力倾向测验和特殊能力倾向测验。

（1）一般能力倾向测验。一般能力倾向测验是测量一个人多方面的特殊潜能。它强调的是对能力的不同方面的测量，测量的结果不是得到单一的IQ分数，而是产生一组不同的能力倾向分数，从而提供表示个人特有长处和短处的能力轮廓。一般能力倾向测验的结果通常是职业咨询、分类和安置决策中最有效的信息。

① 一般能力倾向成套测验（GATB）。一般能力倾向成套测验是由美国劳工部就业保险局于20世纪50年代编制、70年代修订的，是职业咨询和安置中最有效的一套测验。这个成套测验包括名称比较、算术、三维空间、词汇、工具相配、算术推理、形状相配、做记号、放置、转动、装配、拆卸12个分测验，前八个分测验为书面测验，后四个分测验为器具测验。共测量一般智慧能力、言语能力、数字能力、空间能力、形状知觉、书写知觉、运动协调、手工灵巧和手指灵活等九种能力。一般能力倾向成套测验适用于初三以上年级的中学生以及成年人，为团体测验，测验时限为120~130分钟，主要用于职业指导和就业咨询。

② BEC职业能力倾向测验。我国心理学工作者通过实验研究和调查研究，在能力倾向和各种不同的职业之间建立了联系，这样我们就可以根据被试者在职业能力测验的各个分测验上的得分，来评价他在各种不同职业上的潜力。于是在我国便出现了种类颇多的职业能力倾向测验，其中一类是一般职业能力倾向测验，它用于职业定向，通常包括一组涉及各种职业活动的分测验。

《BEC职业能力测验（1型）》是1988年北京人才评价与考试中心（简称BEC）参照美国教育与工业测验服务中心编制的《职业能力安置量表（CAPS）》而开发的，是我国最早的一个职业能力倾向成套测验。该测验包括机械推理、空间关系、言语推理、数学能力、言语运用、字词知识、知觉速度和准确性、手指速度和灵活性八个分测验。

（2）特殊能力倾向测验。特殊能力测验就是对特殊能力的测量，它具有诊断和预测的职能，即能够判断一个人具有什么样的能力并测定其在所从事的活动中适应和成功的可能性。

现有常用的特殊能力测验一般针对某一种特殊能力所包含的各方面因素进行测量，其内容与相应的专业或职业训练的重点是一致的，而测量的目的是既想了解个体在此专业领域的既有水平，又想预测个体今后在此专业领域成功的可能性。在教育领域，特殊能力测验可以作为制订和实施有关教育计划的依据；可以对学生的发展潜能进行测定，以便了解学生的情况，更好地贯彻因材施教的原则；可以为大学生的升学、就业咨询和专业学校的招生工作提供服务。

2.4 价值观的自我认知

价值观是一种内心尺度，支配着个体的行为、态度、信念，支配着个体认识世界、明白事物对自己的意义和自我了解、自我定向、自我设计等，也为个体自认为正当的行为提供充足的理由。职业价值观是个人对待职业的一种信念，是个体职业行为背后的深层动机，对个体的职业选择和发展起着重要的影响作用。因此，探索和澄清自己的职业价值观是大学生职业生涯发展规划的重要基础。

2.4.1 认识价值观

1. 价值观的概念

价值观是个体对周围客观事物的意义、重要性的总体看法和评价，它是世界观的重要组成部分，是各类社会行为的行动规范，影响社会生活的各个方面。没有价值观这个指南针，人们就不清楚自己怎么往前走。

价值观包括内容和强度两种属性，内容属性告知某种事物或存在状态是重要的，强度则表明其重要的程度。根据强度属性将看法和评价按照心目中的主次、轻重排列起来，就构成了价值观体系，如自由、快乐、自尊、诚实、服从、公平、功名利禄等。

每个人的价值体系都是不一样的，价值观的形成受遗传、环境、个人经济地位及人生观、世界观的影响。大部分人的价值观都是在早年形成的，大概在10~15 岁之间，价值体系逐步形成。大学四年之后，这个价值体系已相对稳定。

2. 职业价值观

职业价值观也叫工作价值观，是价值观在人们所从事的职业上的具体表现，体现了人们对待职业的理想、信念和态度。职业价值观往往表明了人们通过工作所要追求的理想是什么，是为了财富、权力还是自我实现等其他因素。每个人由于物质条件、家庭背景、所受教育等客观因素不同，对同一职业也会有不同的看法和选择。比如有些人喜欢与人沟通和交流的职业，有些人喜欢做研究、开发的职业，有些人喜欢充满挑战性、高风险高回报的职业，有些人则喜欢稳定发展的职业等。不同的人喜欢不同的职业，正是职业价值观的体现。因此，认真分析和了解个人的职业价值观，对大学生正确开展职业生涯规划有重要的意义。

3. 价值观的类型

美国心理学家洛特克在其所著《人类价值观的本质》一书中，提出了13种价值观。

（1）成就感：提升社会地位，得到社会认同。希望工作能受到他人的认可，对工作的完成和挑战成功感到满足。

（2）美感的追求：能有机会多方面地欣赏周围的人、事、物，或任何自己觉得重要且有意义的事物。

（3）挑战：能有机会运用聪明才智来解决困难。舍弃传统的方法，而选择创新的方法处理事务。

（4）健康：包括身体和心理的健康。工作能够免于忧虑、紧张和恐惧，希望能够心平气和处理事务。

（5）收入与财富：工作能够明显、有效地改变自己的财务状况，希望能够得到金钱所能买到的东西。

（6）独立性：在工作中能有弹性，可以充分掌握自己的时间和行动，自由度高。

（7）爱、家庭、人际关系：关心他人，与别人分享，体贴、关爱他人，对周围人慷慨。

（8）道德感：与组织的目标、价值观、宗教观和工作使命不相冲突且紧密结合。

（9）欢乐：享受生命，结交新朋友，与别人共处，一同享受美好时光。

（10）权力：能够影响或控制他人，使他人按照自己的意愿去行动。

（11）安全感：能够满足基本的需求，有安全感，远离突如其来的变动。

（12）自我成长：能够追求知识上的刺激，寻求更圆满的人生，在智慧、知识与人生的体会上有所提升。

（13）协助他人：认识到自己的付出对团体是有帮助的，别人因为自己的行为而受惠颇多。

我国学者阚雅玲将职业价值观分为如下 12 类。

（1）收入与财富：工作能够明显有效地改变自己的财务状况，将薪酬作为选择工作的重要依据。工作的目的或动力主要来源于对收入和财富的追求，并以此改善生活质量，显示自己的身份和地位。

（2）兴趣特长：以自己的兴趣和特长作为选择职业最重要的因素，能够扬长避短、趋利避害、选我所爱、爱我所选，可以从工作中得到乐趣、成就感。在很多时候，会拒绝做自己不喜欢、不擅长的工作。

（3）权力地位：有较高的权力欲望，希望能够影响或控制他人，使他人照着自己的意思去行动；认为有较高的权力地位会受到他人尊重，从中可以得到较强的成就感和满足感。

（4）自由独立：在工作中有弹性，不想受太多的约束，可以充分掌握自己的时间和行动，自由度高，不想与太多人发生工作关系，既不想治人也不想治于人。

（5）自我成长：工作能够给予培训和锻炼的机会，使自己的经验与阅历能够在一定的时间内得以丰富和提高。

（6）自我实现：工作能够提供平台和机会，使自己的专业和能力得以全面运用和施展，实现自身价值。

（7）人际关系：将工作单位的人际关系看得非常重要，渴望在一个和谐、友好甚至被关爱的环境中工作。

（8）身心健康：工作能够免于危险、过度劳累，免于焦虑、紧张和恐惧，自己的身心健康不受影响。

（9）环境舒适：工作环境舒适宜人。

（10）工作稳定：工作相对稳定，不必担心经常出现裁员和辞退现象，免于经常奔波找工作。

（11）社会需要：能够根据组织和社会的需要响应某一号召，为集体和社会做出贡献。

（12）追求新意：希望工作内容经常变换，使工作和生活显得丰富多彩，不单调枯燥。

探索思考

关于职业价值观的八个问题

大学生在规划自己的职业生涯或者选择职业时，可以针对以上这些职业价值观，分别问自己以下几个问题。

1. 我重视的职业价值观是什么？（找出五个）

2. 我所选择的这五个职业价值观是我一直都重视的吗？如果曾经改变过，是在什么时候？

3. 有哪些职业价值观是我父母认为重要，而我却不这么认为的？有哪些是我和父母共同认可的？

4. 职业价值观的改变是否曾经改变我的生活和学习方式？

5. 我理想的工作状态与我的职业价值观之间是否存在任何联系？

6. 我是否因为谁说的一句话或某件事情（例如考试的成绩）而对自己的职业价值观产生怀疑？

7. 以前我曾经崇拜哪些人？他们目前对我有什么影响？

8. 我的行为可以反映我的职业价值观吗？

以上八点是大学生了解自己职业价值观的基础。回答这些问题并不容易，也不是短时间就能得出完整答案的。因为职业价值观的显现有时候就像是调皮好动的小孩子，不容易掌握他们的动向；有时又像是文静高雅的淑女，没有明显的动作，却是人们注意的焦点。

2.4.2 价值观与职业的关系

有专家将职业价值观分为六大类，即：自由型职业价值观、小康型职业价值观、支配型职业价值观、自我实现型职业价值观、志愿型职业价值观和技术型职业价值观。职业价值观与相应的职业如表 2–2 所示。

表 2–2 职业价值观与相应的职业

职业价值观	特点	相应的职业
自由型	不受别人指使，凭自己的能力拥有自己的小“城堡”；不愿受人干涉，想充分施展本领	室内装饰专家、图书管理专家、摄影师、音乐教师、作家、演员、记者、诗人、作曲家、编剧、雕刻家、漫画家等艺术性职业
小康型	追求虚荣，优越感强，渴望能有社会地位和名誉，希望常常受到众人尊敬；欲望得不到满足时，由于过分强烈的自我意识，有时反而很自卑	记账员、会计、出纳、法庭速记员、成本估算员、税务员、核算员、打字员、办公室职员、计算机操作员、统计员、秘书等
支配型	想当组织的一把手，飞扬跋扈，无视他人的想法，为所欲为，且视此为无比快乐	推销员、进货员、旅馆经理、饭店经理、广告宣传员、调度员、律师、政治家、零售商等
自我实现型	不关心平常的幸福，一心一意想发挥个性，追求真理；不考虑收入、地位及他人对自己的看法，尽力挖掘自己的潜力，施展自己的本领，并视此为有意义的生活	气象学家、生物学家、天文学家、药剂师、动物学家、化学家、科学报刊编辑、地质学家、植物学家、物理学者、数学家、实验员、科研人员、科技工作者等
志愿型	富有同情心，把他人的痛苦视为自己的痛苦；不愿干表面上哗众取宠的事，把默默地帮助不幸的人视为无比快乐	社会学家、福利机构工作人员、导游、咨询人员、社会工作者、社会科学教师、护士等
技术型	认为立足社会的根本在于有一技之长，因此喜欢钻研一门技术，认为靠本事吃饭既可靠又稳当	木匠、农民、工程师、机械师、自动化技师、电工、司机、机械制图人员等

2.4.3 价值观澄清

很多人对自己的职业价值观并不了解，如果一个喜欢挑战、喜欢不断取得成就和实现自己梦想的人却身处一个工作氛围极其稳定、缺少变化的组织中，那他很难实现自己的价值观。因此，大学生在进行职业生涯规划时，首先要澄清自己的价值观，反观自己在选择职业方向时内心真正看中、真正追求的是什么。

进行价值观澄清可以分为三个阶段，即选择、珍视和行动。

（1）选择阶段。完全自由地选择，不被任何人强迫。在选择一个职位之前，你是否会考虑其他可能的选择？你是否会考察一个职位带来的结果？你是否会不顾外界的压力选择一个职位，保持感受、思考和行动的一致？

（2）珍视阶段。一是重视和珍惜自己的选择并感到满足。你对所选择的职业有强烈的感觉并珍惜它吗？二是乐于向公众公布自己的选择。你会在公共场合提到这个珍视的职位，必要的时候会很确定地肯定它吗？

（3）行动阶段。按照所做出的选择行动。你会用行动来支持你的感受和信念吗？你是否始终如一地根据你的感受和信念来行动？

价值观澄清模式在确立职业生涯目标或职业选择中起着非常重要的作用。每个人都有一套独一无二的价值系统，当我们为了制定一个明智的职业决策而寻求自我认识时，需要明确哪种价值最符合自己的个性，需要了解自己的个人价值观以及职业价值观。

正确认识自己的职业价值观是非常重要的，不能正确认识或者没有清晰的职业价值观，就好比一只断了线的风筝，只能随风摆动。很多职场成功人士在总结自身的成功经验时，相同的一点就是拥有明确的职业目标或职业价值观——首先得确定自己想成为什么样的人，然后才能实现它。

管理游戏

价值观大拍卖

在这个价值观拍卖会上，每个“买家”都有一万元的拍卖经费。

在拍卖开始之前，作为“买家”，你需要先做经费预算。你可以将一万元全部花在一个项目上，也可以分别花在几个你需要的项目上。当然，在你真正举牌竞价时，你不必被自己的预算金额所限制，只要你认为值得，你可以花更多的钱买下某个项目，只要总数不超过一万元。不管你最后能否得到这个项目，请你列出为这个项目所出的最高价。

如果你在某个项目上拍卖成功，那么你所花的钱需从一万元经费中扣除，你只能用剩余的钱参加下个项目的竞价。

每个项目起拍价为100元，每次叫价以100元的整数倍进行。任何项目的叫价达到一万元，就停止该项目的竞价，并由出价一万元的买家获得该项目。

这是个团体活动。由公正的“拍卖师”主持拍卖会，拍卖项目由“拍卖师”从表格中随机抽取。在拍卖结束后，思考你所选择的项目，每个项目都可能代表了你的好几种价值追求。想一想，当你选择一个项目时，你脑海中真正想要的价值是什么？

如果真正参与了竞拍，跟其他人为了某个项目而竞争，你的感受是否有所不同？你对某个项目的出价接近自己的预算吗？还是在拍卖中你的情绪打乱了你原先理性的计划？

以下是备选的22种拍卖项目（能够让我……的职业）：

1. 具有吸引力，让每个认识的人都喜欢自己
2. 健康、长寿、没有疾病
3. 有清晰的自我认识，知道自己是谁
4. 每年至少赚50万元
5. 成为一个组织中最有影响力的人
6. 有时间过愉快的、有意义的家庭生活
7. 参加社会活动，如音乐会、表演或者体育活动
8. 工作环境中没有歧视、欺骗、腐败和不公正现象
9. 能够竭诚为贫困者服务
10. 与志同道合的伙伴一起工作
11. 可以做自己喜欢的事情
12. 发挥教导、督导或者管理他人的能力
13. 寻找生活的意义和真谛
14. 精通专业，在所做的事情上取得成功
15. 冒险、迎接挑战，过精彩的人生
16. 产生新思想，创造新的行动方式
17. 自由决定工作条件、时间、位置和着装
18. 制作有吸引力的物品，为世界增添美丽
19. 获得全国范围内和世界性的荣誉和名望
20. 休长假，清闲，只要开心快乐
21. 稳定，有固定收入
22. 创造一个能让人们自由给予和付出爱的气氛

实践作业

霍兰德职业兴趣测验

本测验将帮助你发现和确定自己的职业兴趣和能力特长，从而更好地做出求职择业的决策。如果你已经考虑好或选择好了自己的职业，本测验将使你的这种考虑或选择具有理论基础，或向你展示其他合适的职业；如果你至今尚未确定职业方向，本测验将帮助你根据自己的情况选择一个恰当的职业目标。

本测验共有七个部分，每部分测验都没有时间限制，但请你尽快按要求完成。

第1部分　你心目中的理想职业（专业）

对于未来的职业（或升学进修的专业）你也许早有考虑，它可能很抽象、很朦胧，也可能很具体、很清晰。不管是哪种情况，现在都请你把最想做的三种工作或最想读的三种专业，按顺序写下来。

1. ________________

2. ________________

3. ________________

好，第1部分已完成。现在请继续做第2部分。

第2部分　你所感兴趣的活动

下面列举了一些十分具体的活动。这些活动无所谓好坏，如果你喜欢去参加（包括过去、现在或将来），就请在相应题号上打“√”，如果不喜欢就请打“×”。注意，这一部分测验主要想确定你的职业兴趣，而不是让你选择工作，你喜欢某种活动并不意味着你一定要从事这种活动。答题时不必考虑过去是否做过和是否擅长这种活动，只根据你的兴趣直接判断即可。请务必做完每一题目。

一、R型（现实型活动）

你喜欢做下列事情吗？

1. 装配、修理电器
2. 修理自行车
3. 装修机器或机器零件
4. 做木工活
5. 驾驶卡车或拖拉机
6. 开机床
7. 开摩托车

8. 上金属工艺课

9. 上机械制图课

10. 上木工手艺课

11. 上电气自动化技术课

选择“√”的总数：________

二、I 型（研究型活动）

你喜欢做下列事情吗？

1. 阅读科技书刊

2. 在实验室工作

3. 研究某个科研项目

4. 制作飞机、汽车模型

5. 做化学实验

6. 阅读专业性论文

7. 解一道数学或棋艺难题

8. 上物理课

9. 上化学课

10. 上几何课

11. 上生物课

选择“√”的总数：________

三、A 型（艺术型活动）

你喜欢做下列事情吗？

1. 素描、制图或绘画

2. 表演戏剧、小品或相声节目

3. 设计家具或房屋

4. 在舞台上演唱或跳舞

5. 演奏一种乐器

6. 阅读流行小说

7. 听音乐会

8. 从事摄影创作

9. 阅读电影、电视剧本

10. 读诗、写诗

11. 上书法美术课

选择“√”的总数：______

四、S型（社会型活动）

你喜欢做下列事情吗？

1. 给朋友们写信
2. 参加学校、单位组织的正式活动
3. 加入某个社会团体或俱乐部
4. 帮助别人解决困难
5. 照看小孩
6. 参加宴会、茶话会或联欢晚会
7. 跳交谊舞
8. 参加讨论会或辩论会
9. 观看运动会或体育比赛
10. 寻亲访友
11. 阅读与人际交往有关的书刊

选择“√”的总数：______

五、E型（企业型活动）

你喜欢做下列事情吗？

1. 对他人做劝说工作
2. 买东西与人讨价还价
3. 讨论政治问题
4. 从事个体或独立的经营活动
5. 出席正式会议
6. 做演讲
7. 在社会团体中做一名理事
8. 检查与评价别人的工作
9. 结识名流
10. 带领一群人去完成某项任务
11. 参与政治活动

选择“√”的总数：______

六、C型（常规型活动）

你喜欢做下列事情吗?

1. 保持桌子和房间整洁

2. 抄写文章或信件

3. 开发票、写收据或打回条

4. 用算盘或计算器计算

5. 记流水账或备忘录

6. 上打字课或学速记法

7. 上会计课

8. 上商业统计课

9. 将文件、报告、记录分类与归档

10. 为领导写公务信函与报告

11. 检查个人收支情况

选择"√"的总数: ______

好,第 2 部分已完成,现在请继续做第 3 部分。

第 3 部分　你所擅长或胜任的活动

下面从六个方面分别列举了一些十分具体的活动,以确定你具备哪一方面的工作特长。回答时,只需考虑你过去或现在对所列活动是否擅长、胜任,不必考虑你是否喜欢这种活动。如果你认为自己擅长从事某一活动,就请在相应题号上打"√",如果不擅长,就请打"×"。注意,你如果从未从事过某一活动,那就请考虑你将来是否会擅长从事该项活动。请务必做完每一个题目。

一、R 型(现实型能力)

你擅长做或胜任下列事情吗?

1. 使用锯子、钳子、车床、砂轮等工具

2. 使用电万能电表

3. 给自行车或机器加油,使它们正常运转

4. 使用钻床、研磨机、缝纫机等

5. 修整木器、家具表面

6. 看机械、建筑设计图纸

7. 修理结构简单的家用电器

8. 制作简单的家具

9. 绘制机械设计图纸

10. 修理收录音机的简单部件
11. 疏通、修理自来水管或下水道

选择"√"的总数：______

二、I 型（研究型能力）

你擅长做或胜任下列事情吗？

1. 了解真空管的工作原理
2. 知道三种以上蛋白质含量高的食物
3. 知道一种放射性元素的"半衰期"
4. 使用对数表
5. 使用计算器或计算尺
6. 使用显微镜
7. 辨认三个星座
8. 说明白细胞的功能
9. 解释简单的化学分子式
10. 理解人造卫星不会落地的道理
11. 参加科技竞赛或科研成果交流会

选择"√"的总数：______

三、A 型（艺术型能力）

你擅长做或胜任下列事情吗？

1. 演奏一种乐器
2. 参加二重唱或四重唱表演
3. 独奏或独唱
4. 扮演剧中角色
5. 说书或讲故事
6. 表演现代舞或芭蕾舞
7. 人物素描
8. 油画或雕塑
9. 制造陶器、捏泥塑或剪纸
10. 设计服装、海报或家具
11. 写得一手好文章

选择"√"的总数：______

四、S 型（社会型能力）

你擅长做或胜任下列事情吗？

1. 善于向别人解释问题
2. 参加慰问或救济活动
3. 善与人合作、配合默契
4. 殷勤待客
5. 能深入浅出地教育儿童
6. 为宴会安排娱乐活动
7. 帮助他人解决困难
8. 帮助护理病人或伤员
9. 安排学校或社团组织的各种集体事务
10. 善察人心或善于判断人的性格
11. 善与年长者相处

选择“√”的总数：______

五、E 型（企业型能力）

你擅长做或胜任下列事情吗？

1. 学校里当过班干部并且干得不错
2. 善于督促他人工作
3. 善于使他人按你的习惯做事
4. 做事具有超常的精力和热情
5. 能做一名称职的推销员
6. 代表某个团体向有关部门提出建议或反映意见
7. 担任某种领导职务期间获过奖或受到表扬
8. 说服别人加入你所在的团体（俱乐部、运动队、工作或研究组等）
9. 创办一家商店或企业
10. 知道如何做一位成功的领导人
11. 有很好的口才

选择“√”的总数：______

六、C 型（常规型能力）

你擅长做或胜任下列事情吗？

1. 一天能誊抄近一万字

2. 能熟练地使用算盘或计算器

3. 能够熟练地打字

4. 善于将书信、文件迅速归档

5. 做过办公室职员工作且干得不错

6. 核对数据或文章时既快又准确

7. 会使用外文打字机或复印机

8. 善于在短时间内分类和处理大量文件

9. 记账或开发票时既快又准确

10. 善于为自己或集体作财务预算（表）

11. 能迅速誊清贷方和借方的账目

选择“√”的总数：______

好，第 3 部分已完成，现在请继续做第 4 部分。

第 4 部分　你所喜欢的职业

下面列举了许多职业，对这些职业的基本情况你或多或少都有所了解，并在此基础上形成了自己的评价态度。如果喜欢某项职业的话，请在相应题号上打“√”，如果不喜欢则打“×”。这一部分测验也要求每题必做。

一、R 型（现实型职业）

你喜欢下列职业吗?

1. 飞行机械技术人员

2. 鱼类和野生动物专家

3. 自动化工程技术人员

4. 木工

5. 机床安装工或钳工

6. 电工

7. 无线电报务员

8. 长途汽车司机

9. 火车司机

10. 机械师

11. 测绘、水文技术人员

选择“√”的总数：______

二、I 型（研究型职业）

你喜欢下列职业吗？

1. 气象研究人员

2. 生物学研究人员

3. 天文学研究人员

4. 药剂师

5. 人类学研究人员

6. 化学研究人员

7. 科学杂志编辑

8. 植物学研究人员

9. 物理学研究人员

10. 科普工作者

11. 地质学研究人员

选择“√”的总数：______

三、A 型（艺术型职业）

你喜欢下列职业吗？

1. 诗人

2. 文学艺术评论家

3. 作家

4. 记者

5. 歌唱家或歌手

6. 作曲家

7. 剧本写作人员

8. 画家

9. 相声演员

10. 乐团指挥

11. 电影演员

选择“√”的总数：______

四、S 型（社会型职业）

你喜欢下列职业吗？

1. 街道、工会或妇联负责人

2. 中学教师
3. 青少年犯罪问题专家
4. 中学校长
5. 心理咨询人员
6. 精神病医生
7. 职业介绍所工作人员
8. 导游
9. 青年团负责人
10. 福利机构负责人
11. 婚姻介绍所工作人员

选择“√”的总数：______

五、E型（企业型职业）

你喜欢下列职业吗？

1. 采购经理
2. 推销员
3. 旅馆经理
4. 商店管理人员
5. 厂长
6. 律师或法官
7. 电视剧制作人
8. 饭店或饮食店经理
9. 人民代表
10. 服装批发商
11. 企业管理咨询人员

选择“√”的总数：______

六、C型（常规型职业）

你喜欢下列职业吗？

1. 簿记员
2. 会计师
3. 银行出纳员
4. 法庭书记员

5. 人口普查登记员

6. 成本核算员

7. 税务工作者

8. 校对员

9. 打字员

10. 办公室秘书

11. 质量检查员

选择“√”的总数：______

好，第 4 部分已完成。现在请继续做第 5 部分。

第 5 部分　你的能力类型简评

下面两张表是你在六个职业能力方面的自我评分表。你可以先与同龄人比较一下自己在每一方面的能力，斟酌以后对自己的能力做出评价。评分时请在表中适当的数字上画圈。数字越大表示你的能力越强。

注意，请勿全部圈画同样的数字，因为人的每项能力不可能完全一样。

职业能力自评表（A）

	R 型	I 型	A 型	S 型	E 型	C 型
	机械操作能力	科学研究能力	艺术创造能力	解释表达能力	商业洽谈能力	事务执行能力
	7	7	7	7	7	7
高	6	6	6	6	6	6
	5	5	5	5	5	5
中	4	4	4	4	4	4
	3	3	3	3	3	3
低	2	2	2	2	2	2
	1	1	1	1	1	1

职业能力自评表（B）

	R 型	I 型	A 型	S 型	E 型	C 型
	体力技能	数学技能	音乐技能	交际技能	领导技能	办公技能
	7	7	7	7	7	7
高	6	6	6	6	6	6
	5	5	5	5	5	5
中	4	4	4	4	4	4
	3	3	3	3	3	3
低	2	2	2	2	2	2
	1	1	1	1	1	1

好，第 5 部分已完成，请继续做第 6 部分。

第6部分 统计和确定你的职业倾向

请将第2部分至第5部分的全部测验分数按前面已统计好的六种职业倾向（R型、I型、A型、S型、E型和C型）得分填入下表，并纵向累加。

职业兴趣测评得分表

测验	R型	I型	A型	S型	E型	C型
第2部分						
第3部分						
第4部分						
第5部分（A）						
第5部分（B）						
总分						

请将上表中的六种职业倾向总分按大小顺序依次从左到右重新排列：

______型、______型、______型、______型、______型、______型

最高分 ← 你的职业倾向性得分 → 最低分

得分最高的职业类型意味着最适合你的职业。假如你在I型上得分最高，说明你适合做自然科学方面的研究工作，如气象研究、生物学研究、天文学研究等，或科学杂志编辑，其余类推。

如果最适合你的工作和你在第1部分所写的理想工作不太一致，或者在各种类型的职业上你的能力和兴趣不相匹配，那么请参照第7部分——职业价值观来做出最佳选择。比方说，假如第2部分你在I型上得分最高，但第3部分你在A型上得分高，那么请参考你最看重的因素：假如你最看重“8.能充分发挥自己的能力特长”或“2.工作环境（物质方面）舒适”，那么A型工作最适合你；假如你最看重“10.能从事自己感兴趣的工作”或“4.工作稳定有保障”，那么I型工作最适合你；假如你最看重的是其他因素，那么请向A型职业方面的专家咨询，选择和你的职业价值观最接近的工作。

第7部分 你所看重的东西——职业价值观

这一部分测验列出了人们在选择工作时通常会考虑的九项要素（见所附工作价值标准）。现在请你在其中选出对你最重要的两项因素，以及最不重要的两项因素，并将序号填入下边相应横线上。

最 重 要：____________________

最不重要：____________________

次 重 要：____________________

次不重要：____________________

附 工作价值标准

1. 工资高、福利好

2. 工作环境（物质方面）舒适

3. 人际关系良好

4. 工作稳定有保障

5. 能提供较好的受教育机会

6. 有较高的社会地位

7. 工作不太紧张、外部压力少

8. 能充分发挥自己的能力特长

9. 社会需要与社会贡献较大

10. 能从事自己感兴趣的工作

以上全部测验完毕。

现在，将你测验得分居第一位的职业类型找出来，根据后附的职业索引判断一下自己适合的职业类型。

附：职业索引——职业兴趣代号与其相应的职业对照

R（现实型）：喜欢技艺性或机械性的工作，如机械维修、木匠活、烹饪、电气技术等，也称体能取向、机械取向。这类人通常具有机械技能和体力，喜欢户外工作，乐于使用各种工具和机器设备。这种人喜欢同事务而不是同人打交道的工作。他们真诚、谦逊、敏感、务实、朴素、节俭、腼腆。

对应的职业：木匠、农民、操作X光的技师、工程师、飞机机械师、鱼类和野生动物专家、自动化技师、机械工（车工、钳工等）、电工、火车司机、长途公共汽车司机、机械制图员、修理工、电器师等。

I（研究型）：喜欢各种研究性工作，这类人通常具有较高的数学和科学研究能力，喜欢独立工作，喜欢解决问题；喜欢同观念而不是同人或事务打交道。他们逻辑性强、好奇、聪明、仔细、独立、安详、简朴。

对应的职业：气象学者、生物学者、天文学家、药剂师、动物学者、化学家、科学报刊编辑、地质学者、植物学者、物理学者、数学家、实验员、科研人员、科技作者。

A（艺术型）：喜欢艺术性工作，如音乐、唱歌、跳舞等。这种取向类型的人往往具有某些艺术技能，喜欢创造性的工作，富有想象力。这类人通常喜欢同观念而不是同事务打交道的工作。他们较开放、好想象、独立、有创造性。

对应的职业：室内装饰专家、图书管理专家、摄影师、音乐教师、作家、演员、记者、诗人、作曲家、编剧、雕刻家、漫画家。

S（社会型）：喜欢社会交往性的工作。这类人通常喜欢周围有别人存在，对别人的事很有兴趣，乐于帮助别人解决难题。这种人喜欢与人而不是与事务打交道的工作。他们助人为乐、有责任心、热情、善于合作、富于理想、友好、善良、慷慨、耐心。

对应的职业：社会学者、导游、福利机构工作者、咨询人员、社会工作者、社会科学教师、学校领导、精神病工作者、公共保健护士。

E（企业型）：喜欢诸如推销、服务、管理类型的工作。这类人通常具有领导才能和口才，对金钱和权力感兴趣，喜欢影响、控制别人。这种人喜欢同人和观念而不是同事务打交道的工作。他们热爱户外交际、冒险、精力充沛、乐观、和蔼、细心、抱负心强。

对应的职业：推销员、进货员、商品批发员、旅馆经理、饭店经理、广告宣传员、调度员、律师、政治家、零售商。

C（常规型）：喜欢传统性的工作。这种人有很好的数字和计算能力，喜欢室内工作，乐于整理、安排事务。他们往往喜欢同文字、数字打交道的工作，比较顺从、务实、细心、节俭、做事利索、有条理、有耐心。

对应的职业：记账员、会计、银行出纳、法庭速记员、成本估算员、税务员、核算员、打字员、办公室职员、统计员、计算机操作员、秘书。

下面介绍与你三个代号的职业兴趣类型一致的职业表，对照的方法如下：首先根据你的职业兴趣代号，在下面找出相应的职业，例如你的职业兴趣代号是RIA，那么牙科技术人员、陶工等是适合你兴趣的职业；然后寻找与你职业兴趣代号相近的职业，如你的职业兴趣代号是RIA，那么，其他由这三个字母组合成的编号（如IRA、IAR、ARI等）对应的职业，也较适合你的兴趣。

RIA：牙科技术员、陶工、建筑设计员、模型工、细木工。

RIS：厨师、林务员、跳水员、潜水员、染色员、电器修理工、电工、纺织机器装配工、服务员、装玻璃工人、发电厂工人、焊接工。

RIE：工程技术人员（例如建筑和桥梁工程、环境工程、航空工程、公路工程、电力工程、信号工程、电话工程、一般机械工程、自动工程、矿业工程、海洋工程、交通工程等）、制图员、家政经纪人员、计量员、农民、农场工人、农业机器操作员、清洁工、无线电修理、汽车修理工、手表修理工、管道工、线路装配工、工具仓库管理员。

RIC：船上工作人员、接待员、杂志保管员、牙医助手、制帽工、磨坊工、石匠、机器制造员、机车（火车头）制造员、农业机器装配员、汽车装配工、缝纫机装配工、钟表装配和检验员、电动器具装配员、鞋匠、锁匠、货物检验员、电梯机修工、托儿所所长、钢琴调音员、装配工、印刷工、建筑和钢铁工人、卡车司机。

RAI：手工雕刻人员、玻璃雕刻人员、模型制作人员、家具木工、制作皮革品、手工绣花人员、手工钩针编织人员、印刷工人、图画雕刻员、装订工。

RSE：消防员、交通巡警、警察、理发师、房间清洁工、屠夫、锻工、开凿工人、管道安装工、出租汽车驾驶员、货物搬运工、送报员、勘探员、娱乐场所的服务员、起卸机操作工、灭害虫者、电梯操作工、厨房助手。

RSI：纺织工、编织工、农业学校教师、某些职业课程教师（诸如艺术、商业、技术、工艺课程）、雨衣上胶工。

REC：抄水表员、实验室动物饲养员、动物管理员。

REI：轮船船长、航海领航员、大副、试管实验员。

RES：旅馆服务员、家畜饲养员、渔民、渔网修补工、水手长、收割机操作工、搬运行李工人、公园服务员、救生员、登山导游、火车工程技术员、建筑工人、铺轨工人。

RCI：测量员、勘测员、仪表操作者、农业工程技术、化学工程技师、民用工程技师、石油工程技师、资料室管理员、探矿工、煅烧工、烧窑工、矿工、保养工、磨床工、取样工、样品检验员、纺纱工、炮手、漂洗工、电焊工、锯木工、刨床工、制帽工、手工缝纫工、油漆工、染色工、按摩工、木匠、农民建筑工人、电影放映员、勘测员助手。

RCS：公共汽车驾驶员、一等水手、游泳池服务员、裁缝、建筑工人、石匠、烟囱修建工、混凝土工、电话修理工、爆炸手、邮递员、矿工、裱糊工人、纺纱工。

RCE：打井工、吊车驾驶员、农场工人、邮件分类员、铲车司机、拖拉机司机。

IAS：普通经济学家、农场经济学家、财政经济学家、国际贸易经济学家、实验心理学家、工程心理学家、心理学家、哲学家、内科医生、数学家。

IAR：人类学家、天文学家、化学家、物理学家、医学病理学家、动物标本剥制者、化石修复者、艺术品管理员。

ISE：营养学家、饮食顾问、火灾检查员、邮政服务检查员。

ISC：侦察员、电视播音室修理员、电视修理服务员、验尸室人员、编目录者、医学实验室技师、调查研究者。

ISR：水生生物学者、昆虫学者、微生物学家、配镜师、矫正视力者、细菌学家、牙科医生、骨科医生。

ISA：实验心理学家、普通心理学家、发展心理学家、教育心理学家、社会心理学家、临床心理学家、目录学家、皮肤病学家、精神病学家、妇产科医生、眼科医生、五官科医生、医学实验室技术专家、民航医务人员、护士。

IES：细菌学家、生理学家、化学专家、地质专家、地理物理学专家、纺织技术专家、医院药剂师、工业药剂师、药房营业员。

IEC：档案保管员、保险统计员。

ICR：质量检验技术员、地质学技师、工程师、法官、图书馆技术辅导员、计算机操作员、医院听诊员、家禽检查员。

IRA：地理学家、地质学家、水文学家、矿物学家、古生物学家、石油学家、地震学家、声学物理学家、原子和分子物理学家、电学和磁学物理学家、气象学家、设计审核员、人口统计学家、数学统计学家、外科医生、城市规划家、气象员。

IRS：流体物理学家、物理海洋学家、等离子体物理学家、农业科学家、动物学家、食品科学家、园艺学家、植物学家、细菌学家、解剖学家、动物病理学家、作物病理学家、药物学家、生物化学家、生物物理学家、细胞生物学家、临床化学家、遗传学家、分子生物学家、质量控制工程师、地理学家、兽医、放射治疗技师。

IRE：化验员、化学工程师、纺织工程师、食品技师、渔业技术专家、材料和测试工程师、电气工程师、土木工程师、航空工程师、行政官员、冶金专家、原子核工程师、陶瓷工程师、地质工程师、电力工程师、口腔科医生、牙科医生。

IRC：飞机领航员、飞行员、物理实验室技师、文献检查员、农业技术专家、动植物技术专家、生物技师、油管检查员、工商业规划者、矿藏安全检查员、纺织品检验员、照相机修理者、工程技术员、编计算机程序者、工具设计者、仪器维修工。

CRI：簿记员、会计、记时员、铸造机操作工、打字员、按键操作工、复印机操作工。

CRS：仓库保管员、档案管理员、缝纫工、讲述员。

CRE：标价员、实验室工作者、广告管理员、自动打字机操作员、电动机装配工、缝纫机操作工。

CIS：记账员、顾客服务员、报刊发行员、土地测量员、保险公司职员、会计师、估价员、邮政检查员、外贸检查员。

CIE：打字员、统计员、支票记录员、订货员、校对员、办公室工作人员。

CIR：校对员、工程职员、海底电报员、检修计划员、发报员。

CSE：接待员、通讯员、电话接线员、卖票员、旅馆服务员、私人职员、商学教师、旅游办事员。

CSR：运货代理商、铁路职员、交通检查员、办公室通信员、簿记员、出纳员、银行财务职员。

CSA：秘书、图书管理员、办公室办事员。

CER：邮递员、数据处理员、航空邮件检查员。

CEI：推销员、经济分析家。

CES：银行会计、记账员、法人秘书、速记员、法院报告人。

ECI：银行行长、审记员、信用管理员、地产管理员、商业管理员。

ECS：信用办事员、保险人员、各类进货员、海关服务经理、售货员、采购员、会计。

ERI：建筑物管理员、工业工程师、农场管理员、护士长、农业经营管理人员。

ERS：仓库管理员、房屋管理员、货栈监督管理员。

ERC：邮政局长、渔船船长、机械操作领班、木工领班、瓦工领班、驾驶员领班。

EIR：科学、技术和有关周期出版物的管理员。

EIC：专利代理人、鉴定人、运输服务检查员、安全检查员、废品收购人员。

EIS：警官、侦察员、交通检验员、安全咨询员、合同管理者、商人。

EAS：法官、律师、公证人。

FAR：展览室管理员、舞台管理员、播音员、驯兽员。

ESC：理发师、裁判员、政府行政管理员、财政管理员、工程管理员、职业病防治、售货员、商业经理、办公室主任、人事负责人、调度员。

ESR：家具售货员、书店售货员、公共汽车的驾驶员、日用品售货员、护士长、自然科学和工程的行政领导。

ESI：博物馆管理员、图书馆管理员、古迹管理员、饮食业经理、地区安全服务管理员、技术服务咨询者、超级市场管理员、零售商店店员、批发商。

ESA：博物馆馆长、报刊管理员、音乐器材售货员、广告商、售画营业员、导游、（轮船或班机上的）事务长、飞机上的服务员、船员、法官、律师。

ASE：戏剧导演、舞蹈教师、广告撰稿人、报刊专栏作者、记者、演员、英语翻译。

ASI：音乐教师、乐器教师、美术教师、管弦乐指挥、合唱队指挥、歌星、演奏家、哲学家、作家、广告经理、时装模特。

AER：新闻摄影师、电视摄像师、艺术指导、录音指导、丑角演员、魔术师、木偶戏演员、骑士、跳水员。

AEI：音乐指挥、舞台指导、电影导演。

AES：流行歌手、舞蹈演员、电影导演、广播节目主持人、舞蹈教师、口技表演者、喜剧演员、模特。

AIS：画家、剧作家、编辑、评论家、时装艺术大师、新闻摄影师、演员、文学作者。

AIE：花匠、皮衣设计师、工业产品设计师、剪影艺术家、复制雕刻品大师。

AIR：建筑师、画家、摄影师、绘图员、环境美化工、雕刻家、包装设计师、陶器设计师、绣花工、漫画工。

SEC：社会活动家、退伍军人服务官员、工商会事务代表、教育咨询者、宿舍管理员、旅馆经理、饮食服务管理员。

SER：体育教练、游泳指导。

SEI：大学校长、学院院长、医院行政管理员、历史学家、家政经济学家、职业学校教师、资料员。

SEA：娱乐活动管理员、国外服务办事员、社会服务助理、一般咨询者、宗教教育工作者。

SCE：福利机构职员、生产协调人、环境卫生管理人员、餐馆经理、售票员。

SRI：外科医师助手、医院服务员。

SRE：体育教师、职业病治疗者、体育教练、专业运动员、房管员、儿童家庭教师、警察、引座员、传达员。

SRC：护理员、护理助理、医院勤杂工、理发师、学校儿童服务人员。

SIA：社会学家、心理咨询者、学校心理学家、政治科学家、大学或学院的系主任、大学或学院的教育学教师、大学农业教师、大学工程和建筑课程的教师、大学法律教师、大学数学、医学、物理、社会科学和生命科学的教师、研究生助教、成人教育教师。

SIE：营养学家、饮食学家、海关检查员、安全检查员、税务稽查员、校长。

SIC：描图员、兽医助手、诊所助理、体检检查员、监督缓刑犯的工作者、娱乐指导者、咨询人员、社会科学教师。

SIR：理疗员、救护队工作人员、手足病医生、职业病治疗助手。

SAC：理发师、指甲修剪师、包装艺术家、美容师、整容专家、发式设计师。

SAE：听觉病治疗者、演讲矫正者。

SAE：图书馆管理员、幼儿园教师、学前儿童教师、小学教师、中学教师、师范学院教师、盲人教师、智力障碍者的教师、聋哑人的教师、学校护士、牙科助理、飞行指导员。

气质类型测验

下面是有关气质的60道问答题，没有对错之分，回答时不要猜测什么是正确答案，请根据你的实际情况与真实想法回答。每题设有五个选项。

A：很符合　　B：比较符合　　C：介于中间　　D：不太符合

E：很不符合

1. 做事力求稳妥，一般不做无把握的事
2. 遇到可气的事就怒不可遏，只有把心里话全说出来才痛快
3. 宁可一人做事，不愿很多人在一起
4. 很快就能适应一个新环境
5. 厌恶那些强烈的刺激，如尖叫、噪声、危险镜头等
6. 和人争吵时，总是先发制人，喜欢挑衅
7. 喜欢安静的环境
8. 善于和人交往
9. 羡慕那种善于克制自己感情的人
10. 生活有规律，很少违反作息制度
11. 在多数情况下，情绪是乐观的
12. 碰到陌生人会觉得很拘束
13. 遇到令人气愤的事，能很好地自我控制
14. 做事总是有旺盛的精力
15. 遇到问题时常常举棋不定，优柔寡断
16. 在人群中从不觉得过分拘束

17. 情绪高昂时觉得干什么都有趣；情绪低落时觉得干什么都没意思
18. 当注意力集中于某一事物时，别的事物很难让自己分心
19. 理解问题总比别人快
20. 碰到危险情况时，常有一种极度恐惧感
21. 对学习、工作、事业抱有极大的热情
22. 能够长时间做枯燥、单调的工作
23. 符合兴趣的事，干起来劲头十足，否则就不想干
24. 一点小事就会引起情绪波动
25. 讨厌做那种需要耐心、细心的工作
26. 与人交往不卑不亢
27. 喜欢参加热烈的活动
28. 爱看感情细腻、描写人物内心活动的文学作品
29. 工作学习时间长时，常感到厌倦
30. 不喜欢长时间讨论一个问题，愿意实际动手干
31. 宁愿侃侃而谈，不愿窃窃私语
32. 别人说我总是闷闷不乐
33. 理解问题常比别人慢一些
34. 疲倦时只要经过短暂的休息就能精神抖擞，重新投入工作
35. 心里有话时，宁愿自己想，不愿说出来
36. 认准一个目标就希望尽快实现，不达目的，誓不罢休
37. 和别人同样学习、工作一段时间后，常比别人更疲倦
38. 做事有些莽撞，常常不考虑后果
39. 老师或师傅讲授新知识、新技术时，总希望他讲慢些，多重复几遍
40. 能够很快忘记不愉快的事情
41. 做作业或完成一件工作总比别人花的时间多
42. 喜欢运动量大的剧烈活动，或参加各种娱乐活动
43. 不能很快地把注意力从一件事转移到另一件事上去
44. 接受一个任务后，就希望迅速完成
45. 认为墨守成规比冒风险好一些
46. 能够同时注意几件事
47. 当我烦闷的时候，别人很难让我高兴

48. 爱看情节跌宕起伏、激动人心的小说
49. 对工作认真严谨，具有始终如一的态度
50. 和周围人的关系总是处不好
51. 喜欢复习学过的知识，重复检查已经完成的工作
52. 希望做变化大、花样多的工作
53. 小时候会背许多首诗歌，我似乎比别人记得清楚
54. 别人说我“语出伤人”，可我并不觉得这样
55. 在体育活动中，常因反应慢而落后
56. 反应敏捷，头脑机智灵活
57. 喜欢有条理而不麻烦的工作
58. 兴奋的事常常使我失眠
59. 老师讲新的概念，常常听不懂，但是弄懂以后就很难忘记
60. 如果工作枯燥无味，马上就会情绪低落

计分标准：

选 A 得 2 分，选 B 得 1 分，选 C 得 0 分，选 D 得 –1 分，选 E 得 –2 分。根据选项计算总分。

测试结果：

1. 将每题得分填入下表相应的“得分”栏内。

2. 计算每种气质类型的总分数。

胆汁质题总得分：________

题号	2	6	9	14	17	21	27	31	36	38	42	48	50	54	58
得分															

多血质题总得分：________

题号	4	8	11	16	19	23	25	29	34	40	44	46	52	56	60
得分															

黏液质题总得分：________

题号	1	7	10	13	18	22	26	30	33	39	43	45	49	55	57
得分															

抑郁质题总得分：________

题号	3	5	12	15	20	24	28	32	35	37	41	47	51	53	59
得分															

3. 气质类型的确定。

（1）如果某类气质得分明显高出其他三种，且均高出4分以上，则可定为该类气质。

（2）此外，如果某类气质得分超过20分，则为典型型；如果某类得分在10~20分，则为一般型。

（3）如果两种气质类型得分接近，其差异低于3分，而且又明显高于其他两种，且高出4分以上，则可定为两种气质的混合型。

（4）如果三种气质得分均高于第四种，而且相互接近，则为三种气质的混合型。

职业价值观测验

下面是一套职业价值观测验量表，有52道题目，每道题目都有五个备选答案，请根据自己的实际情况或想法选出最接近的一个选项，每题只能选择一个答案。通过测验，你可以大致了解自己的职业价值观倾向。

A：非常重要　　B：比较重要　　C：一般　　D：较不重要

E：很不重要

职业价值观测验量表

序号	题项	A	B	C	D	E
1	你的工作必须经常解决新的问题					
2	你的工作能为社会福利带来看得见的效果					
3	你的工作奖金很高					
4	你的工作内容经常变换					
5	你能在你的工作范围内自由发挥					
6	你的工作能使你的同学、朋友非常羡慕你					
7	你的工作带有艺术性					
8	你的工作能使人感觉到你是团体中的一员					
9	不论你怎么干，你总能和大多数人一样晋升和涨工资					
10	你的工作使你有可能经常变换工作地点、场所或方式					
11	在工作中，你能接触到各种不同的人					
12	你的工作上下班时间比较随便、自由					
13	你的工作使你不断获得成功的感觉					
14	你的工作赋予你高于别人的权力					
15	在工作中，你能试行一些自己的新想法					

续表

序号	题项	A	B	C	D	E
16	在工作中，你不会因为身体或能力等因素，被人瞧不起					
17	你能从工作的成果中知道自己做得不错					
18	你的工作需要经常外出、参加各种集会和活动					
19	只要你干上这份工作，就不会再被调到其他意想不到的单位或工种上去					
20	你的工作能使世界变美丽					
21	在你的工作中，不会有人常来打扰你					
22	只要努力，你的工资会高于其他同年龄的人，升级或涨工资的可能性比干其他工作大得多					
23	你的工作是一项对智力的挑战					
24	你的工作要求你把一些事情管理得井井有条					
25	你的工作单位有舒适的休息室、更衣室、浴室及其他设备					
26	你的工作有可能结识各行各业的知名人物					
27	在工作中，你能和同事建立良好的关系					
28	在别人眼中，你的工作是很重要的					
29	在工作中，你经常接触到新鲜的事物					
30	你的工作使你能常常帮助别人					
31	你在工作单位中，有可能经常变换工作					
32	你的作风使你被别人尊重					
33	同事和领导人品较好，相处比较随便					
34	你的工作会使许多人认识你					
35	你的工作场所很好，比如有适度的灯光，安静、清洁的工作环境，甚至恒温、恒湿等优越的条件					
36	在工作中，你为他人服务，使他人感到很满意，你自己也很高兴					
37	你的工作需要计划和组织别人的工作					
38	你的工作需要敏锐的思考					
39	你的工作可以使你获得较多的额外收入，比如：常发实物、常购买打折的商品、常发商品的提货券等					
40	在工作中你是不受别人差遣的					
41	你的工作结果应该是一种艺术而不是一般的产品					
42	在工作中不必担心因为所做的事情领导不满意，而受到训斥或经济惩罚					

续表

序号	题项	A	B	C	D	E
43	在工作中，你和领导有融洽的关系					
44	你可以看见你努力工作的成果					
45	在工作中，你常常需要提出许多新的想法					
46	由于你的工作，经常有人来感谢你					
47	你的工作成果常常能得到上级、同事或社会的肯定					
48	在工作中，你是一个负责人，虽然可能只领导很少几个人，但你信奉“宁做兵头，不做将尾”的俗语					
49	你所从事的工作，经常在报刊、电视中被提到，因而在人们的心目中很有地位					
50	你的工作有可观的夜班费、加班费、保健费或营养费					
51	你的工作比较轻松，精神上也不紧张					
52	你的工作需要和影视、戏剧、音乐、美术、文学等艺术打交道					

评分与解释：

上面的52道题分别代表13项工作价值观。每个题项选A得5分、B得4分、C得3分、D得2分、E得1分。请根据下表，将每一个价值观的四个题项对应的分数加总，将总分填在每一项的得分栏上。

工作价值观评分及解释

题项	得分	价值观	解释
2、30、36、46		利他主义	工作的目的和价值在于直接为大众的幸福和利益尽一份力
7、20、41、52		美感	工作的目的和价值在于能不断地追求美的东西，得到美感的享受
1、23、38、45		智力刺激	工作的目的和价值在于不断进行智力的操作，动脑思考，学习以及探索新事物，解决新问题
13、17、44、47		成就感	工作的目的和价值在于不断创新，不断取得成就，不断得到领导与同事的赞扬，或不断实现自己的目标
5、15、21、40		独立性	工作的目的和价值在于能充分发挥自己的独立性和主动性，按自己的方式、步调或想法去做，不受他人的干扰
6、28、32、49		社会地位	工作的目的和价值在于所从事的工作在人们的心目中有较高的社会地位，从而使自己得到他人的重视与尊敬
14、24、37、48		管理	工作的目的和价值在于获得对他人或事物的管理支配权，能指挥和调遣一定范围内的人或事物

续表

题项	得分	价值观	解释
3、22、39、50		经济报酬	工作的目的和价值在于获得优厚的报酬，使自己有足够的财力去获得自己想要的东西，使生活过得较为富足
11、18、26、34		社会交际	工作的目的和价值，在于能和各种人交往，建立比较广泛的社会联系和关系，甚至能和知名人物结识
9、16、19、42		安全感	不管自己能力怎样，希望在工作中有一个安稳局面，不会因为奖金、涨工资、调动工作或领导训斥等经常提心吊胆、心烦意乱
12、25、35、51		舒适	希望能将工作作为一种消遣、休息或享受，追求比较舒适、轻松、自由、优越的工作条件和环境
8、27、33、43		人际关系	希望一起工作的大多数同事和领导人品较好，相处在一起感到愉快、自然，认为这就是很有价值的事，是一种极大的满足
4、10、29、31		变异性或追求新意	希望工作内容经常变换，使工作和生活显得丰富多彩，不单调枯燥

得分最高的三项是：1.__________ 2.__________ 3.__________

得分最高的三项，就代表你在工作中最看重的东西，就可以在选择职业时加以考虑。

第3章

大学生职业生涯规划的基础：认识工作世界

学习目标

1. 了解职业环境和职业生涯规划的关系；
2. 了解职业环境分析的内容，学会分析职业环境；
3. 了解我国劳动力市场的基本状况和职业发展变化趋势；
4. 了解职业的分类；
5. 掌握获取职业信息的途径。

☆ 引导案例：四位学生的困惑

杜飞是应用物理系三年级的学生，最近因为考研还是本科毕业后就找工作的问题和父母有了分歧。父母认为现在的社会看中高学历，本科毕业生已经不是“香饽饽”，必须获得更高的学历才能有更好的发展。杜飞虽然觉得父母说得有道理，但也不想继续被“圈”在学校里——难道现在的用人单位真的对学历要求越来越高了？

大四学生吴霞到学校就业指导中心寻求帮助：她读的是法律专业，但是不知道毕业后除了做律师、公务员或者法律咨询顾问之外，还可以选择什么样的职业；而这些相关职业的就业情况如何、需要什么技能，她都不是很清楚，希望老师能够告诉她。

大三学生刘刚对所学的管理科学专业没太多感觉，对于未来很迷茫。他听别人说，虽然管理专业是“万金油”，但在社会上没什么竞争优势，所以他想利用业余时间学习一些其他专业的知识或技能。但究竟社会上都有哪些适合的工作岗位，这些工作岗位的用人要求又是什么，他一点也不知道。而且他也不知道自己喜欢哪种工作，该怎么准备呢？

孙晓静在跨出大学校门之前对自己的未来已经有了比较清晰的想法：做一个优雅干练的办公室白领。毕业后，她如愿以偿地进入了一家企业做办公室职员。但是工作后不久，她的幸福感就被繁复、琐碎的日常事务淹没了，她没想到做办公室工作会如此没有成就感。

思考：

1. 你理想的职业是什么？

2. 你对这个职业了解充分吗？

在学校读了十几年的书，突然要面对社会、面对工作，很多人或者感到迷茫，或者不知所措。由于对工作的不了解，大学生往往会表现出对工作一无所知或者想当然的状态，这两种状态让他们在做职业生涯规划或求职时产生困惑，难以决策，陷入被动。我们经常说“知己知彼，百战不殆”，提前对工作世界进行探索，正确认识社会、周围环境，才能有方向和力量，才有助于把握个人职业生涯的规划和发展。

3.1 职业环境分析

3.1.1 职业环境分析与职业生涯规划的关系

职业环境是影响职业选择的一些相关外部环境，大到宏观的社会环境，小到微观的企业环境，都会对职业生涯规划和职业选择产生影响。所以，大学生在制订个人职业生涯规划时，一定要分析环境的特点、环境的发展变化、自己在环境中的地位、环境对自己的要求以及环境对自己有利的条件与不利的条件等。职业环境分析的目的是要认清所选职业在社会大环境中的发展状况、技术含量、社会地位、未来发展趋势等，以从中找到制订个人职业生涯规划的依据和理由。

1. 促进正确的生涯决策

职业环境是个人职业生涯规划的外部约束条件。在毕业生逐年增多、竞争激烈的形势下，大学生只有清晰、全面地了解职业环境、了解企业用人要求以及工作发展的普遍路径和规律，个人的职业定位才会更加合理和现实，从而做出合理的生涯决策，找到适合自己的工作，而不是盲目跟风，寻找所谓“好工作”，最后迷失在求职大军中。

2. 进一步认识和了解自己

在了解职业环境的过程中，大学生经常会陷入两难的境地，比如选择在学习、发展机会比较多的大城市找一份不稳定且不是很理想的工作，还是回到发展前景有限的家乡找一份稳定且待遇不错的工作，类似的问题常常会使大学生犹豫不决。世间没有完美的事，外部环境总是给我们设立这样或那样的限制。其实这种选择和思考有助于大学生进一步认识和了解自己，明确自己真正想要什么，从而在复杂的环境中避害趋利，做出更适合自己、与环境相适应的职业生涯规划。

3. 培养和提升大学生的能力

如果把对职业环境的探索和了解仅仅寄希望于学校或职业辅导老师，结果肯定会令很多人失望。因为毕竟个人的知识、经验是有限的，不可能完全掌握所有职业环境的信息，所以职业环境的探索更多地需要大学生自己来完成。这个探索和了解的过程可以培养和提升大学生的很多能力，比如沟通能力、信息收集能力、观察能力、决策能力等。

3.1.2 职业环境分析的内容

职业环境因素有很多，既有宏观上的，如政治、经济、文化等，又有微观上的，如职业、组织、家庭等。对于一名大学生来说，很多职业环境因素虽然无法改变，但是可以利用、选择。进行职业环境分析就是要弄清职业环境对职业生涯规划的影响及作用，如：所选择的职业发展前景如何？社会发展趋势对所选职业有什么影响？所选职业对从业者有何要求？然后对各种影响因素加以衡量、评估，并根据各种因素的变化，对职业生涯规划做出适当的调整，才能顺利发展职业生涯。

1. 对社会环境的分析

每一个人都是社会人，无论是职业生涯规划还是人生的整体规划，都受到所处的社会环境的影响。社会环境也就是宏观环境，主要包括经济、法律政策、科技、文化等方面的发展环境。客观分析所处的宏观社会环境，是做好职业生涯规划的基础。

（1）经济环境分析。经济环境是影响一个人职业选择和职业发展的关键因素，经济环境的优劣，会直接影响到求职者求职机会的多寡与求职过程是否顺利。经济环境分析主要包括四个方面。

① 经济形势。经济形势的变化对职场的影响是非常直接和明显的。当经济处于高速发展阶段时，企业高速扩张，对人才的需求十分旺盛，对职场中的职业选择和职业发展起到很大的促进作用；当经济处于萧条期时，企业效益变差，对人才的需求自然就会锐减，职业发展与选择的机会就会减小。

② 人才市场供需状况。人才市场的供需状况对职业选择和职业发展有着非常显著的影响。如果一类职业的人才供过于求，则职业发展与职业选择的机会将大大减少；反之，如果一类职业的人才供不应求，那么职业发展和职业选择的机会和空间会大大增加。

③ 收入水平。社会对人力资源的需求是一种派生的需求，当人们的收入水平提高时，对商品和服务的需求就会增加，企业会扩大再生产，对人力资源的需求加大，职业选择和发展空间也会增大；反之，职业选择和职业发展的机会则会减少。

④ 区域经济发展水平。在经济发展水平高的地区，企业相对较多，规模大、产能高的企业也相对集中，有利于个人的职业发展；相反，经济发展欠发达地区对个人的职业发展和职业选择则会有很大的限制和约束。

（2）法律政策环境分析。大学生在进行职业生涯规划时，要注意国家和地区的法律规定与政策。法律规定与政策包括法律、法规、方针、政策、管理体制、人才培养开发政策、人才流动有关规定等。

法律规定与政策是一个比较刚性的因素，尤其是法律，其制定和修改都有明确的规定，变动小，影响大，是大学生进行职业生涯规划时必须认真学习和思考的。以大学生创业为例，为支持大学生创业，国家和各级政府出台了许多优惠政策，涉及融资、开业、税收、创业培训、创业指导等诸多方面。对于打算创业的大学生来说，事先了解这些政策，才能走好创业的第一步。

在行业发展方面，要了解国家提倡、优先发展的产业和行业是什么。另外还有一些关系切身利益的规定，如子女上学、家属就业、社会保障、科研项目经费使用、人才流动政策等，都是需要多加关注的因素。

（3）科学技术环境分析。科学技术环境包括产业结构的调整、高新技术的影响、现代化技术与管理的发展等。科学技术对职业生涯规划的影响是全面的。科技的发展必然引起产业结构的变化，产业结构的变化必然引起职业模式的变化。目前，变化最大的就是第一、第二产业向第三、第四产业的转移，也就是农业、工业向服务业、信息产业的转移。例如，金融服务、医疗保健、快餐和饭店、运输零售、社会服务、教育、网络经济产业、通信产业等行业的岗位需求不断增多。同时，从事第一、第二产业的人也在不断减少。

科技变化不仅对职业岗位产生重大影响，对人才素质也提出了新的要求。拥有新知识、高技能的人才受到欢迎。这就要求大学生根据环境的变化不断更新自己的知识结构，以顺应产业结构的调整和社会的发展。如果不及时学习新的知识和技能，就会难以胜任工作。

关注科技环境的变化，关注我国发展的主要领域，特别是与自己所学专业相关的科学技术的变化，是大学生做好职业生涯规划的必要前提。

（4）文化环境分析。文化环境是影响人们行为、欲望的重要因素，主要包括教育水平、教育条件和社会文化设施等。在良好的社会文化环境中，个人会受到良好的教育和熏陶，从而使知识和能力水平得到更多的增长和提高，为今后的职业发展打下良好的基础。

文化是一个国家或地区长期积淀形成的，是影响人们价值观、行为和习惯的环境力量。我国历史悠久、幅员广阔的特点决定了社会文化的多元性和复杂性，所以，大学生在决定个人职业选择和职业发展时一定要考虑企业所在地的文化因素。如果一个地区的人们崇尚职业的变化和新的职业体验，那么这个地区的人们跳槽频率就高；如果人们追求工作的安全感和稳定性，那么人才在企业间的流动则相对较少。例如我国沿海地区的人们可能更乐意与企业保持灵活的契约关系，而内地的人们则可能更喜欢传统而稳定的雇佣制度。

文化环境说起来很抽象，但它就像空气，虽然看不见，却实实在在影响着职业生涯的规划和发展。大学生在进行职业生涯规划时，要认真分析这种环境对自己的影响，寻找符合自己实际情况的职业，做好相应的职业生涯规划和设计。

团 队 训 练

我在哪里

活动目标：

认识同学们所处的社会环境。

准备和要求：

学生分成 5~7 人一组，每组成员至少来自三个不同的地域。分享各自家乡不同的风土人情和风俗习惯，进一步挖掘这些不同对自身观念及做事风格的影响。

2. 对行业环境的分析

行业环境分析包括对目前从事或拟从事的目标行业的环境分析，其内容包括行业的发展状况，国际、国内重大事件对该行业的影响，目前行业的优势与问题，行业发展趋势等。

行业与职业不同，行业是企业的集合。从事同类产品的生产销售企业或提供类似服务的企业达到一定的数量才形成行业。例如，家电行业包括生产电视机、空调、冰箱、洗衣机等不同类型产品的若干家企业。在同一行业内，可以从事不同的职业。例如，同样都在保险业，可以做保险业务员，也可以做人力资源部经理。

在分析行业环境时，一定要结合社会大环境的发展趋势。由于科学技术的飞速发展，某些行业如同夕阳坠落，逐渐萎缩、消亡；更有许多极具发展前途的朝阳行业不断出现、发展起来。同时还要注意国家政策的影响，要了解国家对某一行业是支持、鼓励和引导，还是限制、控制和制约。要尽量选择那些有前景、发展空间大的行业。一般来说，社会的大众需求是促进行业发展的长远动力，是大学生职业生涯规划和择业时要考虑的重要外在因素。满足大众需求的职业才有发展，才能长远。所以，大学生在进行职业生涯规划和择业时，要多分析行业（职业）在社会中的作用怎样、对大众的生活会有什么样的影响。要注意的是，社会需求总是先于政府导向的，因为总是需求先产生，而后才是政府的倡导。如果一个行业（职业）既有政府的支持，又是社会大众的需求，那么这个行业（职业）的发展趋势一定是很好的。

延展阅读

行业分析示例——房地产行业分析与职业机会

1. 行业分析

房地产行业是我国国民经济中一个十分重要又很特殊的产业部门，它是一个包括开发、经营、管理和服务等众多行业的产业部门。随着社会生产力的发展，特别是市场经济的发展和工业化、城市化进程的加快，它迅速成长为国民经济中一个独立的、巨大的产业部门。经过十几年的发展，中国房地产业正处于向规模化、品牌化、规范化运作的转型时期，提供了大量的工作岗位，受到了应届毕业生的关注和青睐。

（1）涉足领域。土地开发和再开发、房屋开发、地产经营、房地产经营、房地产金融资产投资、房地产中介服务、房地产售后物业管理、房地产金融等。

（2）企业类型。房地产行业中就业岗位比较多的企业类型主要有五种：房地产开发公司、房地产代理公司、房地产交易机构、物业管理企业、房地产中介机构。

2. 职业发展路径

房地产行业为大学生提供了不同的工作岗位和多样化的发展路径。进入房地产行业后，可结合自身的特点设计与选择个人职业发展路径，较合理的发展路径如下。

（1）新员工培训。第一年，大部分公司都有导师制的培养机制，公司为每一位新入职员工配一名导师，导师一方面帮助新员工尽快适应新环境，另一方面协助解决新员工的职业困惑与职业心理健康等问题。

（2）专业培训。到各个岗位后，员工还将参加定期的基础管理类以及专业技术类的培训，例如部门业务培训、工作技能培训等。

（3）职业经理人培训。表现好的员工都有机会参加职业经理人培训，提高管理技能、管理水平和商业知识。

（4）专业证书考核。员工可以根据自己的学历和从业时间选择可以报考的资格考试，选择脱产、半脱产或业余时间参加本职专业技术职称或任职资格证书的培训。

（5）进修深造。想进入高层的员工就要继续深造充实自己，可以继续攻读学位。公司会根据工作的需要，选送各部门表现优秀的员工攻读在职学位或定向进修。当然员工也可以选择辞掉工作专心地去攻读学位。

（6）项目经理。当拥有一定业绩和实力时，就能坐上项目经理的位置了。

3. 基本素质要求

（1）适应力和自我管理能力较强。

（2）善于捕捉信息、灵活应变。

（3）时间观念强。

（4）劝说能力强（掌握谈判技巧）。

（5）诚实、守信用、乐观。

（6）性格外向、人际交往能力强。

（7）口头表达能力强和洞察能力强。

（8）幽默、自信。

---

3. 对城市环境的分析

俗话说“一方水土养育一方人”，每个城市都有其独有的文化与特点，因此，若能找到环境氛围适合自己的城市，日后的工作就能如鱼得水。

在择业的时候，大学生经常会遇到这样的问题：是选择大城市还是小城镇？一直以来，很多大学生都存在着“都市情结”“宁要东部一张床，不要西部一套房”的大城市观念根深蒂固。加上我国地区经济差异较大，大量毕业生涌向发达地区，造成了局部性人才过剩，欠发达地区又无人光顾的现象。毫无疑问，大城市在就业机会、发展空间以及创业成功率等方面都具有无可比拟的优势。同时，大学生也必须清醒地认识到，大城市绝不是遍地黄金的梦幻王国。大城市意味着更激烈的市场竞争，意味着要承受背井离乡的游子之苦。而小城镇虽然不及大城市气派，却拥有更为适宜的生活环境，更轻松的工作和与家人团聚的温馨。因此，大学生在选择目标城市时，应该综合考虑多种因素。

（1）经济结构。每个城市都有自己的经济结构，它决定了这座城市对各类人才的吸纳能力。而且每个城市的经济结构不会轻易改变，比如杭州的旅游业在经济结构中历来处于重心地位，所以对旅游专业人才的需求量相对比较大，那么这类人才在这里的发展机会就比较多。而如果一个重工业专业毕业生去一个轻工业城市，很可能会缺少用武之地。

（2）城市文化。一个城市的城市文化是保守还是开放，直接影响着这座城市对外来者的接纳程度。一个完全开放的城市的各个行业都会对外来人员敞开大门，而相对保守些的城市本土化思想就会多一些，在某些行业的用人上就会倾向于本地人。

（3）城市发展状况。一般来说，一个城市经济越发达，竞争就会越激烈。所以，喜欢挑战、适应能力强的人较适合去发达城市；反之，则去竞争压力较小的中小城市比较好。

（4）城市收入成本差异。一般来说，一个城市经济越发达，其生活成本就越高，例如，在一些小城市，月薪几千元可以用得绰绰有余；而在一些大城市，月薪万元也不一定感到宽裕。因此，大学生在选择目标城市时，也应考虑衣食住行这些基本的生活成本，努力达到“投入”与“产出”的最佳比例。

所以在择业时，大学生应该在充分考虑城市各影响因素的基础上，选择一个最适合自己发展的城市。

4. 对组织环境的分析

选择职业的同时就意味着将要进入职场，每个人将要进入的组织（用人单位）所提供的职场环境可以说是千差万别。大多数人的职业生涯是与具体的组织相联系的。个人需要与组织需要之间必须有效配合才能达到双赢，个人的职业生涯才能得到有效发展。因此，大学生有必要对组织类型及特点、组织文化、组织结构等组织的具体情况进行了解，以结合自己的个人特质情况，来确定自己能否在该组织中找到适合自己的平台。

（1）组织类型及特点。

① 组织类型。常见的组织类型有五种：一是盈利性组织，即现代社会中经济活动发生的主要场所，包括规模不同的工业、商业等企业；二是非营利性组织，包括红十字会、基金会、教育服务中心等机构和近年来在我国出现的自然之友、北京地球村环境文化中心等非政府组织；三是政府组织，在我国，政府组织包括从中央政府到各个街道办事处的所有政府办事机构；四是准政府组织，即大家所熟知的财政拨款的事业单位；五是各类协会。

虽然组织的这些分类不是固定不变的——随着我国经济体制改革的深入，事业单位比例越来越少，但这种分类能够帮助大学生了解一些工作单位的基本类型并迅速了解一些组织的文化特征。

② 组织实力与经营战略。主要了解该组织在社会中的地位和声望、发展领域、战略目标、发展前景、目前的产品、服务和经营活动范畴、技术力量和设备设施、在本行业中的竞争力情况、发展阶段（是处于扩张阶段，还是处于倒退紧缩的阶段）等。一般来说，实力雄厚的组织为员工提供的职业发展空间相对较大。

③ 组织特点和人力评估。主要了解该组织的组织规模、组织结构、组织人力资源需求状况、人力资源规划、员工升迁政策、人员流动政策、人员培训政策等。这些因素对个人职业生涯发展方向、发展路径及个人职业生涯目标的实现时间都有重大影响。

④ 组织领导人。主要了解领导人的管理理念和个人能力。组织主要领导人的管理理念及能力是企业发展的重要因素，很多成功的大企业都有一位出色的企业家作为掌舵领航人。组织中有一位杰出的领导者，组织成员无论在能力提升还是职业发展方面都会进步很快。

⑤ 人力资源管理制度与工作分析。主要了解管理制度、用人制度、培训制度、薪资报酬、员工关系以及将要承担工作的基本能力要求等信息，这些信息决定了新员工入职后能否胜任岗位要求。尤其要注意以下几点：组织用人制度如何，能否提供教育培训机会；提供的条件是什么，自己将来有没有可能担任更高级的职务或担负更大的责任；个人待遇提升的空间有多大，是基于能力还是工作年限；

组织的标准工作时间怎样，是固定的还是可以变通的；当然还要考虑企业提供的薪酬和福利待遇与行业内其他公司之间的差距。

（2）组织文化。

组织文化是组织内部一种共享价值观体系，是特定价值、信念、情感、态度、行为方式和道德规范的总和，在很大程度上决定了组织成员的行为。从某种角度来说，组织文化折射了企业领导人的抱负。没有优秀的组织文化便不会有卓越的企业。

对大学生来说，自身与组织文化的和谐更是至关重要的。因为未来大学生要与组织文化“朝夕与共”，组织文化会渗透并影响工作中的点点滴滴：工作方式、工作时间的长短、获得的酬劳、与同事的关系、工作和生活的平衡、工作或办公的环境、着装习惯等。对大多数人来说，在一种不尽如人意的组织文化环境下工作，是一项沉重的心理负担，这会导致他们生活得很痛苦，并且会阻碍他们潜能的发挥，从而影响事业的发展。因此，大学生有必要认真思考：你认同将要就职的组织的文化吗？其组织文化是否与你的价值观相符？

另外，大学生在考察一个组织的组织文化时，还要考虑一下这个组织是否是学习型组织。美国著名的《财富》杂志曾经报道：20世纪70年代被该杂志列为世界500强的企业中，到了80年代已经有三分之一销声匿迹；自80年代起，每年都会有30家企业从500强中出列。资料表明，现代企业的平均寿命只有40年。为什么会出现这种现象？据分析，一个汇聚优秀人才的组织并不一定是一个最具竞争力的组织，但肯定是一个学习型组织。学习型组织的真谛在于：学习一方面是为了保证组织的生存，使组织具备不断改进的能力，提高组织竞争力；另一方面更是为了实现个人与工作的真正融合，使人们在工作中体现生命的意义。从个体角度而言，学习型组织更有利于自身的学习和提高。

（3）组织结构。

组织结构是企业流程运转、部门设置及职能规划等最基本的结构依据，是组织的全体成员为实现组织目标，在管理工作中进行分工协作，在职务范围、责任、权利方面所形成的结构体系，是组织在职、责、权方面的动态结构体系。不同的组织具有不同的结构，常见的组织结构形式包括直线制、职能制、直线职能制、矩阵制、事业部制等。

不同类型的组织结构对员工的创新行为有直接的影响。组织结构作为组织环境的一个因素，代表了组织对人、财、物等资源的配置方式。组织结构按其性质可以分为三个维度：复杂性、正规化和集权化。高度正规化与集权化的官僚组织对员工创新有抑制作用。在此类组织中，产品和目标有着至高的、不可侵犯的权威，所有人和生产环节都为这个目标服务。权力链是一种独裁的层级结构，过多的书面规定、政策和控制制度会抑制员工的创新。而扁平型的组织结构中，员工的参与度高、满意度较高，创新行为表现得很积极。所以，大学生在决定入职前，应该了解该组织的组织结构。

通过以上职场环境的分析，大学生应理出一条清晰的线索，来衡量在该组织中自己的职业生涯是否有足够的发展空间，自己的职业目标能否得以实现。

案例分析

选择一家重视员工发展的公司

某名牌大学企业管理专业本科毕业生，大学毕业后加入某电器中国公司，成为一名市场部管理培训生。三年后，她完成了市场部培训，任品牌副经理，现在上海工作。

在谈及她的经历时，她说：“对于我来说，大学毕业后的第一份工作不仅是一份工作，更是我未来职业的开端。所以在找工作的过程中，除了公司所提供工作的性质外，我尤为注意该公司及工作是否能帮助我提升自己，为未来的职业发展建立良好的基础。

最终，我进了这家公司。我做这个决定的主要原因有两个：第一，公司的管理培训生计划为我提供了一个系统的职业培训的机会；第二，我能够在一个极富竞争、充满挑战的环境中不断丰富和磨炼我的职业技能和管理能力。

在培训计划中，培训课程使我迅速了解了部门运作方式、工作中的常用技能和技巧；而在职的工作实践给了我综合运用、巩固和发展所学到的技能和技巧的机会。对提高自身能力最有帮助的是穿插于工作实践中的特别工作项目。在这些项目中，我可以自由运用被赋予的资源，设计各种方案去达成目标，能不断挑战自己的创造性及解决问题的能力。在成功完成一个特别工作项目后，所获得的满足感、成就感和自豪感是难以言喻的。

我也有很多机会与不同职能部门、不同地区以及不同文化背景的优秀人士一起工作。这些工作经验不仅加深了我对公司整体运作及对行业和市场发展的了解，更使我在团队合作中提高了沟通、领导和决策等管理素质。

在澳大利亚的公司品牌部为期12个月的培训，丰富了我的经营管理经验，使我在工作能力、沟通能力和思维方式等方面都获益匪浅。

在整个工作实践的过程中，我的主管不断给予我指导和支持，定期和我一起总结工作中的得失、优势和有待发展的方面，帮助我不断提升工作的能力和绩效。其他同事也经常主动提供建议、分享经验和鼓励我。

另外，培训中还有独特的辅导员制度。每位管理培训生均有一个辅导员协助。辅导员与主管不同，他（她）是公司其他部门资历丰富的专业人士。这位辅导员会在整个培训过程中，对管理培训生的工作、心理、人际关系和事业规划等各方面提供客观有益的建议和辅导，这对刚刚开始第一份工作的我裨益尤大。

总之，我觉得××电器是一家非常重视员工发展，而且会提供切实的资源来帮助员工全面发展的公司。就我自己的经历来说，即使是在我完成管理培训生培训计划后，公司仍然鼓励我积极规划未来。长期的发展计划有助于完善我在市场营销方面的专业素质，更有助于我不断体现自己各方面的潜能，达成事业上的目标。”

---

5. 对家庭环境的分析

对于中国大学生而言，家庭对职业生涯规划和择业的影响是巨大的。当前，我国大部分大学生都是独生子女，真正在经济和情感上独立的大学生并不多见。因此，在作职业生涯规划和择业时，大学生一定要考虑家庭实际情况，获得家庭特别是父母的理解和支持。否则，职业和工作状态都会受到影响。

英国教育学家约翰·洛克曾经说过：“家庭教育决定孩子一生的命运。”有研究者将父母的家庭教育方式大致分为以下四种类型：民主型、专制型、溺爱型和忽视型。采取不同教育方式的父母对孩子的职业选择会表现出不同的反应。

民主型家庭倾向于高度关怀和中等程度的行为控制，更多给予孩子以支持，当好参谋角色，让孩子自己做出选择；专制型家庭倾向于低度的关怀和高度的控制，孩子会感到自己在家中毫无地位、不被理解，于是很少与父母交流思想，成长于这样家庭的大学生进行职业规划要么一意孤行，要么根本不做；溺爱型家庭常以一种接受、和蔼甚至有些顺从的方式对待孩子，他们较少对孩子提出要求，孩子具有高度的按照自己意愿行动的自由，其职业规划往往脱离实际，或者完全不予考虑；忽视型家庭对孩子采取放任态度，父母以自己为中心，对孩子没有明确要求，很少与孩子在一起活动，甚至可能对孩子置之不理，对孩子在学校或与朋友一起时的经历也不感兴趣，很少与孩子谈心，因此这种家庭环境下的大学生在职业规划时很少与家庭沟通，或者好高骛远，或者偏好冒险，这都可能增加职业成功的风险性。

不同家庭教育方式对大学生的影响，不仅表现在大学生职业生涯与发展规划上，不同家庭教育方式下的大学生在求职过程中所表现出的职业选择、面试的应激性反应、对未来薪金的期待值及就业后的流动等也都有很大的差别。

综上所述，大学生在进行职业规划和择业时，绝不能忽视家庭因素的影响。

3.1.3 我国劳动力市场的基本状况

1. 什么是劳动力市场

劳动力市场是指在劳动力管理和就业领域中，按照市场规律，自觉运用市场机制调节劳动力供求关系，对劳动力的流动进行合理引导，从而实现对劳动力合理配置的机制。其内容包括劳动者求职、就业、培训、升迁、失业甚至退休的全过程；涉及用人单位招聘，报酬支付，提供劳动者安全、福利待遇，辞退职工等诸多方面；涉及劳动力流动以及劳动力供求的市场机制，劳动合同关系的建立、调整和终止，劳动力市场中介服务，劳动保护，社会保障，劳动立法等各个方面。

2. 我国劳动力市场的基本状况

（1）劳动力的供求关系。中国人民大学劳动人事学院院长曾湘泉教授以前的一项研究表明，在一定的假设条件下，2006—2020 年间 15~24 岁劳动力人口持续下降，2006 年为 1.2 亿人，至 2020 年仅有 0.6 亿左右；但 55~64 岁的劳动力人口一直在增加，从 2006 年的 0.6 亿多上升至 2020 年的超过 1 亿。总体而言，中国劳动力供给总量仍然巨大，劳动力供大于求的基本态势仍在持续。从产业结构上看，第三产业对劳动力的需求更大；从供求状况来看，当前劳动力市场上对劳动力的需求大部分集中在制造业、批发零售业、商业餐饮业中；从文化程度上看，市场对较低学历的劳动力具有较高的吸收能力，初高中、职高、技校、中专学历的劳动力是劳动力市场的主力军，需求相对较大。另外，不同城市的经济结构不同，对劳动力的需求也不同。

（2）结构性失业问题突出。结构性失业是经济、产业结构变化以及生产形式、规模变化促使劳动力结构进行相应调整而导致的失业。经济结构进行调整，相应的劳动力结构必然要进行同步调整，这不可避免地会造成结构性失业，这就意味着“劳动力供给过剩和短缺并存”。这种失业不是因为缺乏就业机会，而是因为合格的劳动力不足。换一种说法，是劳动者本身的就业能力薄弱、创造价值的能力欠缺。麦肯锡调查显示，中国每年培养出约160万名工程师，是美国的9倍。然而其中只有约16万名具备跨国公司工作所需的实用技能和语言技能。另有调查显示，大学生的平均就业能力与企业要求相差30%。2009年对中关村地区的调查采访了企业、高校教师以及大学生，三方均将“高校毕业生的就业能力与用人单位的实际需要相比存在很大差距”列为大学生就业难的首要长期原因，其他如“高校扩招造成劳动力市场供过于求”“就业指导缺乏”“就业信息不充分”以及“片面的就业观念”等也是造成大学生就业难的长期原因。

（3）转换工作成为一种惯例。据统计，每个人在一生中平均需要变换3~7次工作，变换工作不仅是变换了公司和企业，还包括工作的类型。另外劳动力在全国范围内迁移也成了一种惯例。地区对人们职业选择有重大影响，通常情况下，内陆城市的劳动力喜欢迁移到沿海城市，二级城市的劳动力喜欢迁移到一线城市，西部及偏远地区则少人问津。资料显示我国劳动力市场中城镇就业面临的压力主要来自：新增劳动力、农村富余劳动力向城镇的转移和城镇下岗人员再就业。

（4）信息化、全球化时代带来国际人才竞争。信息技术的高度发展缩短了全球各个国家的距离，使经济资源在全球范围内进行重新组合和配置。20世纪90年代以来，越来越多的跨国企业进入中国，如宝洁、麦当劳等。同时，中国的企业也开始向国外发展，如海尔、联想、华为等。中国的建筑公司开始在国外兴建工程，中国的石油公司开始尝试在国外开采石油。另外，中国也成为世界的代工中心，从世界工厂到中国制造，企业的国际化趋势必然要求具有国际化视角与素质的员工。此外，使用外籍员工也会给本土人才带来更加激烈的人才竞争压力。因此，大学生在进行职业生涯规划时，也要具有一定的国际化视角，将自己放到更广阔的平台上，这样才有利于长久发展。

3.1.4　我国职业发展变化的趋势

虽然未来不是一个透明体，可以一目了然，但如果面向未来作职业选择的思考，就不能不对未来的职业变化趋势有一个大概的了解。大学生必须以一种前瞻性的眼光去认识和分析社会的最新需求，预测未来职业发展的趋向和未来职业的基本要求，并结合自身条件，用冷静、客观的态度和科学的方法进行抉择。

目前职业发展变化有如下趋势。

1. 职业种类越来越多，分工不断趋于精细，许多新兴职业应运而生

随着社会分工的发展和职业的分化，职业的分工越来越细，职业的种类越来越多。据有关资料介绍，大约在20世纪70年代，世界职业种类就已超过42 000种，目前则更多。分工细化必然使职业的专业化程度越来越高，若大学生不具备一定的专业能力，达不到职业的要求，是无法胜任工作的。另外，职业的标准化也在提高，逐步与国际职业发展接轨。比如，以前的供销员改称为市场营销员；企业和公司负责人也不再笼统地称为厂长或经理，而演变出不同层级，如董事长、总经理、部门经理、项目经理等。

社会的变化性特征决定了社会职业结构的动态性，不同职业的供给量不断变化，而且新职业不断产生，落后职业则逐渐被淘汰。如随着全球网络技术的迅猛发展，在IT业涌现出许多新的工作岗位：网络工程师、电子商务工程师、网络分析师、网络安全专家、网络维护人员、网络编辑、网络教育工作者等。新职业的产生，深刻反映了我国劳动力市场的需求方向，对促进就业具有不容置疑的牵引或导向作用。

2. 未来职业的专业性、技术性、功能性特点越来越强

世界范围内新技术革命的深入发展和信息产业的迅猛崛起，对未来人才的综合性知识结构提出了更高的要求：不仅要成为领域内具有专业知识和技能的专门化职员，还要能够突破专业限制，成为掌握多种知识和技能的高素质复合型人才。职业与职业之间出现了越来越多的交叉重叠，没有了绝对的界限区分。以往每种职业相对固定的范围和界限被打破，不断向多元化、综合化方向发展。在这样一个知识大爆炸时代，大学生必须坚持终身学习的理念，及时补充、更新相关知识，提高从业素质，以适应时代和职业发展的要求。

3. 脑力劳动者职位在社会职位总额中所占比例越来越大

未来职业中，体力劳动类职业与各种职业中的体力成分将大大降低，而逐渐被脑力劳动或创意性工作所代替。新技术、新产品、新工艺的研究开发与应用，必然导致部分职业的新旧更替。科技的发展使脑力劳动类职业发展的速度越来越快，体力劳动类职业将越来越少，信息时代社会产业结构的变化将不断加剧。这使得一部分职业兴旺，而另一部分职业被淘汰的现象大大增加，也使得人们在职业间的流动频率增加，结构性失业问题逐渐加剧。

4. 第三产业的职业迅速发展

随着科学技术水平的提高，产业结构的调整，第三产业在国民经济发展中所起的作用越来越大，包括交通运输业、邮电通信业、商业、服务业、金融保险业、卫生、体育、教育和文化艺术等。第三产业目前在美国、日本、欧洲等发达国家与地区发展得非常迅速，其就业者占就业总量的大部分。而我国统计局 2014 年数据显示，第三产业（服务业）增加值占国内生产总值（GDP）比重相比于 2013 年提高到了 46.1%，超过第二产业。第三产业集中表现在其服务行业的属性，都是与提高和改善居民生活水平息息相关的，发展空间巨大。比如，我国人口老龄化加剧，预计到 2020 年，我国老年人口将达到 2.48 亿，老龄化水平达到 17%。到 2050 年，中国将进入重度老龄化阶段，届时，我国人口每三个人中，便有一位老人。仅一个老龄化问题就给第三产业提出了更高更快发展的要求。另外是信息产业的潜力更为巨大，国外有人把其称为第四产业。这些新兴行业的出现和兴起，将为社会提供更多的就业岗位。同时，由于新技术、新成果的不断推广应用，也为第一、第二产业等传统行业提供了新的发展机遇。例如，由于新技术的应用、新的生产方法和发展思路，给农业这一传统产业也带来前所未有的职业选择机会。

第三产业具有行业多、范围广、就业容量大的特点。它可以用较少的资金安排较多的劳动力就业。未来第三产业将受到前所未有的重视，其就业人数也将不断增加。

5. 人才类型的规格要求和比例结构发生显著变化

21 世纪，我国仍将保持四种人才类型，即：学术型、工程型、技术型和技能型（其中后两种人才由职业技术教育培养）。

技术型人才在劳动力结构中所占比重一直在上升，一方面，是由于很多原来技能型人才的工作岗位实现智能化后改由技术型人才担任；另一方面，在信息技术发展后，原来由工程型人才担任的设计、管理等工作也有一部分改由技术型人才担任。

技能型人才可能是变化最大的一类人才。技术工人变换工作岗位的情况将越来越频繁，一部分技术工人的工作将被技术员所代替，如在钢材轧制的自动生产线上，原先的轧钢工人已被操作计算机的技术员所代替；还有不少技术工人转向第三产业或更高的技术岗位，这些变化导致技能型人才的总人数趋于减少。

3.2 职业信息的获取

3.2.1 职业分类

中国的职业分类及理论的出现，可以追溯到春秋时期。如《春秋穀梁传》中记载：“古者有四民：士民、农民、工民、商民。”这就是说，当时社会职业划分士、农、工、商四大类。先秦时期齐国的管仲不仅提出按职业划分士、农、工、商四大社会集团，还提出要按职业集中聚居在固定地区的主张，这就是著名的“四民分业定居论”。那时，职业还有很强的世袭性，一代一代传下去，甚至以自己的职业作为自己的姓氏，如屠、师、桑、陶、贾等，反映了人们有很强的职业归属感。

职业分类就是采用一定的标准和方法，依据一定的分类原则，对从业人员所从事的各种专门化的社会职业进行的全面、系统的划分与归类。它是一个国家形成产业结构概念和进行产业结构、产业组织及产业政策研究的基础，对社会各个行业的发展都有着十分重要的指导意义。职业分类的目的就是将社会上纷繁复杂、数以万计的现行工作类型，划分成类系有别、规范统一、井然有序的层次或类别。职业分类的发展也是职业自身发展的需要。下面介绍一些比较经典的职业分类方法。

1. 霍兰德的职业分类

霍兰德把职业分为现实型、研究型、艺术型、社会型、企业型和常规型六大类，具体内容在第 2 章已有详细的描述，这里不再赘述。

2. 工作世界地图

工作世界地图（World of Work Map）（见图 3–1）是世界范围内应用最广泛的职业分类系统，它由美国大学考试中心（American College Test, ACT）于 1985 年研制出来。ACT 根据数据 – 观念（Data –Idea）和人群 – 事物（People –Thing）两个维度和四个向度区分出四个主要分类象限，从而得到工作世界地图。该图共分 12 个区域，共有 20 个职业群被标定在图中。

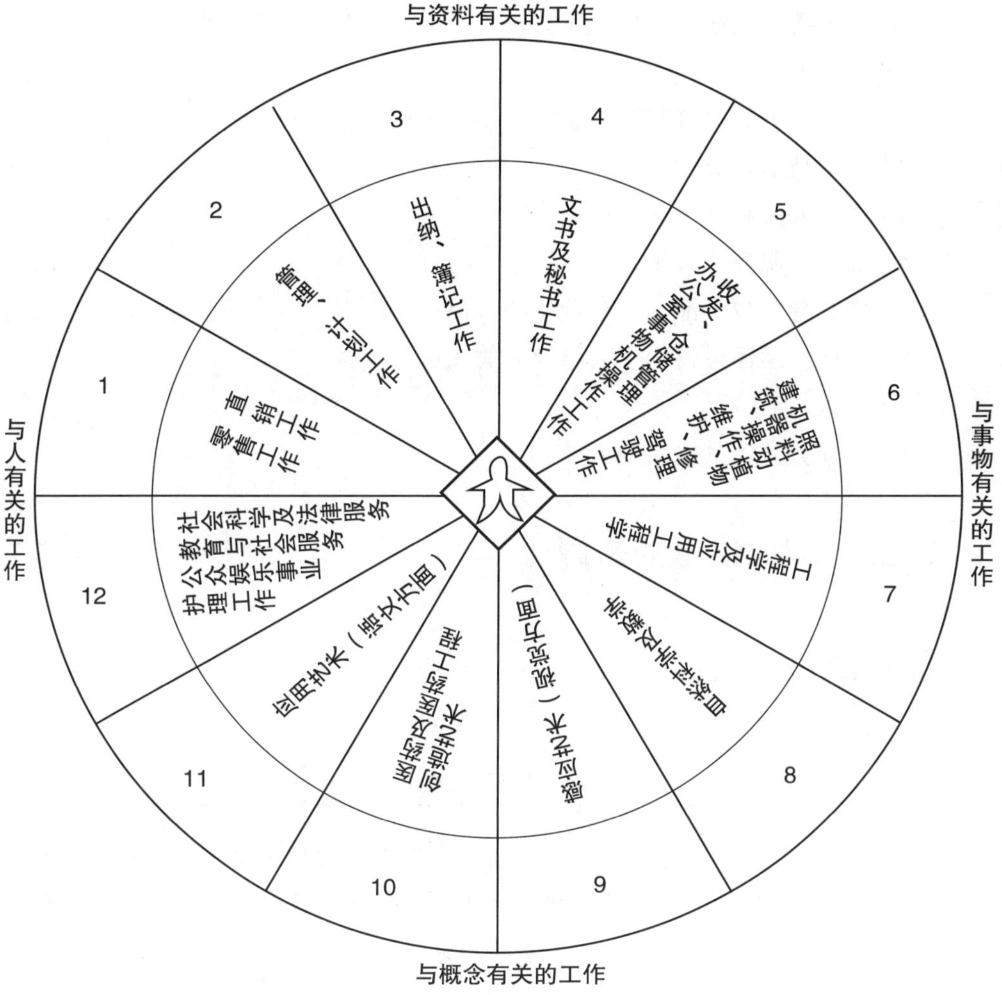

图 3–1 职业分类图（美国 ACT）

从工作世界地图中可以得知：与人群有关的工作在西，越往西走，越要求与人进行交往；越向东走，人性渐泯，物性递增，于是与事物有关的工作居东；用智慧创意的工作位于南，要求喜欢思考和分析；朝北移，创意渐弱，于是管事、理财的工作坐北。大学生可根据自己的兴趣类型定位自己在该图中的位置，通过与不同职业群的远近位置比较，进一步扩展与自己职业兴趣相关的工作搜寻范围。

3.《中华人民共和国职业分类大典》

2015 年颁布的《中华人民共和国职业分类大典：2015 年版》是我国对职业进行科学分类的权威性文献。它将我国职业归为八个大类，75 个中类，434 个小类，1 481 个细类（职业）。每一大类包含中类、小类和细类（职业）。

八个大类是：

（1）国家机关、党群组织、企业、事业单位负责人；

（2）专业技术人员；

（3）办事人员和有关人员；

（4）商业、服务业人员；

（5）农、林、牧、渔、水利业生产人员；

（6）生产、运输设备操作人员及有关人员；

（7）军人；

（8）不便分类的其他从业人员。

3.2.2 职业信息的来源

案例分析

小 A 的规划

毕业于北京市某著名高校管理系统软件研发专业的硕士生小 A，从一上大学就开始进行职业规划。由于大学期间表现优秀，他被直接保送进入自己向往已久的专业读硕士研究生。读研期间，在有计划地修完自己的研究生课程之后，他就开始四处收集关于其专业的就业方向和职业信息。

经过各方面的了解后，他觉得进入大型的跨国公司从事软件研发比较符合自己已设计好的职业之路。于是他又搜集了大量关于微软、IBM 等跨国公司的信息和资料。经过认真地比较和了解之后，他把目标锁定在 IBM，并将自己的想法告诉了自己认识的人，让大家帮助自己留意信息。

很快，已经在 IBM 工作的师兄告诉他有一个不错的实习机会。他马上着手准备，经过几轮筛选，顺利进入 IBM 北京部实习。实习期间，他不凡的工作能力和敬业精神给上级留下了很深的印象。在他毕业时，公司主动提出和他签订合同。一切都是水到渠成！

案例中小 A 进入 IBM 工作无疑是一个成功的开始，也许很多人都觉得小 A 很幸运，其实真正成就他的是他获取了最有效的职业信息，也得益于他对自己职业生涯的早规划。

有句话说得好："你的决定正确与否取决于你所获取的信息。"因而，大学生在对职业进行了一定的探索后，还需要收集和分析各类职业前景信息。

1. 根据自我探索形成自己预期的职业库

面对工作世界浩如烟海的信息，很多大学生根本不知道从何入手，如果能确定一个探索范围，就会容易很多。本书第 2 章可以帮助大学生初步形成一个探索的范围。在对兴趣、人格、能力和价值观的探索过程中，相应适合的职业便会出现。此外，每个人都有自己心目中的理想职业，也可以通过头脑风暴把这些职业列出来。这样就获得了一个职业清单，看看这些职业有什么共同点，就可能得到启发找到更多值得探索的职业。结合自身的兴趣、人格、能力和价值观再次从职业清单中进行筛选，最终得到预期的职业库。

问题指导

大学生王蒙的自我探索

大学生王蒙想做商业方面的工作，但是因其对社会还不太了解，难以决定具体选择什么工作。其性格探索的结果是"适合做人力资源管理人员、咨询顾问、教师等"，兴趣探索的结果是"应该做社工、教师、培训人员等"，能力探索的结果是"可以做教育、销售、客户服务等工作"，价值观探索的结果是"期待做服务、自由职业、护理等工作"。接下来该如何选择呢？

从其职业探索得出的各种选择中，我们可以看到，教师职业、教育工作出现的频次最高；社工、客户服务、服务、护理等虽然名称不同但都明显体现了"帮助他人"的特点。所以最适合王蒙的职业首先应具有与人打交道、帮助他人的特点，其次还应具有沟通性、商业性等特点，由此就可以列出或搜索符合这些特点的职业，比如培训、咨询顾问、客户服务等。

研究表明：决策时，太多的信息容易让人迷失，反而拿不定主意；而过少的信息又起不到让当事人了解客观事实的作用。所以，大学生在形成预期职业库的时候，库的大小根据自己的情况要有适当的平衡，通常 4~6 个职业的调查是比较适中的。另外，在信息探索过程中，抛开自己固有的想法，保持开放的心态，往往会更容易获得客观的信息。

2. 通过学校的就业主管部门获取职业信息

学校的就业主管部门是联系大学生与用人单位的桥梁和纽带，也是大学生获取职业信息的主要渠道。学校的就业主管部门同上级主管部门和有关用人单位保持着广泛而密切的联系，而且经过多年的工作实践及常年合作联系，已形成网络或稳定的关系，在大学生和用人单位之间架起了一座信息桥，从而获得了许多职业信息。这些信息数量大，针对性、准确性、可靠性都较强。

3. 通过媒体、网络获取职业信息

通过信息传播的载体书刊、报纸、网络等获取自己所需的职业信息是现代大学生求职的一大特色。报刊、广播电台、电视台都有开辟人才招聘和求职信息专栏，还出版了专门指导劳动就业的报纸杂志。此外，随着互联网的普及，求职和招聘信息已是互联网各类主要门户网站的重要组成部分，更有不少就业信息的专门网站。信息时代的到来，大学生通过互联网、报刊等媒体获得职业信息、进而成功就业的比例越来越高。

其中，收集职业信息经常使用的网络资源包括：

新职业教育部大学生就业网（www.ncss.cn）；

应届毕业生网（www.yjbys.com）；

公考资讯网（www.gjgwy.org）；

事业单位考试网（www.chinasydw.org）；

事业单位招聘考试网（www.shiyebian.net）；

前程无忧网（www.51job.com）；

智联招聘（www.zhaopin.com）。

大学生可以通过分析收集到的职业信息，了解用人单位的具体要求和具体的职业信息，结合自己的实际情况，从中筛选出适合的单位和职业，以便有针对性地参加竞聘，开始下一步工作。

团 队 训 练

分享招聘广告

以小组的形式，从网上或其他媒体（报纸、杂志等）搜寻一则招聘广告，要求列出该职位的岗位职责、任职资格要求、工作待遇、职业发展前景等内容，在课堂上分享。

4. 通过社会关系网络获取职业信息

由自己的家人、亲属、朋友、老师、校友等组成的社会关系网络也是获取职业信息的一种非常好的渠道。大学生主动与关系网络中的亲朋、老师等保持联系，不仅可以获得所需要的职业信息，还可以为自己未来职业生涯的发展获取有益支持和帮助。在大学里，大学生有很多机会去建立自己的关系网络。比如，大一新生可以向高年级的同学请教有效学习或参加社团、兼职实习的相关经验。到了大三、大四阶段，就可以通过这种关系网络了解一些工作单位的真实情况，乃至获得实习、工作的机会。

5. 通过生涯人物访谈获取职业信息

生涯人物是指那些已经从事某项职业较长时间，熟悉该职业的具体情况及发展前景并确定自己将该职业作为长久的职业发展方向的职场人士。大学生可以设法联系上这些生涯人物，向他们咨询有关职业方面的问题。

生涯人物访谈是一种非常有效的通过访谈获取职业信息的方法，一方面可以帮助大学生发展人际关系，引导大学生更多地接触某一特定领域中的职业人，了解和获得更多的工作机会；另一方面还可以帮助大学生获取有关知识，掌握求职面试技巧，可以说是一举多得。

但是如何找到生涯人物？他们愿意接受访谈吗？其实，大学生有那么多已经毕业的师哥师姐，还有专业老师，他们都是很好的访谈资源。

在生涯人物访谈中应注意以下问题。

（1）生涯人物访谈的目标是收集能使自己做出明智职业生涯决策的信息，不要利用生涯人物访谈来找工作或开展职业面试。

（2）为防止访谈中的主观影响，应至少访谈两人以上。比如，既与成绩卓然者谈，也与默默无闻者谈，效果会更好。

（3）访谈时，需要提前设计好访谈内容的提纲，这样有助于访谈的深入进行，取得较高的效率。可以先从诸如业务类型、职务分类、职责描述、工作环境、福利待遇和录用条件等概括性问题问起，然后转入具体的问题。

（4）一次访谈的问题不要太多，一般5~10个。问题一定要简洁，不要浪费他人的时间，并且按约定的时间结束。

（5）给访谈对象留出提供其他信息的机会。

（6）为自己准备一个“30秒的广告”，因为在访谈过程中，别人可能会问到你的职业兴趣和目标。

（7）一定要迅速发送感谢信（访谈结束后一天之内）。

经验分享

与生涯人物会谈的必要性

一项职业到底是否真正是自己的兴趣爱好所在，是否有发展前途，是否适合自己，做出正确的判断前必须掌握充分的资讯。当你决定投身于某一项职业前，请先花几个星期时间，对这项工作做一番全盘认识和了解。如果想快速达到这一目的，你可以去拜访那些在这个行业干过10年、20年甚至30年的人。

与他们的会谈能对你的未来产生深远的影响，对此我有深刻的体会。在我的职业生涯面临重新选择后，我曾就职业问题请教过许多人，这些人对我的人生选择起了至关重要的影响。

许多人常常从表面现象来判断一项职业的好坏。他们看到某份职业很风光，看到从事这份职业的人收入水平比另外的人更高，自己价值取向就开始变了——当人们无法真正了解自己的内在需求时，外在的东西就会注入其中。

解决问题最合理的方法是更广泛地收集信息，更深入地了解职业内部动作规律，更切实地了解职业对于个人能力素质的种种要求。

几乎大多数人在选择第一份工作时都显得过分草率，他们甚至根本没有了解这份职业所包含的内容。他们不是从职业的角度，而是从一个旁观者、一个消费者的角度来理解。他们对职业的理解往往停留在想象的空间上，想象职业带来的浪漫和刺激，想象工作过程中那种激情。譬如许多年轻人喜爱娱乐圈，他们从旁观者的角度看待娱乐圈的热闹，但是娱乐业除了那些在台面上的演员、歌手和节目主持人以外，大多数人都在做一些单调和枯燥的工作。即使那些表面上看起来风光的人，内心也隐藏着许多无可奈何的东西。

如同买一件衣服之前要试穿一样，选择一份工作前也一定要试一试，从内部完整地了解这份职业，再来决定自己的取舍。因此，当你找到自己感兴趣的职业或工作，并且在心理上接受了它之后，接下来你应该向你所能接触到的正在从事这份职业的人提一些问题：

——现在的职位需要承担什么样的责任和义务？

——每天的工作内容大概是什么样的？

——这份工作要求个人做怎样的配合（例如，一周的工作时间、压力、工作的复杂性、人际关系等）？

——你的工作变化性大吗？如与昨天、上个星期或上个月比较，你做了哪些不同的事？

——你的同事都是些什么样的人？

——这个领域的成功人士必须具备什么样的专业知识？普通员工需要什么样的专业素养？

——你注意到的这个行业的佼佼者，都具备了何种人格特质？

——这份工作需要具备什么样的技术、能力以及资格（教育程度、专业训练、经验、证书或执照等）？

——估计一下，刚进入这个领域的新人，其起步底薪是多少？

——工作的未来发展趋势如何，可能有怎样的变化？

——如果大环境变差，像你这种拥有专业经验的人才是不是仍然被需要？

也许你得到的是一些不利的消息，譬如人们会告诉你："要从事这份工作，你必须要有一个硕士学位和10年相关工作经验。"但是，不要被这些说法所迷惑，你应该去寻找一些例外的情况，了解是否有获得硕士学位，却没有10年工作经验的人也成功拥有了这一职业。

我认识一名年轻人，他渴望成为一名建筑师。在做出最后决定之前，他花了几个星期时间去拜访自己所在城市的建筑师，并且写信给一些著名建筑师，向他们询问以下问题：

——如果能重新选择，您愿意再做建筑师吗？

——在认真评估我之后，您是否认为我具备成为一名优秀建筑师的素质？

——建筑师这一行业是否已经人满为患?

——在我学习了四年的建筑学课程后，找工作是否困难?

——如果我的能力属于中等，工作的前五年，我可以赚到多少钱?

——当一名建筑师的好处和坏处是什么?

——如果我是您的儿子，您愿意鼓励我做一名建筑师吗?

也许你不像这个年轻人一样勇敢，过于害羞以至于不敢单独去见那些“大人物”，那么我建议你找一个同龄人一同前往，彼此增强信心；或者可以请求你的父亲一同前往。我们应该树立这样的信念：你向他人求教，从某种意义上是给予他荣誉，许多成年人都喜欢向年轻人提出忠告，相信你所求教的人会很乐意接受你的拜访。

如果你写信给五位生涯人物，他们因为太忙而无暇见你（这种情形一般不多见），那么就去拜访另外五位。总会有人愿意见你，给你一些建议，这些建议也许可以使你免除种种忧虑。

请记住，你是在做出自己生命中最重要且影响最深远的一项决定。因此，在你采取行动之前，多花点时间探求事实真相。

如果你不这样做，在余下的生命中，你很可能会后悔不已。

身处一个资讯发达的时代，除了以上方法，大学生还可以通过假期实习、社会实践、角色扮演等多种途径来获取职业信息。每种收集信息资源的渠道各有特点，大学生要结合自己的实际情况，选择适合自己的信息渠道。

实践作业

职业博览会

（一）活动目标

激发大学生开展职业资料收集与分析的兴趣，通过成果分享拓宽职业知识，通过活动锻炼表达和思辨能力。

（二）规则和程序

1. 每4~5人组成一个“职业资料专家小组”，每组选定1人为组长，1人负责记录，2~3人为参谋；每组选定一个与同学们的专业、职业目标比较接近的具体职业或者行业，并收集相关资料。

2. 重新安排座位，以便开展“职业资料新闻发布会”。

3. 每组选 1 人进行 5 分钟左右的“职业资料发布”演示（最好使用 PPT 等多媒体手段），内容包括职业的工作内容、对应聘人的要求等。

4. 演示完毕，全体组员到前台接受其他同学的咨询，时间为 5 分钟左右。

5. 其他各组同学就准备的职业资料情况、演示现场和答询反应进行打分。

（三）讨论

1. 如何才能收集到正确、完整的职业资料？都有哪些收集职业信息的渠道？

2. 各组介绍的职业中，哪一个或者哪一些吸引你？理由是什么？

（四）总结

职业信息散存于一些相关的数据或者书籍中，需要你像拾贝壳一样一点儿一点儿收集起来。而且现在的职业在不断发生新的变化，要时刻更新你的信息和数据，才能跟上时代的步伐。

第4章

大学生职业生涯目标与决策

学习目标

1. 了解并设定个人的职业生涯目标；
2. 能够对个人的职业生涯目标进行分解和组合；
3. 学会对职业生涯目标进行定向和定位；
4. 了解职业决策的概念及其影响因素；
5. 了解职业决策的步骤；
6. 运用职业决策方法做出个人职业生涯决策；
7. 能够对职业生涯决策进行评估和反馈。

☆ 引导案例：想象五年后的你
——美籍华人歌手李恕权的自述

1976年的冬天，当时我十九岁，在休斯敦太空总署的太空梭实验室里工作，同时也在总署旁边的休斯敦大学主修电脑专业。学业、睡眠和工作几乎占据了我全部的时间，但只要有多余的一分钟，我总是会把所有的精力放在我的音乐创作上。

我知道写歌词不是我的专长，所以在这段日子里，我一直在寻找一位善写歌词的搭档。我认识了一位朋友，她的名字叫凡内芮（Valerie Johnson）。仅十九岁的凡内芮在德州的诗词比赛中，不知得过多少奖牌。

凡内芮知道我对音乐的执着。然而，面对那遥远的音乐界及整个美国陌生的唱片市场，我们一点门道都没有。此时，我们两个人坐在德州的乡下，不知道下一步该如何走。

突然间，她冒出了一句话：“ Visualize ，What are you doing in 5 years？ ”（想象你五年后在做什么？）

我愣了一下。

她转过身来，手指着我说：“嘿！告诉我，你心目中最希望五年后的你在做什么，你那个时候的生活是一个什么样子？”我还来不及回答，她又抢着说，“别急，你先仔细想想，完全想好，确定后再说出来。”

我沉思了几分钟，开始告诉她：“我希望：第一，五年后能有一张唱片在市场上，而且这张唱片很受欢迎，可以得到许多人的肯定；第二，我住在一个有很多音乐人的地方，能天天与一些世界一流的音乐人一起工作。”

凡内芮说：“你确定了吗？”

我慢慢地、稳稳地回答，而且拉了一个很长的尾音：“Yesssssss！”

凡内芮接着说：“好，既然你确定了，我们就把这个目标倒推回来。如果第五年你有一张唱片在市场上，那么你的第四年一定是要跟一家唱片公司签上合约。”

“那么你的第三年一定是要有一个完整的作品，可以拿给很多唱片公司听，对不对？”

“那么你的第二年，一定要有很棒的作品开始录音了。”

“那么你的第一年，就一定要把你所有要准备录音的作品编曲，排练就位，准备录音。”

“那么你的第六个月，就是要把那些没有完成的作品修饰好，可供逐一筛选。”

“那么你的第一个月就是要把目前这几首曲子完工。”

“那么你的第一个礼拜就是要先列出一个清单，排出哪些曲子需要修改，哪些需要完工。”

“现在，我们不就已经知道你下个星期一要做什么了吗？”凡内芮笑着说。

“喔，对了。你还说五年后要生活在一个有很多音乐的地方，与许多一流的音乐人一起工作对吗？”她急忙地补充说，“如果你的第五年已经在与这些人一起工作了，那么你的第四年应该有一个自己的工作室或录音室。那么你的第三年，可能是先跟这个圈子里的人一起工作。那么你的第二年，应该不是住在德州，而是已经住在纽约或是洛杉矶了。”

次年（1977年），我辞掉了令许多人羡慕的太空总署的工作，离开了休斯敦，搬到洛杉矶。

说来也奇怪，不敢说恰好五年，但大约第六年，我实现了自己的目标。1983年，我的唱片在亚洲开始畅销起来，我整天几乎全都忙着与一些顶尖的音乐高手一起工作。

每当我困惑的时候，我会静下来问自己：五年后你最希望看到自己在做什么？

如果你自己都不知道这个答案的话，你又如何要求别人或上帝为你做选择或开路呢？别忘了，在生命中，上帝已经把所有选择的权利交在我们的手上了。

如果，你经常问命运“为什么会这样”“为什么会那样”，那么不妨试着问一下自己，是否清清楚楚地知道自己要的是什么。

如果连自己要的是什么都不知道的话，那么别人或上帝又如何帮你安排呢？

而在你旁边的人，再怎么热心地为你敲锣打鼓，你也无法迈向成功。因为连你自己都还没有清楚地告诉他你要的是什么。所以，我们在做每一件事情前，必须明确自己想要什么。

思考：

1. 歌手李恕权是怎样设定自己的职业生涯目标的？
2. 他对职业生涯目标进行了怎样的分解和组合？
3. 五年后你最希望看到自己在做什么？
4. 请制订这一职业目标的行动计划并保证有效实施。

4.1 职业生涯目标

没有目标的人如同航行在茫茫大海中的孤舟，没有方向，不知所终。明确而适合的目标，则是漫漫职业生涯中的灯塔，指引我们走向成功。大学生在完成了自我认知、职业认知和社会环境分析之后，就要进入个人职业生涯规划的核心环节——确立职业生涯目标。这是个人职业生涯规划的第一步，也是进行职业生涯目标管理活动的前提。

职业生涯目标就是明确自己想成为什么样的人，担任怎样的职业角色。具体来讲，就是想在职业生涯中达到怎样的职位，获得怎样的成就，成为怎样的职业人。

延 展 阅 读

目标对人生影响的跟踪调查

1953 年，哈佛大学对一群智力、学历、环境等条件差不多的年轻人进行了一项关于目标对人生影响的跟踪调查，调查发现：

27% 的人，没有目标；

60% 的人，目标模糊；

10% 的人，有清晰但比较短期的目标；

3% 的人，有清晰而又长远的目标。

25 年的跟踪研究结果显示，他们的生活状况及职业生涯产生了不同的结果。

那些占 3% 的人，25 年朝着一个目标不懈努力，不怕挫折与艰险，几乎都成了社会各界的成功人士，其中不乏白手起家的创业者、行业领袖、社会精英。

那些占 10% 的人，大都生活在社会的中上层，他们的短期目标不断实现，生活稳步上升，最终成为各行各业不可或缺的专业人士，如医生、律师、工程师、高级主管等。

那些占 60% 的人，在安稳的环境下生活、工作，生活平淡，成为社会大众化人物。

那些占 27% 的人，由于没有目标，生活过得很不如意，常常埋怨他人、抱怨社会，最终成为社会底层人物。

调查者因此得出结论：目标对人生有巨大的导向作用。成功，在一开始仅仅是自己的选择，选择什么样的目标，就会有什么样的成就，有什么样的人生。

4.1.1 大学生职业生涯目标的设定

如果看不到未来，就把握不了现在；如果没有目标，就永远实现不了自己的愿望。目标设定对于未来至关重要。它是一个人行动的指南，前进的保障。美国学者戴维·坎贝尔曾指出："目标之所以有用，仅仅是因为它能帮助我们从现在走向未来。"

职业生涯目标的设定，是在充分认识自我、对职业机会进行评估后，对职业发展方向做出的抉择。这种抉择是在对主客观条件进行分析的基础上，以个人的专业、性格、气质、价值观、兴趣及社会的发展趋势等信息为依据做出的。

职业生涯目标的设定不能简单地等同于职业目标的选择，它不单单是为了找到目标，而且还需要管理和使用好这个目标。为了达成这一目的，我们有必要引入 SMART 目标管理的概念和方法对职业生涯目标的设立做深入细致的分析。

1. 目标必须是具体的（Specific）

职业生涯目标必须是清晰的，可产生行为导向的。如"我要成为一个优秀的大学生"就不是一个具体的目标，但"我要获得今年的一等奖学金"就是一个明确、具体的目标。再比如，相比"英语考试过关""英语四级考试一次过关"就更加具体。

2. 目标必须是可以衡量的（Measurable）

目标是过程预测的一部分，需要借助一些较为明确的测量尺度和测量方法来衡量。如考试的分值、取得资格认证的级别或其他一些可以比较或量化的指标。如"我要获得今年的一等奖学金"就对应着许多可以量化的指标——学习成绩、参加活动、担任职位等。

3. 目标必须是适度的（Achievable）

目标必须具有可完成性，因此应该在能力范围内来确定目标。如"每天背一万个英语单词"这一目标就显然是绝大多数人不可能完成的任务。

4. 目标必须是切合实际的（Realistic）

目标必须具有现实性。现实的目标应该建立在对所有可控因素充分认识的基础上，清楚哪些因素是可以通过采用一些手段或者使用一些工具实现的。

5. 目标必须有明确的时间表（Time-limited）

为目标设定一个时间期限，这是制定一个现实的、可实现的目标的最后一个环节。在设定目标时，必须要确定完成目标的日期，不但要确定最终的目标完成时间，还要设立多个较小时间段上的“时间里程碑”，以便对目标进度进行监控。时间设定得越精确，对目标的控制就会变得越严格，目标的实现就越有保障。

综合运用上述分析方法和分析结果，细致考察并再次检验自己设立的职业生涯目标，是保证职业生涯目标更加科学和利于实施完成的重要手段。

经验分享

设立生涯目标的14步练习法

这是一个重要的练习，它能让你勇敢地去梦想，去了解自己。建议你静静地坐下来，拿起纸与笔，一步一步来做。也许，你没有一次做完所有的步骤，没有关系，第二天再找一个时间，继续你未完的心路历程。

建议：在一周内完成这个练习，然后经常拿起来看看。你会慢慢发现，你的眼光开始变得敏锐起来，你能在生活、工作、人际关系中快速发现有助于自己目标实现的因素，并纳为己用。几周内，你的内心会越来越稳定而有方向感，别人会开始注意到你的改变。几个月内，你会发现自己的一些目标在一步一步变成现实。在无形中，你走到了一个令自己与他人都惊讶的高度。

步骤1：开始编织美梦，包括你想拥有的，你想做的，你想成为的，你想体验的。

现在，请动手写下你的心愿。在你写的时候，不必管那些目标该用什么方式去达成，就是尽量写。直到你觉得没有什么可以写的时候，你可以看看下面几个问题并回答它们，这些问题会引导你去了解自己内心深处的渴求。这会花上一些时间，但你现在的努力将为下一步丰盛的收获打下基础。

（1）在你的生活中，你认为哪五件事情最有价值？

（2）在你的生活中，有哪三个最重要的目标？

（3）假如你只有六个月的生命，你会如何运用这六个月的时间？

（4）假如你立刻成为百万富翁，在哪些事情上，你的做法会和今天不一样？

（5）有哪些事是你一直想做，但却不敢尝试去做的？

（6）在生活中，有哪些活动，你觉得最重要？

（7）假如你确定自己不会失败（拥有充足的时间、资源、能力等），你会敢于梦想哪一件事情？

回答完这些问题后，把你列出的所有目标分成六类——健康；修养/知识；爱情/家庭；事业/财富；朋友；社会。

步骤2：审视你所写的目标，预期希望达成的时限。

目标何时才能达成？有实现时限的才可能叫目标，没时限的只能叫梦想。

步骤3：找出在这一年里对你最重要的四个（也可以增加到六个）目标。

选择你最愿意投入、最令你跃跃欲试、最能令你满足的四件事，并把它们写下来。建议明确地、扼要地、肯定地写下想实现它们的真正理由，因为追求目标的动机比目标本身更能激励人。

步骤4：核对你所列的四个目标，是否与形成结果的五大规则相符。

（1）用肯定的语气来预期你的结果，说出你希望的而非不希望的。

（2）结果要尽可能具体，还要明确完成的期限与项目。

（3）事情完成时你要能知道完成了。

（4）要能抓住主动权，而非任人左右。

（5）是否对社会有利。

步骤5：列出你已经拥有的各种重要的资源。

当你实施一项计划，就得知道该使用哪些工具。列出一张你拥有的资源清单，包括自己的个性、朋友、财物、教育背景、时限、能力等。这份清单越详尽越好。

步骤6：请回顾过去哪些资源运用得很纯熟。

回顾过去，找出你认为最成功的两三次经验，仔细想想是做了什么特别的事，才引致事业、健康、财务、人际关系等方面的成功，请记下这个特别的原因。

步骤7：当你做完前面的步骤后，请你写下要达成目标本身所具有的条件。

步骤8：写下你不能马上达成目标的原因。

首先你得从剖析自己的个性开始——是什么原因妨碍我的前进？要达成目标，我得采取什么做法？如果你不确定，可以想想：有哪位成功者值得我去学习？你得从最终的成就倒推，一步步列出所需的做法。步骤7中找出的资料可以作为你设计未来计划的参考。

步骤9：请针对自己设定的四个重要目标，制订出实现它们的每一个步骤。

别忘了，从你的目标往回制订步骤，并且自问：我第一步该如何做，才会成功？是什么妨碍了我，我该如何改变自己？一定要记得你的计划得包含今天你可以做的，千万不要好高骛远。

步骤 10：为自己找一些值得效法的模范。

从你的周围或从名人当中找出三五位在目标领域中有杰出成就的人，简单地写下他们成功的特质和事迹。做完这件事后，请闭上眼睛想一想，如同他们与你私谈一样，仿佛他们每一个人都会提供一些达成目标的建议，记下他们每一位建议的方法，并在每句重点下记下他的名字。回想过去曾有过的重大成功事迹，将它与你新目标的图像置换。

步骤 11：使目标多样化且有整体意义。

步骤 12：为自己创造一个适当的环境。

步骤 13：经常反省所做事情的结果 。

步骤 14：列一张表，写下过去曾是你的目标而目前已实现的一些事。

从中看看自己学到了些什么，这期间有哪些值得感谢的人，有哪些特别的成就。有许多人常常只看到未来，却不知珍惜和善用已经拥有的。所以我要告诉你，成功的要素之一就是要存一颗感恩的心，时时对自己的现状心存感激。

4.1.2 职业生涯目标的分解

古人云“不积跬步，无以至千里；不积小流，无以成江海”，任何一个目标都无法一步达成，大目标是通过许多小目标的实现来逐步达成的。因此，大学生明确了职业生涯目标以后，还要学会将它分解，将职业生涯的长期、远大目标分解成许许多多相互之间有关联的、清晰具体的小目标。

职业生涯目标分解就是根据观念、知识、能力差距，将职业生涯的长期、远大目标分解为有时间规定的长、中、短期分目标，直至将目标分解为某确定日期可以采取行动的具体步骤，将目标清晰化、具体化，将目标量化成可操作的实施方案。

目标分解可以帮助大学生在现实环境和美好愿望之间建立起可以拾级而上的路径。

延展阅读

目标的智慧

在1984年东京国际马拉松邀请赛中，名不见经传的日本选手山田本一出人意料地夺得了世界冠军。当记者问他如何取得如此惊人的成绩时，他说了这么一句话："凭智慧战胜对手。"

当时许多人都认为这个偶然跑到前面的矮个子选手是在故弄玄虚。马拉松是一项体力和耐力的运动，只要身体素质好又有耐力就有望夺冠，爆发力和速度还在其次，说用智慧取胜确实有点勉强。

两年后，国际马拉松邀请赛在意大利北部城市米兰举行，山田本一代表日本参加比赛。这一次，他又获得了世界冠军。记者又请他谈经验。

山田本一性情木讷，不善言谈，回答的仍是上次那句话："用智慧战胜对手。"这回记者没有在报纸上挖苦他，但对他所谓的"智慧"迷惑不解。

十年后，这个谜终于被解开了。山田本一在他的自传中是这么说的："每次比赛之前，我都要乘车把比赛的线路仔细地看一遍，并把沿途比较醒目的标志画下来。比如第一个标志是银行；第二个标志是一棵大树；第三个标志是一座红房子……这样一直画到赛程的终点。

比赛开始后，我就奋力向第一个目标冲去，等到达第一个目标后，我又以同样的速度向第二个目标冲去。40多公里的赛程，就这样被我分解成几个小目标轻松地跑完了。

起初，我并不懂这样的道理，我把我的目标定在40多公里外终点线上的那面旗帜上，结果我跑到十几公里时就疲惫不堪了——我被前面那段遥远的路程给吓倒了。"

大学生可以通过两种途径来分解职业生涯目标。

1. 按时间分解

按时间分解是最常用的目标分解方法，也很容易掌握。

首先，大学生应该明确职业生涯的最终目标。最终目标取决于一个人的价值观、知识储备、能力水平，是对自身条件、社会环境、组织环境等主客观因素进行大量分析之后得到的结果。最终目标只有与自己的价值观相符才是有效的，一经确立就不应再频繁更改。

一旦确定了职业生涯的最终目标，大学生就要根据个人的经历和所处的环境将最终目标细化为长期、中期和短期目标。不同目标的基本特征如表4–1所示。

表4–1　长期、中期、短期目标的基本特征

目标类型	长期目标	中期目标	短期目标
基本特征	①目光长远 ②非常符合自己的价值观 ③与社会发展需求相结合 ④富有挑战性 ⑤考虑风险 ⑥创造性 ⑦能够用明确的语言定性地描述 ⑧在一定时间范围内可行 ⑨一经实现会带来巨大的成就感 ⑩易于分解操作	①与长期目标一致 ②全局眼光 ③基本符合自己的价值观 ④创新性 ⑤灵活性 ⑥能够用明确的语言量化地描述 ⑦环境支持 ⑧有比较明确的时间且可以适当调整	①与中期目标、长期目标相一致 ②适应组织环境需求 ③灵活简单 ④未必与自己的价值观相符，但可接受 ⑤前瞻性眼光 ⑥可操作性 ⑦切合实际，确能实现 ⑧朝向长期目标，以迂为直 ⑨有明确具体的完成时间

（1）长期目标。一般来说，长期目标是时间为五年以上的目标，通常比较粗略、不具体，有可能随着各种情况的变化而变化，具有战略性、挑战性和动态性等特点。长期目标为人生指明了方向，可鼓舞斗志，防止短期行为。长期目标需要个人经过长期艰苦努力、不懈奋斗才有可能实现。大学生确立长期目标时要立足现实、慎重选择、全面考虑，使之既有现实性又有前瞻性。

（2）中期目标。一般来说，中期目标是时间为3~5年的目标和任务，它相对长期目标要具体一些。中期目标有如下特点：通常与长期目标保持一致；需要对目标实现的可能性做出评估；必须结合自己的意向及组织的要求来制定；符合自己的价值观，能增强自己的成就感。比如，本科毕业后找到一份满意的工作，就读理想的学校和专业的研究生等。

（3）短期目标。一般来说，短期目标是时间为1~2年的目标，是中期目标和长期目标的具体化。短期目标的主要特征有：要服从和服务于中期目标；明确、具体、切合实际且具有可操作性；明确规定目标完成的具体时间；目标可能是自己选择的，也可能是组织安排、被动接受的；目标要适应环境，适当提高一些，经过努力能够达到。

短期目标对于大学生来说是非常重要的，短期目标设立得是否合理决定着中期目标和长期目标是否可以实现。相对来说，短期目标的分类也更为复杂一些，分类的标准不一样，分类也不尽相同。如按照年级来分，分为一年级目标、二年级目标、三年级目标、四年级目标等；按照学期来分，分为上学期目标、下学期目标等；按照假期来分，分为寒假目标、暑假目标等；按照内容来分，分为学习目标、生活目标、社团实践目标、兼职目标、实习目标等；按照毕业后的去向来分，分为就业目标、考研目标、留学目标、创业目标、培训目标等。

短期目标是实现长期目标的保证，没有短期目标，长期目标也就不能实现。特别是在职业生涯发展过程中，通过短期目标的达成，大学生能体验到成就感，鼓舞自己为了取得更大的成就向更高的目标前进。

2. 按性质分解

美国职业心理学家施恩教授把职业生涯分为外职业生涯和内职业生涯。他指出外职业生涯是经历一种职业（由教育开始，经工作期直到退休）的通路，包括职业生涯的各个阶段：招聘、培训、提拔、解雇、奖罚、退休等。外职业生涯的构成因素通常是由别人给予的，也容易被别人收回。外职业生涯因素的取得往往与自己的付出不符，尤其是在职业生涯初期。有的人一生疲于追求外职业生涯的成功，但内心极为痛苦，因为他们往往不了解，外职业生涯发展是以内职业生涯发展为基础的。内职业生涯是指从事一项职业时所具备的知识、观念、心理素质、能力、内心感受等因素的组合及其变化过程。内职业生涯各项因素要靠自己的主观努力才能实现，别人帮助只是一个助力。而且，内职业生涯的各构成因素一旦取得，就成为别人拿不走、收不回的个人财富。内职业生涯的发展是外职业生涯发展的前提，内职业生涯发展了，外职业生涯自然提升。因此，在职业生涯的各个阶段，都应该重视内职业生涯的发展。尤其是在职业生涯早期和中前期，要把对内职业生涯各因素的追求看得比外职业生涯更重要。

根据内、外职业生涯的内容，大学生还可以把长期目标、中期目标和短期目标各自分解出具体的内职业生涯目标和外职业生涯目标。

（1）外职业生涯目标。外职业生涯目标一般包含以下内容。

① 职务目标。职务目标应当具体明确，一般包括技术职务和行政职务，如技术员、工程师、高级工程师、财务经理、工程总监、总经理等。比如，某位大学生十年职业生涯的职务目标是担任某大型企业的经营总裁。担任总裁需要四方面的工作经验：组织建立原料供应渠道、组织市场销售渠道、熟悉生产工艺过程、

熟悉财务税收，因此这一职务目标可以分解为供应部经理、销售部经理、生产技术部经理和财务部经理等。

② 工作内容目标。在现实生活中，能够达到高层职位的人毕竟是少数，能不能晋升很大程度上并不取决于自己。所以，大学生应该把职业生涯规划的重点转移到工作内容上来，即把某一阶段的工作内容列出详细的计划并付诸实施。

③ 经济目标。经济收入是每个人生存的物质基础，在职业生涯规划中列出收入期望无可非议。大学生要注意的是应切合实际和自己的能力素质，大胆地规划一个具体的数目，如 30 岁之前年收入 15 万。这些数字将成为个人今后重要的激励因素，所以不要含糊不清，或者根本就不敢写。

④ 工作地点目标和工作环境目标。如果对工作地点和工作环境有特殊要求，就要在职业生涯规划中列出这两项内容。

（2）内职业生涯目标。只追求外职业生涯目标有时会让人遭遇很强的挫折感——怀疑上级对自己不公，或者上班太远太累、工资太低、评优晋级没份，以至于心情抑郁、缺乏干劲。其实，我们还有一笔重要的财富不容忽略——丰富的知识经验积累，观念、能力的提高以及由此带来的快乐感、成就感，这就是内职业生涯因素。所以，大学生在分解和组合自己的职业生涯目标时，外职业生涯目标与内职业生涯目标应该是同时进行的，而且内职业生涯目标是尤其应该重点把握的内容。

内职业生涯目标主要包括以下内容。

① 工作能力目标。工作能力是对处理职业生涯中各种工作问题的能力的统称。如策划能力、管理能力、创新能力、与领导无障碍沟通的能力、与同事协作的能力等。职业生涯发展并非一个直线上升的过程，简单地把职业生涯发展定义为职务和职称的晋升，只能让自己活在痛苦的煎熬中。衡量一个人的职业生涯成功与否，不在于其是否赚到很多钱、晋升到很高的职位这些外在表征，而在于其在工作的过程中，是否创造、完成了富有实际意义的成果。很多时候，职业生涯发展是一个横向伸展的过程，可以是工作内容范围的扩大，也可以是专业领域的深入，这都需要不断提高个人的工作能力，否则，职业生涯将真的停滞不前。

从另一个角度来说，必要的工作能力积累也是达到职务目标和收入目标的前提。所以，大学生在进行职业生涯规划时，应首先考虑在工作中增长知识、提高能力、提高工作效率等方面，工作能力目标应当优先于职务目标。

② 工作成果目标。在很多组织里，工作成果都是进行绩效考核的一个重要指标，扎实的工作成果可以带来极大的荣誉感和成就感，也铺砌了通往晋升之途的阶梯。

③ 提高心理素质目标。心理素质在当今社会越来越受到人们的重视，每个人在职业生涯发展过程中都会遇到这样那样的困难，心理素质差的人只会怨天尤人、自暴自弃，而心理素质好的人会正视现实，努力去克服困难，走向卓越。大学生为了实现职业生涯规划蓝图，就需要不断通过培训和锻炼来提高心理素质。提高心理素质的目标包括能够经受挫折、包容非议，也包括在暂时的成功面前保持清醒冷静，宠辱不惊。

④ 观念目标。观念是对人、对事的态度、价值观。观念影响着人们的行动，也影响着组织、领导、同事、客户对自己的态度。观念目标是在学习、工作中逐步形成的，随时更新自己的观念，让自己总是站在前沿地带，是大学生内职业生涯目标的重要部分。

4.1.3 职业生涯目标的组合

将职业生涯目标进行组合是为了处理好不同目标之间的关系。如果只看到目标之间的排斥性，就只能在不同目标之间做出排他性选择；而如果能看到目标之间的因果关系与互补性，就能够积极进行不同目标的组合。

职业生涯目标组合有三种方法：时间组合、功能组合和全方位组合。

1. 时间组合

职业生涯目标在时间上的组合可以分为并进和连续两种情况。

（1）并进。有时候，面临多个选择，会出现两个或多个不同方向的职业生涯目标。所谓职业生涯目标的并进，是指同时着手实现两个平行的工作目标或建立和实现与目前工作内容不相关的预备职业生涯目标。这里所说的“同时着手实现两个平行的工作目标”，指的是短期内进行不同性质的工作。如高等院校的院长、系主任既可以做一名优秀的管理者，也可以做一位优秀的教师；又比如某大学生既可以在校园实践活动中锻炼、提升综合素质，又可以在学习成绩上拔得头筹。

“建立和实现与目前工作内容不相关的预备职业生涯目标”多发生在中、青年人身上，意在居安思危、未雨绸缪，需要有较强的时间管理能力和持之以恒的毅力。例如，学校团支部书记为了今后获得更大的发展空间，在做好本职工作的同时，进修 MBA 课程；一位大学生同时学习计算机专业和管理专业，为将来既能成为一个计算机专业人才，又能成为一个优秀的管理人员做好准备。这两个并不矛盾的目标同时进行就叫作目标的并进。

（2）连续。连续是指用时间坐标做链接，将各个目标前后连接起来，实现一个目标之后再去实现下一个目标。例如，大学一年级担任班级团支部书记并进入院学生会编辑部，规划 1~2 年后担任院学生会编辑部部长，毕业后到新闻传媒机构工作，3~5 年后创立自己的文化传媒公司，各个目标分阶段一个一个地实现，这种目标组合的方法就是连续。

2. 功能组合

很多职业生涯目标在功能上可以存在因果关系或互补关系。

（1）因果关系组合。有些目标之间存在着明显的因果关系，如前面提到的工作能力目标与职务目标和收入目标，前者是因、后者为果，表现为：工作能力提高—职务提升—收入增加。通常情况下，内职业生涯目标是原因，外职业生涯目标是结果。因此，大学生要实现职业生涯目标的因果关系组合，就需要不断更新知识，树立新观念并付诸实践。

（2）互补关系组合。有时，两个目标之间存在互补关系。例如，一个管理人员可以在成为一个优秀的部门经理的同时取得 MBA 证书，这两个目标之间存在着直接的互补关系：实际管理工作为 MBA 学习提供实践的经验体会，而 MBA 学习又为实际管理工作提供理论支持和方法指导。

3. 全方位组合

全方位组合已超越职业的范畴，它涵盖了人生全部活动。全方位组合指职业生涯、家庭和个人事务的均衡发展，相互促进。事业不是生活的全部，任何一个人都不能离开家庭和休闲娱乐，完美的职业生涯规划不应把生活中的其他内容排斥在外。大学生进行全方位目标组合可以超越一般意义上的职业生涯范围，将全部的人生活动联系并协调起来。

4.1.4 职业生涯目标的定向与定位

由于没有工作实践的经验，确定一个非常明确的职业生涯目标对在校大学生来说显然是不现实的。那么应该怎样确定自己的职业生涯目标呢？这里介绍一个先定向再定位的职业生涯目标确定方法。

1. 职业生涯目标的定向

职业生涯目标的定向与定位，与个人的价值观、人生观、世界观及个性特征、自我认知、职业理想和对社会的了解程度密切相关。职业个性、专业、社会需求、家庭社会环境四方面因素的有机协调，是实现职业匹配的关键（见图 4–1）。

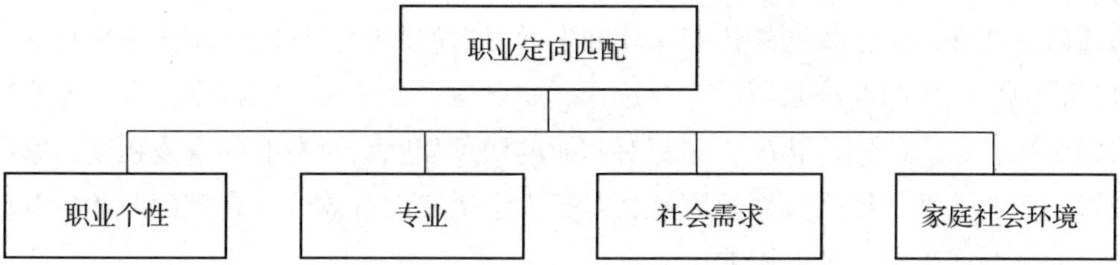

图 4–1 影响大学生职业定向的因素

在进行职业生涯目标定向时，大学生首先要考虑自身的职业个性因素和所学专业的匹配情况。因为不符合个性特征的职业匹配，不能算作成功的职业匹配。大学生都有自己的个性特征和所学的专业，个性特征是影响人职匹配的相对稳定的主要因素，所学专业也是应予以考虑的重要因素。如果自己的个性特征严重阻碍自己在本专业领域的发展，或者是未来该专业领域的工作职位趋于饱和，就可以考虑跨专业做定向匹配。否则，原则上应该考虑在所学专业范围内做定向匹配。

就专业内的匹配而言，可以有两种情况予以考虑：同一（类）职业内和跨职业的匹配。而同一（类）职业内的匹配，还可根据情况细分为同类岗位和非同类岗位的工作（职业）匹配。跨职业的职业匹配可根据情况有多种匹配方式，比如动物医学专业毕业的大学生可以选择不做动物医生，而选择专业内跨职业，从事政府行政部门公务员、兽医院校教师或兽药商人等职业。对于跨专业的职业匹配，可以有多种匹配情况。伴随专业调整，可以出现相应的职业匹配方式。专业内的职业匹配调整，并没有改变所学专业的性质和背景，而专业外的职业匹配调整在一定程度上改变了专业特性。专业外的职业匹配调整，有几个方向：

（1）调学校或换专业；

（2）重新参加考试（高考）换专业；

（3）继续深造不同的专业（如跨专业考研）；

（4）校内辅修其他专业（或选修第二专业）；

（5）跨校选修相关专业和课程等。

不过，无论是专业内还是跨专业的职业匹配，都应该注重职业生涯目标定向信息的有效整合，这样才能做出合理的匹配决策。

大学生在进行职业生涯目标定向时，除了考虑上述两个因素之外，还需要考虑社会能否提供必要的职业岗位，即职业生涯目标定向是否会受到社会需求因素的影响。否则，一旦受其影响，职业生涯目标定向将无从谈起，也不可能实现人职匹配。此外，由于我国的传统文化和生活习惯的影响，尽管强调大学生自立、自强，但大学生的经济来源、专业选择、职业确立，都在一定程度上受到家庭因素的影响。家庭的经济状况，家庭对职业的认可程度、对专业的喜爱程度，家庭中影响职业选择的社会关系等因素，对于大学生实现有效的、合理的职业生涯目标定向也会产生相当大的影响。

为了保证职业信息的准确性和有效性，在收集职业社会需求信息时，大学生应全方位地获取职业需求动态信息，详细地了解各类职业的性质、任务、待遇以及对从业人员的条件要求等。各类职业职位的工作待遇、升迁机会也是大学生进行职业生涯目标定向时需要参考的重要资料。

2. 职业生涯目标定向的策略

大学生在进行职业生涯目标定向时，往往受到诸多实际问题和不确定因素的影响，有时很难做出较为有效的决策，因此可以主动采取各种有效策略来帮助自己做出合理的选择。

（1）试探性策略。当大学生对未来的职业选择缺乏信心时，可以运用试探性策略，也就是试验的方法。即通过一段时间的社会实践，看这项职业是否适合自己，然后决定是否选择这项职业作为自己未来从事的工作。试探性策略只是帮助大学生在多种备选职业中选择一份较为理想的工作，它是一种暂时性的试探。大学生可以利用假期或空闲时间去打工或做兼职，或在某一段时间里临时从事某项工作。学校也会组织大学生去见习或参加某些社会活动，这些都可以作为尝试。通过试探，大学生可以了解自己在某一领域或某些方面所能适应的情况和所能取得的成绩，然后根据自己的体验，做出更有远见、更可靠的决定。

（2）弹性策略。大学生在进行职业生涯目标定向时，应有相对灵活的余地，职业匹配不可能是绝对的。职业生涯目标定向过程中会有各种各样的变化因素，大学生不能僵化地进行定向。如果抱着“一棵树上吊死”的心态，最终只会贻误良机，失去更多、更好的职业匹配机会。

（3）过程性策略。个人和社会都在发展，大学生应该对自己有一个开发、认识自己，再开发、再认识自己，不断调适自己以适应工作和社会要求的过程。目前的匹配职业可以作为进一步发展的桥梁和更好发展的根基，我们的职业生涯就是一个不断匹配的过程。

（4）恒定性策略。职业生涯目标定向是需要相对恒定的过程，总体目标和方向应保持相对的一致性。职业生涯目标定向具有相对的稳定性，一旦经过恰当的评估、认真合理的匹配，就要恒定地去实践、调适，以实现人职匹配，通过职业活动发挥自己的潜力，展示自己的才能，实现人生抱负，体现人生价值。

3. 先定向再定位

先定向，就是根据现在所学的专业来确定自己未来的职业方向。这时，需要大学生回答这样一些简单的问题：你对自己的专业有兴趣吗？你毕业后会选择专业对口的单位就业吗？如果回答是肯定的，就可以基本确定职业方向了。比如，你是学法律专业的，又很喜欢法律专业，就需要了解法律专业对口的职业（即专业所对应的职业群）有哪些。法律专业对应职业有：公务员，律师，教师，法律研究人员，企业法律顾问，法制专栏媒体记者，公司法务职员等。如果答案是否定的，那就必须找到自己有兴趣的专业。

如果定了向，接下来就可以考虑定位的问题了。大学生需要对已确定方向的职业群进行更深入的探索。定向的时候需要尽可能扩大自己的职业选择面，而定位则需要逐步缩小职业的选择范围。相对于定向而言，定位的选择也并不容易。因为定位不仅需要了解职业的基本要求，而且需要通过提前参加招聘会、兼职和实习等方式进行社会实践和工作体验，感受意向职业是否适合自己，是否与个人的主观想象一致。

在定位的过程中，还需要注意一个非常重要的问题，定位的目标不宜过于具体，应该有一个选择的范围。比如，你从小就梦想成为一名检察官，学的也是法律专业，也争取到了在检察院实习的机会，并且发现检察官的工作非常适合自己。可是检察官职业在社会上比较饱和，求职竞争非常激烈，如果仅锁定这一个目标，那么如果毕业时考公务员失败，将对择业带来很大的风险。所以，定位的职业不宜仅限于个别职业，可以有几个职业供自己选择。

大学生可以在大学一二年级开始定向，在三四年级定位。如果经过对职业的探索后仍然不能定位，就需要重新定向。因为没有方向，就不知道在大学期间如何努力和准备。在定向和定位的过程中，大学生不能完全以个人的兴趣进行职业决策，还必须考虑自身的个性特质、职业状况、人才供求关系、家庭因素、所掌握的资源等相关因素。

先定向再定位的方法，不仅解决了大学生综合素质和能力的培养问题，也解决了专业技能和素质的准备问题，是一项行之有效的大学生职业生涯发展规划的方法。

4.2 职业生涯决策

“决策”一词的意思就是做出决定或选择。职业生涯决策是指大学生依据自身特性，并参照外在环境现状与发展趋势，通过合乎逻辑的分析，对自己将要从事职业做出选择的过程。

职业生涯决策是个体一生中必然要面临的重要决策，是整个职业生涯规划最重要的组成部分之一，也是整个职业生涯规划制订和实施中最关键的一环。职业生涯规划本身就是一个不断地进行决策，并对决策加以完善的过程。职业生涯发展是一个漫长而曲折的过程，在这个过程中，人们会面临许多次选择，尤其在选择人生中的第一份职业或重新选择职业时，具有决策能力和决策技术尤为重要。因为第一次职业选择很大程度上决定了未来事业发展的方向，错误的选择会使我们付出巨大的时间成本和机会成本。因此，大学生可以把一些理性的方法引入职业生涯决策中，在职业生涯规划及发展中权衡利弊，选择最佳决策及行动方案。

延展阅读

让硬币帮助自己决定

因为害怕犯错，人有时不敢做他们真正想做的事。那为什么我们还会鼓励犯错呢？因为比犯错还糟糕的事就是因害怕犯错而一事无成。

做职业选择的误区之一就是相信总有一个为你定制的完美工作。这使得人们在寻找它的时候背负了极大的压力。常常听到这样的说法：“如果我选错了怎么办？一步错，步步错。我绝对不能犯错。”

有时候两个选择不分伯仲，很难做出一个理性的决定。每个选择看上去都很美，这时选任何一个似乎都可能犯错。然而，如果有人坚信只有一个完美工作的话，那这时候就只有一个正确选项，另一个就是错误的。

解决这种两难处境的方法就是看看运气，比如扔硬币。如果两个选择都差不多，那么任何一个选择都不错。看看下面两个不同的例子，一个是采用扔硬币做决定，另一个则是扔了硬币后自己再做决定。

1. 英语还是心理学？

山姆·米斯克是世界教育评估领域的顶尖心理学家之一。当他去世以后，他的讣告里提到了他的早年经历。

山姆·米斯克在费城长大，父亲萨穆勒是一位政府官员，母亲卡罗林是一家工厂的女裁缝。他是家里最小的孩子，也是家里唯一的男孩。高中的成绩让他拿到了宾州大学的全额奖学金——起初这份奖学金的提供者并不打算给他，因为山姆的家庭太穷了，他们担心这份奖学金不会帮上忙。幸运的是，在山姆就读的高中提出了强烈的抗议后，他们最终向山姆提供了奖学金。

在宾州大学，山姆也曾为选择学习英语还是心理学而煎熬。他的解决方法是扔硬币，最后心理学赢了。山姆不仅在此领域获得了本科学位，还拿到了硕士学位（1953 年），并在普林斯顿大学获得了博士学位（1954 年）。如果不是扔硬币，山姆也许永远不会成为知名的教育评估专家。

2. 广告还是投行？

MBA 毕业之后，内德有两个非常好的工作选择：一个是广告，另一个是投行。他很难选择：尽管优势各不相同，但每份工作都很诱人。他也没有多少时间做决定，每家公司都不停地催他。

他和他的妻子就这个问题探讨了无数遍，当他们从旧金山到奥克兰开车穿过湾区大桥的时候，他的妻子玛丽终于对他说：“如果这两个都很好，为什么不扔硬币决定呢？”

“好主意！”内德说。当时他们正好碰到堵车，于是停了下来拿出硬币，“正面去广告公司，反面就去投行。”

他扔了硬币，正面。“好的。”他说，“广告公司，我来了。”

接着他们安静地开了七英里到达奥克兰。在桥的另一端，内德说：“那个决定不对，我要去投行。”

他接受了投行的工作，成为银行销售部的一员。

注意这两个例子的区别。山姆接受了硬币的决定，内德拒绝了。山姆也可能拒绝硬币，他可以选英语。这样的结果我们谁也猜不准。不过，两个故事中，扔硬币都打破了僵局，帮他们理清了思路。有时候做出一个决定然后向前走一步，比在两个选择中僵持不下要好得多。

实际上扔硬币本身不是选择，因为只有你自己才拥有决定的主动权。这里假装把决定权交给运气是让你摆脱无法选择的苦恼。因为一旦做决定，你就可以集中自己的感受，想想那是什么感觉。有时在你内心，你是知道自己真正想要什么的，但是你希望别人替你负责。所以让硬币帮你做出决定，即便是临时的，也会把你从选择的焦虑中解脱出来，让你能够感受自己真实的想法。然后你就可以决定是听硬币的还是不听。

4.2.1 职业生涯决策的影响因素

不是每个人都能够成功做出职业生涯规划，这其中会有很多因素影响做出职业生涯决策的过程，这些影响因素主要包括以下内容。

1. 个人因素

做出有效决策与自己的身体状态、心理状况、个人经历等个人因素有着很大的关系。

（1）心理特征因素。在职业生涯决策的过程中，个人对自我评估、职业评估和环境评估的内容及结果直接影响着职业决策， 其中自我评估主要是对个体心理特征的评估，起着决策的定向作用。例如，有些大学生独立思考能力很强，遇事有主见，会积极思考个人职业生涯的发展道路问题；而有些大学生缺乏主见，遇事犹豫不决，或没有规划的习惯，时常抱有“车到山前必有路”的消极思想，因而很难做出正确的职业决策。

（2）个人背景因素。职业生涯决策的形成和发展是个漫长的过程，从特殊事件和经验的角度而言，每个人的人生是独一无二的，个人所经历的生涯事件的差异会对职业生涯决策产生影响，这体现在不同性别、年龄和教育背景等方面。

（3）进行决策时的即时状态。要做出有效的决策， 就必须保证在决策过程中身体、情绪和精神状态都处在最佳状态。在决策过程中，大学生会面临诸多障碍，这些障碍会影响即时决策。

（4）职业经历。职业经历是大学生了解、体验职业，验证职业选择的一个很好的途径，只有体验过才清楚自己是否喜欢、能否胜任；因为接触过，对职业的情况都熟悉了，所以工作才得心应手。这就是很多大学生宁愿选择与专业相关但不喜欢的职业，而不选择喜欢但不熟悉的职业的原因之一。

2. 家庭及成长环境因素

家庭是影响有效决策的另一个因素。这表现在三个方面。首先，家庭教育方式的不同，造成大学生认知世界的方式不同。其次，父母是大学生最早观察模仿的角色，大学生必然会得到父母所从事职业的潜移默化的影响，导致其要么选择要么不选择与父母相同的职业。例如，某大学生父母都是医生，那么他很可能会选择医学院毕业后从医。最后，父母的价值观、态度、行为、人际关系等对大学生的职业选择也会起到直接或间接的影响。

另外，朋友、同龄群体的职业价值观、职业态度、行为特点等也不可避免地会影响到大学生的职业生涯决策。

3. 社会因素

社会环境中流行的工作价值观、政治经济形势、产业结构的变动等因素，无疑都会在大学生职业生涯决策中留下深深的烙印。不同的社会环境给予个人的职业信息是不同的。社会的、经济的、历史的和文化的力量都能够干扰个人有效决策的制定。

现阶段，我们面临的是一个知识经济社会。对相关职业信息的收集，对日新月异的职业环境的了解，都会影响大学生对未来职业世界的观念。同时，用人单位对大学生的需求、技能要求、专业在社会中的具体发展状况等，也都是影响大学生职业生涯决策的因素。这就要求大学生在用人单位的需求和自己的具体情况之间不断地进行评估、预测和调整。

4.2.2 职业生涯决策的步骤

由于个体差异和个人偏好，我们很难对职业生涯规划建立一个精确的按部就班的程序。简单总结一下，大学生的职业生涯决策需要经过以下步骤。

1. 确定志向

志向是事业成功的基本前提，没有志向，事业的成功也就无从谈起。志向反映了一个人的理想和信念，影响着一个人一生的奋斗目标，大学生只有确定了志向，才能明确自己所要从事的职业。

2. 做出决定

大学生在确定了志向后，就要做出具体的决定，选择目标要具体，不能含混不清。

3. 自我评价

自我评价的目的是为了更好地认识自己，大学生只有充分认识了自己，才能对自己的职业做出正确的选择。

4. 收集职业环境资料

每个人都处在一定的职业环境之中，大学生只有对环境中的地位、环境对自己提出的要求以及环境对自己有利的条件与不利的条件等有了充分的了解，才能做到在复杂的环境中趋利避害；同时还要了解以后想要工作的某个领域的历史、现状和未来，这样才能做好心理上的准备。

5. 列出可行选项

在收集了资料以后，如果不做整理分析，“收集”这个行为就毫无意义。收集资料另一方面则是针对所要决策的事项提出可行的选项，以便于做决定。可行的选项方案越多、越翔实，做出正确决定的机会就越大。

6. 采取行动

在确定了选项后，行动便成了关键的环节。没有行动，目标就难以实现，也就谈不上事业的成功。这里所指的行动，是指落实目标的具体措施，主要包括工作、训练、教育等方面的措施。例如，为达到目标，在工作方面，你计划采取什么措施以提高你的工作效率；在业务素质方面，你计划学习哪些知识、掌握哪些技能以提高你的业务能力；在潜能开发方面，你计划采取什么措施开发你的潜能等。要有具体的计划和明确的措施，以便于定时检查。

实践示范

某英语专业大学生的大学行动计划清单

1. 大一阶段

（1）初步了解与专业有关的职业，可与学长、学姐交流（尤其是大四毕业生），向他们询问并了解自己未来想从事的职业的情况。

（2）多参加学校社团活动，在社团活动中增强自己的交流技巧和人际关系，锻炼、检验自己的各种能力。

（3）努力学习计算机和网络知识，有效利用网络和计算机辅导自己学习。

（4）努力学好专业知识，补充课外知识，充实自我。

2. 大二阶段

（1）可尝试兼职和参加社会实践活动，并持之以恒。最好能在课余时间从事与自己未来职业或英语专业有关的工作。

（2）增强英语口语能力、计算机应用能力，拿到英语专业四级考试证书和计算机二级证书。

（3）选修其他专业的知识以充实自己。

3. 大三阶段

（1）锻炼自己独立解决问题的能力和创造性；在撰写学期论文、课程论文等专业文章时，大胆提出自己的见解，为以后就业时所需的创造性做准备。

（2）培养就业能力，可参加与本专业有关的暑假工作，与同学交流求职心得，学习写简历、求职信等，了解收集工作信息的渠道，并积极尝试。

（3）努力学习专业知识，为拿到英语专业八级考试证书做准备。

（4）积极加入校友群，向已毕业的学长、学姐了解往年的求职情况。

4. 大四阶段

（1）对前三年的准备做总结，检验自己已确立的职业生涯目标是否明确，准备是否充分。

（2）开始申请工作，积极利用学校提供的条件，了解就业指导中心提供的用人单位信息，强化求职技巧，进行模拟面试等训练和实战演练。

（3）复习专业知识，拿到英语专业八级考试证书。

---

7. 评估与反馈

俗话说“计划赶不上变化”，影响职业生涯规划的因素很多。有的变化因素是可以预测的，而有的变化因素难以预测。在此情况下，要使职业生涯决策行之有效，大学生就需要不断对职业生涯决策进行评估与修订。如果与预期的结果有差距，必须及时检讨是否该重新多做一次决策。另外还可以收集更多的数据，列出更多的可行选项。这是一个循环的过程，并非是一成不变的。

4.2.3 职业生涯决策的方法

职业生涯决策是一个复杂的认知过程,大学生不仅需要组织有关自我和职业、环境的信息，还要仔细衡量各种可供选择的职业的前景。当大学生缺乏必要的关于职业的信息或个人的职业特征信息时，就会导致决策困难。因此，在进行职业生涯决策时，大学生应使用一些科学的决策方法。

1. SWOT 分析决策法

SWOT 分析法来自市场营销领域，通常是市场战略分析家们用来分析企业内外部环境、制定企业最终发展战略的一种实用技术。但是，技术方法本身是不区分专业和领域的，大学生同样可以借用 SWOT 分析法来为个人的职业生涯决策服务。原本对企业内部环境的优势分析和劣势分析在职业生涯决策的过程中就可以转换为个体自身的优势分析和劣势分析，而所谓的企业外部环境中的机会分析和威胁分析，就相当于对职业环境因素以及各种可供选择的职业前景的分析。综合自身的优势和劣势，认清周围的职业环境和前景，大学生就可以降低职业生涯决策的难度，更容易地进行职业选择。

因此，SWOT 分析法是一种有效的职业生涯决策方法。通过这种方法，大学生能够更准确地进行自我评估，更清晰地认识自己的生涯机会，从而能就社会就业市场的状况和个人的情况做出最佳的决策。

（1）SWOT 分析决策矩阵。SWOT 是四个英语单词的缩写，即 Strength（优势），Weakness（劣势），Opportunity（机会）和 Threat（威胁）。一般来说，优势和劣势属于个人自身，是内部因素；而机会和威胁则来自外部环境（包括组织环境和社会环境），是外部因素。

SWOT 分析决策矩阵是一个非常有用的职业生涯决策工具，如表 4-2 所示。利用 SWOT 分析决策矩阵对自己做个细致的分析，大学生就可以非常明确地知道自己的优势和不足在哪里，并可以仔细地评估出自己所感兴趣的不同职业道路的机会和威胁所在。

表4–2 SWOT分析决策矩阵

内部因素	优势：个体可控并可利用的内在积极因素 ① 工作经验 ② 教育背景 ③ 丰富的专业知识和技能 ④ 特定的可转移技巧（如沟通团队合作、领导能力等） ⑤ 人格特质（如职业道德、自我约束、压力承受能力、创造性、乐观等） ⑥ 广泛的个人关系网络 ⑦ 在专业组织中的影响力	劣势：个体可控并努力改善的内在消极因素 ① 缺乏工作经验 ② 学习成绩差，专业不对口 ③ 缺乏目标，且对自我的认识和对工作的认识都十分不足 ④ 缺乏专业知识 ⑤ 较差的领导能力、人际交往能力、沟通能力和团队合作能力 ⑥ 较差的寻找工作的能力 ⑦ 负面的人格特征（缺乏自律、缺少工作动机、害羞、情绪化等）
外部因素	机会：个体不可控但可以利用的外部积极因素 ① 就业机会增加 ② 再教育的机会 ③ 专业领域急需人才 ④ 由于提高自我认识、设置更多具体的工作目标带来的机遇 ⑤ 专业晋升的机会 ⑥ 职业道路选择带来的独特机会 ⑦ 专业发展带来的机会 ⑧ 地理位置的优势 ⑨ 强大的关系网络	威胁：个体不可控但可以使其弱化的外部消极因素 ① 就业机会减少 ② 同专业的大学毕业生带来的竞争 ③ 具有丰富技能、经验、知识的竞争者 ④ 求职和应聘能力较强的竞争者 ⑤ 名校毕业的竞争者 ⑥ 缺少培训、再学习造成的职业发展障碍 ⑦ 工作晋升机会十分有限或者竞争激烈 ⑧ 专业领域发展有限 ⑨ 公司不再招聘同等学历或专业的员工

使用SWOT分析决策矩阵有两个步骤。

步骤一：评估自己的长处和短处。

每个人都有自己独特的价值观、性格、兴趣和能力。在当今分工非常细化的就业市场上，没有人样样精通。有些人不喜欢整天坐在办公桌旁，而有些人则一想到不得不与陌生人打交道就惴惴不安。利用SWOT分析决策矩阵可以找出自己不是很喜欢做的事情和自己的弱势。找出短处与发现长处同等重要，因为你可以基于自己的长处和短处做两种选择：一是努力去改正你常犯的错误，提高你的技能；二是放弃那些对你不擅长的技能要求很高的职业。列出你认为自己所具备的很重要的强项和对职业选择产生影响的弱势，然后再标出那些你认为对你很重要的强势和弱势。

步骤二：找出职业机会和威胁。

不同的行业（包括这些行业里不同的公司）都面临不同的外部机会和威胁，

所以，找出这些外界因素对于帮助你找到一份适合自己的工作是非常重要的，因为这些机会和威胁会影响你的第一份工作和今后的职业发展。如果公司处于一个常受到外界不利因素影响的行业里，很显然，这个公司能提供的职业机会将是很少的，而且没有职业升迁的机会。相反，充满了许多积极的外界因素的行业则能够为求职者提供更广阔的职业前景。

大学生在使用 SWOT 分析决策矩阵时，可以采取多种方法来确定自身的优势与劣势、机会与威胁。目前最常使用的是关键提问法，即连续不断地向自己提问，从答案中进一步了解自己。例如，大学生可以通过向自己提出以下一系列问题来逐步确定自己所面对的外在环境机会：我最有希望的前景在哪里？我专业领域中目前最先进的知识技术是什么？我是否尽了一切努力来让自己朝它靠近？什么样的培训和再教育能够让我获得更多的机会？MBA 或其他学历是否能够增加我的优势？在目前工作中我多快能够得到提升？技术和市场的变化、政府政策的改动以及社会形态、人口状况、人们生活方式的变化是否会给我带来机会?

（2）SWOT 分析结果的运用。在利用 SWOT 分析决策矩阵明确自身的优势、劣势、外在威胁和机会以后，大学生就可以根据这些信息确定自己的职业发展道路。

案例分析

SWOT 分析决策矩阵个案详解

一名师范大学毕业的男性研究生，主修心理学专业，在校期间专业成绩优秀，曾多次获取奖学金，发表若干论文，且一直担任学生干部，成绩斐然。但是他性格急躁，容易冲动，而且没有直接的职场工作经历，唯一的工作经历是大学二年级时在一家大型电子公司的人力资源部门实习了半年。现在他想谋取一份人力资源管理的工作。下面我们以此个案为例，详细阐述如何在个人职业生涯决策中运用 SWOT 分析结果。

根据 SWOT 分析决策矩阵，我们首先可以对此个案进行自身优势、劣势分析，以及周围职业环境的机会、威胁分析（详见表 4–3），然后再在这些分析结果的基础上制定出各种相关策略，整合后最终确定这名男生应该谋取一份大中型外资企业的人力资源管理部门的工作。

表4-3 SWOT分析决策矩阵

外部环境分析 / 内部环境分析	机会	威胁
	① 人力资源管理部门逐渐受到企业的重视 ② 外资企业的进入导致人力资源管理人才需求量增大 ③ 心理学在人力资源管理中的重要性逐渐凸显出来	① 人力资源管理方向的毕业生 ② MBA的兴起 ③ 人力资源管理在很多企业中仍然处于刚起步阶段，其运作很不规范 ④ 比起学历，我国许多企业更看重工作经验
优势： ① 硕士学历，成绩优秀 ② 丰富的学生干部工作经历 ③ 大型公司实习半年的经历 ④ 具有心理学知识背景	优势机会策略 ① 继续学习心理学知识，将心理学知识运用到人力资源管理工作中 ② 发挥担任学生干部的管理特长	优势威胁策略 ① 强调自身心理学背景的优势 ② 强调大型公司半年的实习经验 ③ 强调较强的学习能力和适应力
劣势： ① 师范院校毕业 ② 没有丰富的职场工作阅历 ③ 专业不对口 ④ 性格急躁，容易冲动	劣势机会策略 ① 利用较强的学习能力，自学人力资源管理课程，加强英语的学习 ② 继续加强自己在师范院校中所培养的口语交流、文案写作等优势	劣势威胁策略 ① 训练克制自己的冲动个性 ② 结合两个不同的专业，培养宽阔的视野和创新能力 ③ 积极寻找重视员工潜能的企业
分析后的整体结论：职业发展道路定位在大中型外资企业的人力资源管理部门。		

2. 决策平衡单法

决策平衡单（Decision-making Balance Sheet）经常被应用于问题解决和职业咨询中，用以协助咨询者系统地分析每一个可能的选项，判断各选项的利弊得失，然后依据其在利弊得失上的加权计分排定各个选项的优先顺序，以执行最优先或偏好的选项。大学生可以利用决策平衡单来进行职业生涯决策。

职业生涯决策平衡单的形式如表4-4所示。

表 4–4　职业生涯决策平衡单样表

考虑因素	选择项目	选择一		选择二		选择三	
		+	-	+	-	+	-
个人物质方面的得失	① 收入						
	② 工作的难易程度						
	③ 升迁的机会						
	④ 工作环境的安全						
	⑤ 休闲的时间						
	⑥ 生活变化						
	⑦ 对健康的影响						
	⑧ 就业机会						
	⑨ 其他						
他人物质方面的得失	① 家庭经济						
	② 家庭地位						
	③ 与家人相处的时间						
	④ 其他						
个人精神方面的得失	① 生活方式的概念						
	② 成就感						
	③ 自我实现的程度						
	④ 兴趣的满足						
	⑤ 挑战性						
	⑥ 社会声望的提高						
	⑦ 其他						
他人精神方面的得失	① 父母						
	② 师长						
	③ 朋友						
	④ 其他						

在使用职业生涯决策平衡单时可参考下列步骤。

（1）建立“职业生涯决策平衡单”。首先需在平衡单中列出有待深入评价的潜在职业选项三至五个。

（2）判断各个职业选项的利弊得失。列出每个职业选项曾经考虑的条件，并考虑每个职业能符合这些条件的得失程度，如从5至-5 给分。主要集中于四个方面的得失，分别是：个人物质方面的得失、他人物质方面的得失、个人精神方面的得失、他人精神方面的得失。

（3）设置各项考虑因素的权重。在各个方面的利弊得失之间，身处于不同情境会有不同的考量。因此，在详细列出各项考虑层面之后，再进行加权计分。对每个考虑因素按照自己的情况设置权重，如从 1 分至 5 分。1 分表示不看重，5 分表示最看重。

（4）计算出各个职业选项的得分。把各因素的权重和利弊得失分数相乘后再累加，计算各个职业选项的总分。

（5）排定各个职业选项的优先顺序。最后，依据各职业选项在总分上的高低排定优先次序。职业选项的优先次序即可作为大学生职业生涯决策的依据。

案例分析

小敏的职业生涯决策平衡单

基本情况：小敏，女，某大学信息技术专业三年级学生，性格外向，开朗活泼，喜欢与人交往，口头表达能力很强，是学院学生会干部，组织能力突出。还有一年就要毕业了，她考虑自己有三个发展方向：中学信息技术教师、市场销售总监、考取计算机专业硕士研究生。以下是她的具体想法。

1. 中学信息技术教师

小敏认为这个职业是她的本专业，存在着最大的专业优势，工作也比较稳定，但目前社会需求量并不大。

2. 市场销售总监

小敏希望用十年时间实现这个目标。她认为这份职业符合自己的性格、兴趣的需要，而且自己也有利用暑期和课余时间兼职做销售工作的经历。同时她认为自己所学的专业可以辅助销售工作。

3. 考取计算机专业硕士研究生

小敏的父母都是高校的老师，他们希望小敏能够继续深造，以后到大学任计算机专业教师。但小敏认为虽然高校教师工作稳定，收入也高，但她不喜欢计算机专业的教学工作，且考研也有一定的困难。

下面是小敏利用职业生涯决策平衡单得出的决策结果，如表 4–5 所示。

表 4–5　小敏的职业生涯决策平衡单

选择项目		重要性系数（1~5 倍）	中学教师		销售总监		考研	
考虑因素	加权分数		+	−	+	−	+	−
个人物质方面的得失	① 符合自己的理想生活方式	5		3	9			5
	② 适合自己的处境	4	8		9		7	
	③ 有较高的社会地位	3	5			3	9	
	④ 工作比较稳定	5	9			9	9	
	⑤ 其他							
他人物质方面的得失	① 优厚的经济报酬	4	5		8		9	
	② 足够的社会资源	5	8		7		9	
	③ 其他							
个人精神方面的得失	① 适合自己的能力	4	8		9		7	
	② 适合自己的兴趣	5	5		9			8
	③ 适合自己的价值观	5	6		8		5	
	④ 适合自己的个性	4	7		9		6	
	⑤ 未来发展空间	5		3	8		9	
	⑥ 就业机会	4	3		8		9	
	⑦ 其他							
他人精神方面的得失	① 符合家人的期望	2	6		5		9	
	② 与家人相处的时间	3	7		4		9	
	③ 其他							
加权后合计			312	30	399	54	384	65
加权后得失差数			282		345		319	

利用职业生涯决策平衡单的得分，小敏得到以下结果：市场销售总监＞考研（高校计算机专业教师）＞中学信息技术教师，综合平衡之后，市场销售总监较为符合小敏的职业生涯目标。

4.2.4 职业生涯决策的评估与反馈

在现代职业领域中，变化是永恒的主题。大到国家政策的调整、完善，小到一个单位领导人的更替、组织制度的调整、产品的更新换代，乃至个人家庭的变化等都会影响到个人职业生涯的发展及生涯规划的执行。大学生要想赶上日新月异、飞速发展的时代，就要时时注意个人状况和外部环境的变化，不断地审视并调整，不断地修正职业生涯策略和目标，以使职业生涯规划切实可行、行之有效，这个过程就是职业生涯决策的评估与反馈。总的来说，职业生涯决策的评估与反馈即对职业生涯目标和决策进行评估和适当调整，以便职业生涯决策更符合自身发展和社会发展的需要。

职业生涯决策的评估与反馈确保了个人职业生涯规划的有效性。大学生在每一个规划阶段都应进行系统全面的评估，如每半年或每年进行一次，以检查验证前期的策略、措施实施情况，修正实施中出现的偏差。

1. 评估要点

（1）抓住核心，突出重点。在评估过程中，大学生应抓住一两个关键的目标和最主要的职业生涯策略进行跟踪，而不必面面俱到，重点评估那些可能达到核心目标的主要策略的执行效果。

（2）找到突破点。想一想：在职业生涯规划中，哪一条职业生涯策略对目标的实现有突破性的影响？如何找到新的突破点？

（3）关注最薄弱点。在肯定成绩的同时，更重要的是切合变化的环境，关注最薄弱的地方，发现自己实际状况与目标的差距，然后想办法修正。这些差距主要表现在思想观念、知识、能力、心理素质等方面。

2. 及时修正

评估后若发现与原先目标存在差距，应对职业生涯决策进行再思考，修正职业生涯决策的有关内容或者进行再决策。修正的内容包括：职业的重新选择；职业生涯路线的调整；现阶段目标的修正；实施措施与行动计划的变更等。

大学生通过评估与反馈，应该达到以下目的。

（1）深入全面地了解自己，对自己的强项充满信心。

（2）对自己的发展机会有一个清楚的了解，明确在哪些地方需要改进。

（3）针对薄弱环节制订详细的行动变更计划。

（4）实施行动计划，确保取得显著的进步和成功。

总之，职业生涯规划是一个持续动态的过程，需要不断地反省和修正职业生涯目标，评估与反馈职业生涯决策，以适应环境的改变，同时可以作为下一轮规划的参考依据。

实践作业

确定你的职业生涯目标

时间		学习、工作目标
大一	第一学期	
	第二学期	
大二	第一学期	
	第二学期	
大三	第一学期	
	第二学期	
大四	第一学期	
	第二学期	
毕业后第一年		
毕业后第二年		
毕业后第三年		

第5章

大学生职业生涯规划的实施和管理

学习目标

1. 掌握职业生涯路线的选择；
2. 掌握行动计划的内容；
3. 掌握且能够熟练应用时间管理、情绪管理、压力管理的方法；
4. 了解行为管理和风险管理的内容；
5. 掌握有效的职业生涯管理模式，并能运用其对自己的职业生涯进行管理。

☆ 引导案例：人生的“钥匙”

有两兄弟一起住在一幢公寓楼的顶楼：八十层。一天，他们外出爬山，傍晚回来却发现大厦停电了。虽然两兄弟都背着大大的登山包，但是也别无选择，于是哥哥对弟弟说：“我们爬楼梯上去吧。”

他们开始背着行李往上爬。到了二十层的时候，他们觉得累了。于是弟弟提议说：“哥哥，行李太重了，不如先把它放在二十层，我们先上去。等大厦恢复电力，我们再坐电梯下来拿吧。”哥哥一听，觉得这主意不错，于是就把行李放下，继续往上爬。

卸下了沉重的登山包之后，两个人觉得轻松多了，一路有说有笑地往上爬。但好景不长，到了四十层，两人又觉得累了，开始互相埋怨，指责对方不注意停电公告，才会落到如此下场。他们边吵边爬，就这样一路爬到了六十层。两人筋疲力尽，累得连吵架的力气也没有了。哥哥对弟弟说：“算了，只剩下最后二十层，我们就不要再吵了。”

于是，他们一路无言，终于安静地爬到了八十层。到了家门口，哥哥长吁一口气：“弟弟，拿钥匙来！”弟弟说：“有没有搞错？钥匙不是在你那里吗？”原来钥匙还留在二十层的登山包里！

兄弟俩爬楼梯的过程就好像我们的人生历程。二十岁之前，我们活在家人、老师的期望之下，上课、考试、升学，就像背着一个很重的登山包，走得很辛苦。二十岁以后从学校毕业，踏上工作岗位，开始自己的职业生涯，因为卸下了沉重的包袱，于是喜欢做什么就做什么，想怎么做就怎么做。四十岁发现岁月蹉跎，青春已逝，但又有很多遗憾，于是开始抱怨，抱怨老板不识人才，怪家人不体恤，埋怨政府，埋怨国家，埋怨社会……在抱怨遗憾中又过了二十年。六十岁发现人生所剩不多，开始珍惜剩下的日子，默默走完自己最后的岁月。到了生命的尽头，却突然发现：好像忘记了什么东西。是什么呢？因为没有规划，所以在不知不觉中丢掉了人生的“钥匙”——我们把理想、抱负都留在了二十岁，没有完成。

思考：

1. 你觉得什么是你人生的“钥匙”？
2. 你的“钥匙”在你自己手中吗？

5.1 职业生涯规划的实施

5.1.1 职业生涯规划的实施过程

1. 职业生涯路线的选择

设定了职业生涯目标之后，大学生还应该确定达到这一目标的职业生涯路线，也就是向哪一条路线发展，是走行政管理路线、专业技术路线，还是走经营路线；是先走技术，再转向管理，还是……

发展路线不同，各方面条件的要求也就不同。因为，即使同一职业也有不同的岗位，有的人适合做行政，可在管理方面大显身手，成为一名卓越的管理人才；有的人适合搞研究，可在某一领域有所突破，成为一名专家学者；有的人适合搞经营，可在商海中建立功勋，成为一名经营人才。如果一个人不具有管理才能，却选择了行政管理路线，就很难成就事业。由此可见，职业生涯路线的选择也是大学生职业生涯发展能否成功的重要影响因素之一。

职业生涯路线大致可分为五个类型，如表5–1所示。

表5–1 职业生涯路线类型

类型	典型特征	主要职业领域	典型职业通路
技术型	选择职业时，主要注意的是工作的实际技术或职能内容。即使提升，也不愿意提升到全面管理的位置，而只愿在技术职能区提升	工程技术、财务分析、计划、系统分析等	例如：财务分析员→主管会计→财务部主任→公司财务副总裁
管理型	能在信息不全的情况下分析解决问题，善于影响、监督、率领、管理组织成员，善于使用权力	政府机构、企业组织及其各部门的主要负责人等	例如：初级工程师→工程师→高级工程师→经理→高级经理→总监→副总裁→总裁
稳定型	依赖组织，怕被解雇，倾向于按组织要求行事，高度的感情安全，没有太大抱负，考虑退休金	教师、医生、公务员等	例如：科员→副科级→正科级→副处级→正处级→副厅级
创造型	要求有自主权、能施展自己的特殊才能，喜好冒险，力求新的东西，经常转换职业	发明家、风险投资者、产品开发人员、企业家等	无典型的职业通路，极易变换职业或从事自由职业
自主型	随心所欲地调整自己的步调、时间表、生活方式和习惯，认为组织生活是不自由的、侵犯个人的	学者、职业研究人员、手工业者、个体工商户、画家、作家等	在某个领域中发展自己的事业

当然，在实际中也可能存在先走技术型路线再走管理型路线，或者先走管理型路线再走自主型路线这样的混合型路线。大学生的职业生涯路线可以有多种类型，但是必须要进行选择、规划，并分析其可行性。

2. 制订行动计划

大学生应根据长期目标、中期目标、短期目标、年度目标、学期目标、月目标、周目标、日目标制订行动计划。

目标的制定应由长期向短期分解。举例来说，如果你现在刚上大三，学的是人力资源管理专业，希望以后成为一名人力资源管理专业人士。将这个目标倒推回来：两年后大学毕业时应当获得一家公司人力资源管理部门的初级职位；一年后读大四时应当争取进入一家公司的人力资源管理部门实习；而半年后也就是下学期就应当开始投递简历，寻求实习机会。因此，这一个学期，就应当开始准备自己的简历，列出有可能向你提供相关信息的人，并阅读一些与人力资源管理相关的书籍。

而与目标相对应的行动计划的制订，则是先制订近期计划，然后由近及远，逐步推进。越近期的目标，行动计划就应该越详细；而长期的目标，行动计划则可以适当粗略一些。

实践示范

某人力资源管理专业大学生的行动计划

某人力资源管理专业大二学生的发展路线为：完成管理学和心理学的专业学习→完成出国留学→人力资源管理专员→职业指导老师→职业咨询师。

该同学的短期目标，如表 5–2 所示。

表 5–2　短期目标（2005—2009 年）

时间	知识方面	能力方面
大学二年级（上学期）	①补修大一上学期没有学的课程：高数(上)，管理学，微观经济学，政治经济学 ②通过 CET–4 考试 ③准备 TOEFL 考试 ④选修 2~3 门选修课 ⑤所有科目 GPA 大于 3.5 ⑥提高口语和听力能力	①提高领导和组织能力 ②发展一门运动项目 ③锻炼自己的当众表达能力并克服怯场的坏习惯，同时增强自信心 ④从别人身上吸取经验教训，并形成良好的交际圈 ⑤参与创建学校青年发展咨询与服务中心

续表

时间	知识方面	能力方面
大学二年级（下学期）	①参加 TOEFL 考试和 CET–6 考试 ②选修 2~3 门课程，读 10 本书（与专业课相关书籍） ③修心理学双学位 ④进一步提升英语听说能力 ⑤保证公共课每一门成绩高于 85 分，专业课成绩高于 90 分	①进一步提高领导和组织能力 ②继续参与学校青年发展咨询与服务中心工作 ③准备暑假社会实践 ④熟悉了解分班后的同学，与专业老师建立良好的关系 ⑤进一步锻炼自己的写作和口头表达能力
大学三年级	①参加 TOEFL 考试和计算机二级考试 ②参加 GMAT/GRE 考试 ③开始写一些专业论文，通过老师参与一些项目的研究 ④每门课成绩高于 90 分 ⑤读专业书籍 20 本 ⑥继续修心理学课程 ⑦进一步提升英语听说能力	①积极参加学院组织的活动，与学院的同学多交流 ②做一些社会兼职，与社会接轨，增长经验 ③开始查阅美国研究生院的信息 ④进一步锻炼自己的写作和口头表达能力 ⑤实践咨询服务
大学四年级	①联系美国的研究所，确定毕业后的发展路线 ②继续修心理学课程 ③实习 ④每门课成绩高于 90 分 ⑤继续写专业论文，与老师共同完成项目的研究 ⑥准备和撰写毕业论文，准备毕业	①继续做一些社会兼职，与社会接轨，增长经验 ②为大学留一些美好的回忆 ③积极参加学院和学校的活动，珍惜最后一年与大学同学在一起的时光 ④总结大学四年的得失，制定未来的发展路线

该同学的短期行动计划，如表 5–3 至表 5–6 所示。

表 5–3　短期行动计划（2005—2009 年）

时间	知识方面	能力方面
大学二年级（上学期）	①和别的班的同学一起上补修的课程，阅读相关书籍，每科 1~2 本 ②每天早上六点半出门读英语，背单词（早上和中午各半个小时），晚上练听力半个小时，参加补习班，做 CET–4 试题 ③精听《Friends》，提高英语听力 ④周三、周五晚上 12~14 节：中国文化概论，英语学术写作 ⑤课前预习，课堂认真听课，当天完成作业，周末阅读相关书籍（每科 2~3 本） ⑥去英语角，找外教交谈，听听力材料（包括英语广播和电影）	①竞选班干部、校学生会组织部副部长 ②课堂发言，会议上勇于发表意见 ③完整地策划一次大型活动，让自己的实践能力得到全面锻炼 ④抽时间与不同专业、不同家庭环境、不同性格的人交流，从别人身上吸取经验教训，积累一定的人际关系 ⑤在青年发展咨询与服务中心做事，深入了解并实践自己的职业发展规划的理念，并把这一路的经历都记载下来，用专业的眼光进行分析，为以后的课题研究和论文发表做准备 ⑥体育课选择网球，每周去健身 2~3 次，锻炼身体

续表

时间	知识方面	能力方面
大学二年级（上学期）	⑦去图书馆，拓宽自己的知识领域，弥补自己人文素养的缺乏	
寒假	去北京上 TOEFL，准备 TOEFL 考试	
大学二年级（下学期）	①每天早上六点半出门读英语，背单词（早上、中午和晚上各半个小时），晚上练听力半小时，参加补习班，做 TOEFL、CET–6 试题 ②课前预习，课堂认真听课，当天完成作业，周末阅读相关书籍（每科 2~3 本） ③周末学习心理学课程 ④去英语角，找外教交谈，听听力材料（包括英语广播和电影） ⑤开始学习写学术论文，收集感兴趣的课题	①竞选班干部，多和班上同学沟通 ②参加演讲比赛 ③与专业老师沟通 ④竞选部长 ⑤收集社会热点话题，选择暑假社会实践课题，完成计划书 ⑥去文学院、教育学院听课，完善知识结构
暑假	①开展暑期社会实践活动和实习工作 ②准备 TOEFL 和 GMAT/GRE 考试 ③学习驾驶车辆的技术 ④学习心理学课程	
大学三年级	①参加计算机二级培训班，做题目 ②参加新东方 TOEFL、GRE/GMAT 培训班 ③每天早上六点半出门读英语，背单词（早上、中午和晚上各半个小时），做历届考试试题 ④课前预习，课堂认真听课，当天完成作业，周末阅读相关书籍（每科 2~3 本） ⑤广泛阅读专业书籍、社会热点报纸	①参加学院的相关比赛 ②与学院同学交谈，交流思想 ③做推销员、实习生等社会兼职 ④参与大学生职业发展与人生规划方面的课题研究 ⑤做就业中心和心理咨询师的学生助手 ⑥参加一些技能培训班 ⑦通过网络和书籍了解留学信息
暑假	开展暑期社会实践活动和实习工作	
大学四年级	①上网查阅国外研究所的相关信息，与国外老师联系 ②请教授写推荐信 ③联系公司实习，做兼职 ④课前预习，课堂认真思考，当天完成作业，周末阅读相关书籍（每科 2~3 本） ⑤广泛阅读专业书籍（国内外）、社会热点报纸	①多与同学和老师交流，珍惜大学的最后一年 ②参加学院和学校的各类文体活动。写些文章，以纪念大学生活 ③回头看看走过的路，对照计划进行评估 ④调整未来发展的道路 ⑤做一些想做但没有做的事情

表 5-4 研究生阶段行动计划（2009—2012 年）

时间	行动计划
2009—2012 年	①完成海外留学，进一步锻炼英语能力，系统地获得国外先进的人力资源管理和职业生涯规划知识，完善自己的知识结构 ②拓宽视野，使自己具有国际化思维方式，为接下来的职业生涯做最后的准备工作

表 5-5 工作尝试阶段行动计划（2013—2018 年）

时间	行动计划
2013—2018 年	①成功完成社会角色的转换，通过不同的工作来积累工作经验 ②努力猎取自己喜欢并适合的职业，同时汲取新鲜的知识，避免被时代所遗弃

表 5-6 工作稳定阶段行动计划（2018 年至今）

时间	行动计划
2018 年至今	未来的世界无法预知，我会一直工作到我失去兴趣和激情，或者找到了好的接班人……

3. 实施行动计划

有目标和计划还不行，最重要的是落实行动。常听到有些大学生说：“等我挣了钱，要去环游世界；等我有时间了，就去做想做的事情；等我……”最终却成了思想的巨人、行动的矮子。还有些大学生虽然开始了行动，但一遇到挫折就停滞不前，或者没有足够的毅力坚持下去，结果半途而废。

实施行动计划，一旦开始行动，就要坚持到底，只要目标没有改变，行动就不能停滞。否则，近期目标没有完成，后续的目标就得改变。这样便引起了一连串的连锁反应，最初制定的阶段性目标，甚至职业生涯目标都会变成虚设和幻想，所谓的大学生职业生涯规划就成了纸上谈兵。

“不积跬步，无以至千里；不积小流，无以成江海。”每天改变一点儿点儿，理想才会一步步靠近。

5.1.2 职业生涯规划的调整

探 索 思 考

小韦的职业生涯成功转型案例

小易在某外企已经工作三年多了。她喜欢外企的工作氛围，也和周围的同事相处融洽，但就是觉得工作时间太紧张了，工作节奏太快，每天都是紧锣密鼓的，有时一天忙下来，连水都顾不上喝。她有心想换工作，但又担心跳槽后工作也不理想，所以很踌躇。

这时，一位朋友跟她分享了另一位朋友小韦成功转型的经验。

小韦是工科生，但不是学计算机的。他毕业后做了两年 IT 产品销售，发现这个工作不太稳定，收入也很不稳定，自己也不是很擅长销售，于是就想换个工作。跳槽之前，他找到一家职业顾问公司，做了一个详细的职业生涯规划，然后辞职参加了 Cisco 的网络工程师培训，并用了 3 个月的时间自学了网络技术知识。学习期间，他同时也在搜寻适合自己的工作。第 4 个月，他就被广州一家著名的 IT 公司聘用为 Cisco 技术支持。入职仅仅半年时间，他就干得得心应手。在公司将技术支持独立出来，专门成立了一个技术支持部的时候，他成功地被晋升为技术支持部的经理。

有朋友问小韦："你从来没有做过 IT 技术工作，为什么公司还会聘用你？你在简历上写了你做过吗？"小韦回答说："我没这样写。公司聘用我做技术支持，主要是看中了我做销售的经历，认为我不仅懂技术，也能有效地跟客户沟通。因为前任技术支持虽然技术过硬，但不会跟客户沟通。我虽然技术方面不是最强的，但毕竟做的时间不长，还有成长的空间。而且最重要的是，我能把技术实施后的效果讲解、演示给客户，客户很容易明白和接受。我今年做了二十多个项目，从没有失手过。"

听了小韦的案例，小易陷入了沉思。她知道职业生涯是需要规划和设计的，但是在实施职业生涯规划的过程中，该不该进行调整呢？又该如何调整？

1. 职业生涯规划调整的原因

调整职业生涯规划并非轻易地放弃自己的追求，而是让自己的规划更适应社会、更适合自己。

（1）应对外部条件变化。外部条件的变化，既会对大学生职业生涯目标的实现带来困难，也会给职业生涯的发展带来新的机遇。因此，大学生应该正视现实，抓住机遇，不失时机地对职业生涯规划进行调整，主动适应外部条件的变化。制定规划是为了发展，调整规划也是为了发展。

（2）适应自身素质变化。就业和择业是大学生以就业为导向，全面提升自我综合素质的一个过程。大学生在实施职业生涯规划的过程中，有必要针对职场环境、用人单位需求和用人标准等因素的变化做出必要的调整。调整职业生涯规划的实质就是要通过对以往成长经验的反省，检视自己的价值，提高自身素质以适应新的变化。

2. 职业生涯规划调整的时机

调整职业生涯规划的最佳时机有两个。

（1）毕业前夕的调整。调整职业生涯规划的第一个最佳时机是毕业前夕。这时的大学生有了求职的实践，就可以根据新的职业信息和供需实际，在求职过程中进行调整。

（2）从业初期的调整。调整职业生涯规划的另一个最佳时机是工作3~5年时。这时的大学生（已变成职业人）有了从业的实践，就可以根据从业过程中对自身条件的检验，根据周围环境和自身素质的变化，及时进行调整。

两次对职业生涯规划的调整，既可以是对近期目标即具体岗位的调整，也可以是对远期目标或职业生涯发展路线的调整。

3. 职业生涯规划调整的方法

（1）目标度量法。大学生职业生涯目标是职业生涯规划的核心，对大学生职业生涯规划的成功具有直接的帮助。职业生涯目标中的短期、中期和长期目标一旦确定，就形成了非常具有操作性的度量标准，在现实目标和生涯目标之间纠偏的动态过程，也就是职业生涯规划调整的过程。

（2）局部调整法。从大学生职业生涯规划的实施步骤和方法来看，每一个环节都可能直接影响到职业生涯规划的实施效果：设定的目标不适合自己；长期目标和短期目标相脱节；目标缺乏弹性；目标太容易或太难；确立的志向和自我评估有偏差；对生涯规划机会的把握不准确；对职业的选择把握不好；

职业生涯规划路线的选择有问题；制订的具体行动计划可操作性较差等。因此，在职业生涯规划的实施过程中，每一个环节都需要根据不同的情况进行局部调整。

（3）重新规划法。有时大学生对职业生涯规划的基本概念掌握不够，具体的职业生涯规划的步骤和方法应用不熟练，导致所制订出的规划方案完全脱离了自身实际，这时就需要彻底调整，也就是重新规划。这种方法不建议多次使用，以避免“常立志而不立长志”。

（4）过程评估法。科学地制订职业生涯规划固然重要，然而从人生发展的角度来看，梦想在现实中不一定都能够实现。这并不意味着职业生涯规划的失败，制订和实施的过程也同样重要。比如对自我的全方位了解、对职业环境的深度探索、对决策方法与技巧的掌握、阶段性目标的制定等环节，对大学生的长期发展都有着不可估量的价值。因此，大学生应该对这些环节进行重点评估。

5.2 大学生职业生涯自我管理

根据中国职业规划师协会的定义：职业生涯管理是现代企业人力资源管理的重要内容之一，是企业帮助员工制订职业生涯规划和帮助其职业生涯发展的一系列活动。

职业生涯管理主要包括组织管理及自我管理两种。组织管理是指由组织实施的，旨在开发员工的潜力、留住员工、使员工能自我实现的一系列管理方法。自我管理，是指个人在职业生命周期（从进入劳动力市场到退出劳动力市场）的全程中进行的职业生涯管理，由职业发展计划、职业策略、职业进入、职业变动和职业位置等一系列变量构成。

邵晓红在《大学生职业生涯与发展规划》一书中，对大学生职业生涯管理的理解是：大学生职业生涯管理是指大学生通过职业指导人员的协助，在自我认识和了解社会的基础上，确立职业生涯发展目标和人生发展方向，选择实现既定目标的职业，制定自我发展的总体目标和阶段人生目标，并进行执行、评估、反馈和调整的动态过程。

下面，我们不涉及职业生涯的组织管理，只讨论大学生职业生涯自我管理。

5.2.1 大学生职业生涯自我管理的内容

职业生涯自我管理包含许多具体内容，结合大学生当前所处的职业生涯阶段，大学生职业生涯自我管理主要应关注以下问题：时间管理、情绪管理、压力管理、行为管理和风险管理。

1. 时间管理

正如培根所言“时间是衡量事业的标准”，时间管理对每个人的人生价值的实现都有着重要的影响。从呱呱落地、学习成长、工作生活到衰老死亡，一个人的整个人生岁月都在时间长河中度过，其人生价值也在时间之流中得以实现并将在时间之流中得以流传。

延展阅读

价值 25 000 美元的时间建议

把首要的事放在首位，其收益是巨大的。国外管理界流传的一个故事可以说明这一点。

美国贝施莱姆·斯基尔钢铁公司的总裁查尔斯·施瓦布在工作中遇到了困难，希望找到一个在有限的时间内办更多事情的好办法。顾问艾维·李提出了如下建议：“你写下六件必须在明天办的大事，再按重要程度将其编上序号，放在衣袋里。明天早晨掏出来看看第一项是什么，然后着手去干。完成第一项再办第二项，以此类推。每件事该用多长时间就用多长时间，不必顾虑这一天只能完成一两项。傍晚再列出下一天的六件大事，照此办理。”最后艾维·李强调说：“切记每天先干最重要的事。你亲身验证之后，再推广到全公司，愿试多久，就试多久。至于这个建议的报酬，你认为它值多少钱就给多少钱。”

几个星期后，施瓦布给艾维·李寄去一张 25 000 美元的支票，并注明了这是他得到的最为有益的忠告。施瓦布因此项建议赚了 1 亿美元，同时其公司也跨入了世界最大的独立钢铁企业的行列。

在实际中，时间管理的方法一般有以下几种。

(1)列清单法。把一天要做什么事情提前记录下来，然后再一件一件地完成，也就是所谓的“当日事当日毕”“日清月结”。也可以用备忘录的方式将所做过的事情一件一件记录下来。

这种方法力求对所提出的诸多要求做出某种承认和全盘接受的姿态。它过度注重每一个事件的完成，要求机械地按照清单去做但是不清楚到底需不需要做、该不该做，很容易变成时间的奴隶。

（2）日程表法。即事先做一个详细的计划，然后按照这个计划逐项办理，有条不紊。这反映了一种向前看的态度，是一种安排未来大事和活动的尝试。

但是，用这种方法管理时间的人，其人生目标和价值取向并不明确，只追求效率，不追求效益，即使有计划也是盲目的，甚至有些计划本身就是在浪费时间。

（3）ABC 分类法。该方法反映了现代时间管理理念中的重要思想——阐明价值，确定优先，体现了帕累托原则“80/20 定律”，即“为获取 80%的工作效果，集中时间于 20%的关键事情”。

ABC 分类法要求把所有任务按照重要性和紧急性分为 A、B、C 三类，拟定优先次序，抓住影响大局的工作重点突破。所谓重要性，是指它对于实现总体目标具有重要意义，对工作的成败具有决定性影响；所谓紧急性，是指在时间上刻不容缓，不如期完成就会造成损失、影响全局。重要的事不见得全是最紧急的，最紧急的事也不一定是重要的，只有两者兼而有之，才可以列入 A 类工作；一般重要和一般紧急的工作列为 B 类，而那些无关紧要的事列为 C 类。一般而言，A、B、C 三类工作占工作量的比例分别为 20% ~ 30%、30% ~ 40%、40% ~ 50%；而对这三类工作的时间分配量应该倒过来，A 类投入 60% ~ 80%的时间，B 类投入 20% ~ 40%的时间，C 类就尽量不投入时间。

ABC 分类法重视目标、价值，排列优先顺序，强调“效率”，为人们进行有效时间管理做出了重要贡献。但其也有不足的一面，它主要是一种危机管理，维持不了持久的“效能”。

（4）第二方框法。该方法不是把注意力集中在事物和时间上，而是集中在维持、增进关系和取得成果上。其基本思想可以用时间管理矩阵来阐明，如表 5-7 所示。

表 5-7　时间管理矩阵

<table>
<tr><td></td><td colspan="2">紧急</td><td colspan="2">不紧急</td></tr>
<tr><td rowspan="2">重要</td><td colspan="2">Ⅰ</td><td colspan="2">Ⅱ</td></tr>
<tr><td>活动：
① 危机管理
② 迫切的问题
③ 限期完成的工作</td><td>结果：
① 压力
② 精力消耗，健康透支</td><td>活动：
① 准备工作
② 预防措施
③ 制订计划
④ 发展关系
⑤ 增进能力</td><td>结果：
① 有远见
② 有纪律
③ 有控制
④ 平衡
⑤ 危机少</td></tr>
<tr><td rowspan="2">不重要</td><td colspan="2">Ⅲ</td><td colspan="2">Ⅳ</td></tr>
<tr><td>活动：
① 造成干扰的事
② 一些电话、信件
③ 一些报告、会议
④ 许多迫在眉睫的事
⑤ 符合别人期望的事</td><td>结果：
① 牺牲目标计划
② 短期行为
③ 感到受害，失去控制
④ 变色龙的名声
⑤ 肤浅或破碎的关系</td><td>活动：
① 忙碌琐碎的事
② 一些无关紧要的电话、信件
③ 浪费时间的活动
④ 愉快的活动
⑤ 逃避性的活动</td><td>结果：
① 完全不负责任
② 依赖他人
③ 无建树和贡献
④ 被解雇</td></tr>
</table>

如表 5-7 所示，区分活动类型的两个因素是紧急性和重要性。紧急性意味着需要立即去注意它，比如，响着铃的电话是紧急的，大部分人不能忍受让电话铃响着而置之不理。紧急的事通常是看得见的，对我们来说是燃眉之急，需要我们采取行动。紧急的事常受到人们的欢迎，因为它们通常就在我们面前，而且做起来常常是愉快的、容易的和有乐趣的，但它们往往是不重要的。

而重要性则与结果有关。如果某事是重要的，它会有助于使命、价值和高度优先的目标的达成。但重要而不紧急的事往往需要更多的主动性、更多的积极能动性。我们必须主动行动，并对“什么是重要的，什么是我们生活所要求的结果”有一个清楚的概念，否则就会很容易地转向对紧急的事做出反应。

在时间管理矩阵的四个方框中，第一方框既紧急又重要，它涉及重要的结果，需要立即加以注意。我们通常把第一方框中的活动称为“危机”或“问题”。而第二方框中不紧急但重要的事，我们知道需要去做却往往很少抽时间去做，因为它们是不紧迫的。

管理大师彼得·德鲁克认为，效率高的人不是一个心中挂着问题的人，而是一个一心注意机会的人。他们喂饱机会而让问题挨饿；他们预防性地思考；他们也有第一方框中的危机和紧急的事情需要立即去注意，但是其数量相对较小；他们集中力量于重要而不紧急但有高度影响力、能提高自己能力的第二方框活动，从而使产出和生产能力保持平衡。由此可见，要想高效管理时间，获得更高的效能，我们应该更多地关注第二方框中的事情。

第二方框法的实施是以价值、成果、贡献为中心，以原则为指导，以周为单位组织安排个人的整个生活。其有四个关键步骤。

第一，认同角色。写下你的主要角色，指明你希望经常投入时间和精力的各个领域。比如：作为一个人的自我的角色；作为一个家庭成员的角色——儿子或女儿等；在学校中的角色——学生；在某一集体或社团中的角色——班长、委员、社团理事等。

第二，选择目标。在今后七天里每项角色中你应取得的 2~3 个重要的结果，这就是目标。目标最好是用结果表达，而非单纯的活动，其中至少有些目标应反映第二方框的活动。最理想的是把这些短期目标与参照你的个人使命表（经过自我探索而选择的人生价值及人生大目标）确定的长期目标联结在一起。

第三，安排日程。为下一周达到这些目标做出时间安排。把每个目标放到一周中的一个具体日子，并把其中有些体现第二方框活动的目标列为周优先事项。

第四，每日调整。有了第二方框的每周安排后，每日计划就会更多地起到调整每日的活动、安排活动的优先次序和应对未预料到的事项的积极作用。

（5）环境信息法。该方法要求用形象鲜明的格言和警句，造成一种具有强烈时间观念的外部环境，使人们处于一种持续兴奋的状态，逐步增强时间观念，从而培养有效管理时间的行为习惯。

经验分享

如何创造一个时间观念强的环境

如何为自己创造一个时间观念强的环境呢？其方式是多种多样的，关键是采用多种方式以便能随时接触到有关时间管理的信息，时刻提醒自己，以刺激和增强自己对时间观念的高度注意。

例如，美国著名作家杰克·伦敦在他房间的窗帘上、橱柜上、床头上、镜子上到处都挂着一串串的小纸条，每张纸条上都写着各种美妙的语句、节约时间的警句及生动的比喻，以便在睡觉、穿衣、刮脸、散步时都能看到，随时提醒自己。

（6）科学运筹法。这是一种统筹兼顾、科学安排组织计划或时间计划的方法。它的中心内容是通过时间事件网络进行分析，明确各项工作在时间上的相互关系，厘清关键事件和关键线路，根据主次缓急加以科学统筹安排，以便有效地对工作进程加以控制和掌握，从而最有效地实现目标。

科学运筹法常被应用于一些复杂的大项目的计划控制，比如国防、航天、建筑等大项目。同时，其原理也可以应用于日常生活、工作和学习。

（7）莫法特休息法。詹姆斯·莫法特的书房有三张桌子：第一张桌子摆着他正在翻译的译稿；第二张桌子摆的是他的一篇论文的原稿；第三张桌子摆的是他正在写的一篇侦探小说。莫法特的休息方法就是从一张桌子搬到另一张桌子继续工作。

这和农业上常用的一种科学种田的方法“间接套种”有着异曲同工之妙。人的脑力和体力也是这样，如果分时间阶段变换一下工作内容，就会激发新的“优势兴奋灶”，而原来的“兴奋灶”得到抑制。这样做到轮换间作，脑力和体力就会得到有效的调剂和放松。

2. 情绪管理

许多优秀的职业人之所以能够获得成功，往往不是因为拥有高智商，而是因为拥有较强的情绪管理能力。

情绪是个体对外界刺激的主观的、有意识的体验和感受，具有心理和生理反应的特征。情绪管理就是用对的方法、正确的方式探索并调整自己的情绪。

情绪管理不是要去除或压制情绪，而是在觉察情绪后，调整情绪的表达方式。情绪固然有正面有负面，但真正的关键不在于情绪本身，而在于情绪的表达方式。以适当的方式在适当的情境表达适当的情绪，就是健康的情绪管理之道，比如以乐观的态度、幽默的情趣面对生活中的矛盾或困难，及时地缓解紧张的心理状态等。

常用的情绪管理方法有以下几种。

（1）自我暗示法。从心理学角度讲，自我暗示就是个人通过语言、形象、想象等方式对自身施加影响的心理过程。自我暗示分积极自我暗示与消极自我暗示。积极的自我暗示令我们保持好的心情、乐观的情绪、自信心，从而调动自身的内在因素，发挥主观能动性；而消极的自我暗示会强化我们个性中的弱点，唤醒潜藏在心灵深处的自卑、怯懦、嫉妒等，从而影响情绪。

因此，大学生通过自我暗示法进行情绪管理，一定要选择积极自我暗示。可以利用语言的指导和暗示作用，来调适心理的紧张状态，使不良情绪得到缓解。

延展阅读

言语暗示的力量

心理学实验表明，当个人静坐时，默默地说“勃然大怒”“暴跳如雷”“气死我了”等语句时心跳会加剧，呼吸也会加快，仿佛真的发起怒来。相反，如果默念“喜笑颜开”“兴高采烈”“把人乐坏了”之类的语句，那么他的心里也会产生一种乐滋滋的体验。

由此可见，言语活动既能唤起人们愉快的体验，也能唤起不愉快的体验；既能引起某种情绪反应，也能抑制某种情绪反应。

因此，当在生活中遇到情绪问题时，我们应当充分利用语言的作用，用内部语言或书面语言对自身进行暗示，缓解不良情绪，保持心理平衡。比如默想或用笔在纸上写出下列词语：“冷静”“三思而后行”“制怒”“镇定”等。

实践证明，这种暗示对人的不良情绪和行为有奇妙的影响和调控作用，既可以松弛过分紧张的情绪，又可以激励自己。

（2）注意力转移法。即把注意力从引起不良情绪反应的刺激情境，转移到其他事物上去或从事其他活动的自我调节法。也就是说，当出现情绪不佳的情况时，可以把注意力转移到使自己感兴趣的事上去，如外出散步，看电影、看电视，读书、打球、下棋，或找朋友聊天，换个环境等。这样有助于使情绪平静下来，在活动中寻找到新的快乐。

这种方法，一方面中止了不良刺激源的影响，防止不良情绪的泛化、蔓延；另一方面可以通过参与新的活动特别是自己感兴趣的活动达到增进积极情绪体验的目的。

（3）适度宣泄法。过分压抑只会使情绪困扰加重，而适度宣泄则可以把不良情绪释放出来，从而使紧张情绪得以缓解。因此，遇有不良情绪时，最简单的办法就是“宣泄”。比如尽情地向至亲好友倾诉自己的不平和委屈；或是放开手脚，通过体育运动、劳动等方式来发泄；或是到空旷的山林原野放声高呼，发泄胸中怨气。一旦发泄完毕，心情也就随之平静下来。

必须指出，在采取宣泄法来调节自己的不良情绪时，必须增强自制力，不要随便发泄不满或者不愉快的情绪，而是要采取正确的方式，选择适当的场合和对象（比如私下里在知心朋友中进行），以免引起意想不到的不良后果。

（4）自我安慰法。也就是所谓的“酸葡萄心理”，即当遇到不幸或挫折时，为了避免精神上的痛苦或不安，编造一些理由自我安慰，以消除紧张，减轻压力，使自己从不满、不安等消极心理状态中解脱出来，保护自己免受伤害。

比如，用“胜败乃兵家常事”“塞翁失马，焉知非福”“坏事变好事”等理由来进行自我安慰，可以有效摆脱烦恼，缓解矛盾冲突，消除焦虑、抑郁和失望，达到自我激励的目的，有助于保持情绪的安宁和稳定。

（5）交往调节法。某些不良情绪往往是由人际关系矛盾和人际交往障碍引起的，因而在情绪不稳定的时候，与人交谈往往能起到缓和、抚慰、稳定情绪的作用。因此，当大学生遇到不顺心、不如意的事时，主动地找亲朋好友交往、谈心，比一个人独处、胡思乱想、自怨自艾要好得多。另外，人际交往还有助于交流思想、沟通情感，增强战胜不良情绪的信心和勇气，使人更理智地对待不良情绪。

（6）情绪升华法。升华是改变不为社会所接受的动机和欲望，而使之符合社会规范和时代要求，它将消极情感引导到对人、对己、对社会都有利的方向去，是对消极情绪的一种高水平的宣泄。比如一位同学因失恋而痛苦万分，但他没有因此而消沉，而是“化悲痛为力量”，发奋学习，立志做生活的强者，证明自己的能力。

如果上述方法都不能有效调节情绪，不要灰心，还可以去找专业的心理医生进行咨询、倾诉，在心理医生的指导、帮助下，克服不良情绪。

3. 压力管理

压力是指个体体察到的需求和满足需求的能力不平衡时所表现出来的身心紧张状态。对于大学生来说，压力既可能是威胁，也可能是机遇。压力的好坏就取决于个人如何对它进行管理。

压力是无法消除的，所以压力管理的目标应该是控制压力，而不是消除压力。没有一种压力管理方式适合所有的人，每个大学生都有自己独特的人格特征和外在环境，需要找到适合自己的压力管理方式。下面介绍几种适合大学生的压力管理方式。

（1）建立积极的生活观。大学生是一个不够成熟，但可塑性很强的群体。而大学阶段又是大学生提高自身能力、塑造自我以及认识和领悟人生的重要时期。因此，大学生要培养积极的人生观，使自己能以乐观的态度面对人生的压力，学会看到事物的两面性，尝试换个角度思考问题，改变容易产生压力的思维模式，形成积极向上的生活态度。

（2）增强自身的抗压能力。首先，大学生要培养自己健全的人格，树立正确的人生观、价值观、事业观。这些直接关系到大学生管理压力的态度和方式。其次，要培养自己独立分析问题和解决问题的能力，只有不断提高自己的知识和技能水平，才能使自己立于生活的主动地位。最后，大学生要培养自己的自信心，相信自己能够战胜一切挫折和挑战。

（3）构建良好的人际关系。大学生的人际关系主要包括三个方面：同学关系、师生关系，以及同学校、其他社会成员之间的关系。沟通是构建良好人际关系中最重要的一部分，是人与人之间传递情感、态度、思想和信念的过程，因此沟通也是大学生缓解压力的重要渠道。大学生应该加强与周围人的沟通与交流，善于表达自己的情感，积极参加各种社交活动，以真诚、友善、宽容的态度与人交往，不断提高自己的人际交往能力，构建自己的社会支持系统。

（4）参与校园活动。大学一般都会开展丰富多彩的学术、体育、艺术和娱乐活动，这些活动可以使大学生暂时缓解和释放心理压力，保持良好的心境和快乐的情绪。通过参与这些活动，大学生不仅能提高自己对校园活动的认同度，拓宽自己的知识面，还能在一定程度上增强应对压力的信心和勇气，促进自己心理的健康发展。

（5）寻求心理帮助。大学一般会通过开设与心理健康有关的必修课和选修课的方式，加强对学生心理健康方面的教育。当大学生遇到自己无法解决的压力时，就可以向学校和老师寻求一些心理帮助。比如每个大学都设置了心理健康教育部门，在这个部门工作的老师都具有相关职业资格，可以为大学生提供心理健康服务，帮助大学生了解自己，引导其进行压力管理。

4. 行为管理

行为就是人们日常生活中所表现的一切活动。随意行事或不按计划行事是规划落实的大敌，彻底改掉身上的这种行为劣习，才能成为有执行力的人。

GTD方法是近年来被许多人所推崇的一种综合行为管理方式。GTD即“Getting Things Done”的缩写，是由效率管理专家戴维·艾伦开创的一套完整的个人综合行为管理模式。

GTD以非常简单易行的方法，将引起你注意的一切信息分门别类、清晰明确地保存在一个完整的系统中。系统地进行整理和回顾，你可以很清楚地掌握工作重点，根据所处的环境和时刻采取最高效的行动方案。它主要包括以下内容。

（1）收集一切引起我们注意的事情。

（2）加工处理，确定它们的实质以及下一步行动。

（3）整理得出结论，分门别类管理各种提示信息。

（4）回顾和审视，保持系统的更新。

（5）行动！

换一个角度，这种方法的要点是思考和明确：第一，这是一件什么事？第二，是否需要采取行动？第三，若需要行动，则下一步具体行动是什么？方法本身所包含的过程很简单，并且能够形成一套行事的模式。一旦能够从行为方式上改善自己的活动，往往会产生事半功倍的效果。

5. 风险管理

对未来的事务做出预先的安排往往可以赢得先机，促成事业的发展与成功，但同时，凡事（尤其是涉及外部因素较多的事务）预先安排还面临着诸如环境改变、人事变动这样的决策风险。因此，树立风险意识、学会规避风险所造成的损失和危害，是大学生职业生涯自我管理中的另一项必要工作。

风险管理又称危机管理，是指如何在一个肯定有风险的环境里把风险降至最低的管理过程，包括对风险的度量、评估和制定应变策略等。理想的风险管理，是一连串排好优先次序的过程，可能导致最大损失发生的事情优先处理，而相对风险较低的事情则延后处理。但现实情况是，该优化过程往往很难预先决定，因为风险和发生的可能并不一致。所以大学生要权衡二者的比重，以便做出最恰当的决策。

5.2.2 有效的职业生涯管理模式

1. 大学生职业生涯发展阶段管理模式

根据职业生涯规划的发展理论，职业生涯管理应贯穿于一个人的生命全过程。而大学生职业生涯管理应贯穿于一个人大学生活的全过程。不同年级大学生的职业生涯发展的主要任务具有明显差异。许多研究认为，根据大学生所处的年级，大学生职业生涯可以划分为四个阶段，即准备与适应期、调整期、发展期、职业准备期。为实现职业理想，达到人生成功，大学生应从入校开始就加强职业生涯管理，尤其要注重大学生职业生涯四阶段的主要任务。

（1）准备与适应期。大一新生刚步入大学校门，来到一个新环境，往往会感到迷茫。需要大学生通过积极主动地与老师、家长、同学交流，快速适应新的生活环境，培养新的学习习惯，建立新的人际关系。这个时期的任务有四个。

①使用职业测评等工具初步探索自己，对自己的兴趣爱好、个性特征、气质类型、能力特长等进行初步了解。

②参加学校组织的专业讲座，了解自己专业的历史沿革、发展前景及学习方法，了解所学专业，并增强学习自主性。

③根据自己的特点和兴趣，初步设定自己的目标——就业、创业或读研等。这个目标可能是不成熟的，随着时间的推移和经历的增多再加以修改。

④大一的学习任务不重，应多参加学校活动，提高人际沟通能力，增加交流技巧，同时为可能的转专业或修读双学位做好资料收集及课程准备。

（2）调整期。大二阶段的学生已基本熟悉了大学的教学方式、生活环境，对自己和专业有了进一步认识和了解，也有能力确定自己的职业生涯方向了。调整期的任务有四个。

①基础学习和专业学习是主要任务，学好本专业的基础知识，并选择一些有利于自己未来发展的选修课，以提高自身的素质，有条件的话同时辅修双学位或第二专业。

②参加学生会或社团等组织，发展自己的兴趣，培养自己的组织协调能力和团队合作精神，提升自己的综合素质。

③开始尝试兼职、社会实践活动，用课余时间尽可能多地从事与自己未来职业或本专业有关的工作，积累一定的职业经验。

④在第一阶段，大学生为自己设定的目标是比较模糊的、不确定的。在这一

阶段，需要大学生不断明确、细化和调整目标，使自己的职业生涯规划更具体可行，促人进步。

（3）发展期。通过前两年的学习锻炼，大学生的各项素质得到了明显提高，有能力确定自己的职业定位。在这一阶段，大学生职业发展方向出现了明显的多元化——就业、创业、考研。准备考研的同学可以将课余时间全部放在入学考试的准备上，有志创业的同学则可以开始进行市场调研，寻找商机，努力明确创业方向，做好创业准备。准备直接就业的同学在这一阶段的任务有五个。

①专业学习是主要任务，在学好本专业知识的同时，应选择一些有利于提升自身素质的素质选修课或者与自己未来职业相关的专业选修课，以提高自身素质和专业能力。有选择地考取与职业目标相关的职业资格证书。

②对自己想要从事的职业从职业性质、职业类型、职业任务、职业要求等内容进行职业描述，评价自身与职业能力要求的符合程度，并结合自己的性格、气质、价值观、兴趣等因素，选择能够满足个体期望、实现自我价值的职业。逐渐缩小职业目标的范围，最终实现职业目标定位。

③参加以就业为目的的社会实践，以便提高自己的职业技能、加强职业认知、培养综合素质，积累实践经验。如可以到企业、事业单位、政府部门等进行实习。

④针对自己在表达能力、组织管理能力、团队协作能力、人际关系处理能力、执行能力等职业能力与职业目标之间的差距，制订出提升计划，为大四顺利就业打下坚实的基础。

⑤通过多种途径了解就业信息。如可以提前参加网络和校园招聘会，与用人单位招聘人员进行沟通，还可以从师兄师姐或认识的职场人士那里获取信息。

（4）职业准备期。四年级的大学生即将迎来个人生涯发展过程中的又一次转变，此时的大学生面临多种选择，是继续攻读研究生，还是自己创业，或者到政府、企事业单位中就业。准备就业的大学生在这个阶段的任务有四个。

①个人应该认真对前三年的就业准备做一个总结；从个人的学识、能力、优势、劣势等方面给自己一个准确的定位，结合自己的职业目标，制定一个详细的短期规划，可以包括大四和毕业后一两年时间。该规划要对毕业时可能发生的各种事情做出假设和设想，并提出相应的解决方案。

②留意学校就业中心通知和其他重要的招聘渠道，了解招聘信息，积极参加招聘活动，在实践中检验自己的积累和准备。

③积极利用学校提供的条件，了解用人单位信息，强化就业技巧，如进行模

拟面试等训练。

④学会就业心理调节，始终保持自信和主动。

2. 职业生涯标杆管理模式

实施职业生涯标杆管理需要先确定个人的职业“标杆”。标杆可以是自己的专业领域或自己感兴趣的行业领域中的生涯人物典范，也可以是周围所熟悉的同学、朋友、老师和父母。标杆要具体，并有参考意义。标杆可以分为几种类型：职能型、人际互动型、快速学习型、流程规范型以及创新开拓型等，因人而异。

借助施乐公司的罗伯特·开普对企业标杆管理的做法，大学生可以把职业生涯的标杆管理过程划分为四个阶段，每阶段有两到三个步骤。

（1）计划。确认对哪些性向（性向既包括能力也包括个性）、技能进行训练改善；确定职业目标要求具备的性向、技能；决定收集资料的方法并收集资料。

（2）分析与桥接。确定自己目前的性向、技能清单；寻找自己目前的性向、技能清单和职业目标要求具备的性向、技能之间的差异；拟定未来的性向、技能清单（确定目标与指标）。

（3）拓展行动。分别确定做比较的人士（上级、同事、朋友或者通过媒体了解到的某位人士）作为某一方面标杆；制订拓展个人性向、技能的行动计划（参加培训、咨询等）；实施明确的行动并监测进展情况。

（4）持续改进。确认自己目前的性向、技能清单和职业目标要求具备的性向、技能达到预期一致；全面整合各项活动；重新确定新的、更高一级的标杆。

3. 职业生涯日计划管理

世界上最宝贵的是时间。日计划的规划与管理是大学生职业生涯管理的重要基础。制订一个切实可行的职业生涯日计划，能够防止自己浪费时间，从而更有效地实施职业生涯规划。

职业生涯日计划管理包括五个步骤：写下任务；预估做事的时间长短；留些缓冲时间给无法预见的事情（60/40 规则）；确定优先顺序，进行简化及授权；追踪与检讨。

在日计划中，大学生要重新审视人生计划、年度目标、月目标、周目标。审视每日所做的事情是否与周目标相吻合，每日所做的事情累计一周以后是不是跟月目标相吻合，而每个月所做的事情是不是跟季目标相吻合，今年所做的事情是不是跟人生目标相吻合……这样才能保证长期目标的实现。

实践作业

时间管理自我诊断

合理安排时间就等于节约时间。大学生可以通过时间管理诊断法，对自己的时间使用情况进行自我分析，从定性的概念出发来评价自己对时间的使用情况，了解自己的时间使用类型，明确自己的时间管理是否得力、方法是否得当、效益如何，对今后正确运用时间提供一些启示，改善使用时间的方法，提高时间管理的有效性。

时间管理自我诊断法的一般方式是首先运用整理归纳好的处理时间的方式进行测验。这里列出了20道测验题，每道测验题有3种答案，请在日常生活中常用的一种处理方式上打“√”，然后计算总分。若还有其他的处理方式也可以填上。

1. 星期天的早晨，你醒来时发现外面下雨了，而且天气很暗，你将怎么办？

（1）本来就喜欢早晨睡懒觉，今天休息，解除了上班的约束，天又下雨，干脆躺着睡吧！第一个念头就是睡，不想起来，也不考虑其他事情。

（2）本想立即就起床，但已养成了喜欢在床上逗留的习惯，于是对自己说：再躺五分钟吧！

（3）按照以往的生活规律，从容而有序地穿衣起床。

其他处理方式：______________________________

2. 吃完早饭后，你还有一段自由时间，然后才去上班，你怎样利用？

（1）无所事事，没考虑安排什么活动，或是吸烟、喝茶，或是听广播，时间不知不觉地过去了。

（2）准备安排点什么事情，但又无从做起，拿出这个又想干那个。

（3）按照预先写好的工作程序单进行，或按标准工作程序，充分利用这一段自由时间，并收到了较好的效益。

其他处理方式：______________________________

3. 上班后，面对纷乱繁杂的工作，你将怎样开始？

（1）开放式的，来什么工作就干什么工作，事先无准备，也不用计划，干到哪儿算哪儿。没工作时就喝茶、看报纸、打瞌睡。

（2）按照自己最大的能量来安排并紧张地进行工作，但时时有人打断自己的工作程序，因此经常抱怨时间不够用，一天忙得很。

（3）首先把一天的工作按重要的程度、价值的大小、时间的紧迫性冷静地分析一下，排出一天工作的先后顺序，并能坚定不移地执行。排除任何人的干扰，哪怕只完成了前两件重要的工作。每天感到比较轻松。

其他处理方式：____

4. 当工作忙得不可开交的时候，你感到有些力不从心了，你将怎样处理？

（1）开始有些泄气了，认为自己能力有限或年龄大了，开始“当一天和尚撞一天钟”了。

（2）有干劲，有使不完的力气，虽然时间太少了，但仍不辜负组织的信任，拼命地干，力求多干一些工作。

（3）开始总结自己的工作时间分配是否得法，找出可以节约时间的方法，如把应由自己完成的工作授权别人去做，从效率和效益的观点出发重新安排自己的时间。

其他处理方式：____

5. 当你发现自己最近时间浪费的现象太多时，你有何感受？

（1）感到无所谓。

（2）感到很痛心。

（3）感到应当从现在起减少时间浪费现象。

其他处理方式：____

6. 当一件工作摆在你的面前时，你将怎样处理？

（1）采取推诿的态度来看待工作。

（2）立即着手进行这项工作。

（3）分析这项工作是否必须由自己去做。如必须自己做，将在何时完成，达到什么程度，开始有了一个小计划。

其他处理方式：____

7. 工作时间被人打断，你会怎么办？

（1）听之任之，任凭其发展下去，来者不拒，海阔天空地漫谈，津津有味地闲聊。

（2）抱怨对方浪费了自己很多的时间，使自己什么工作也干不成，但却毫无办法。

（3）开始采取措施，分析原因。若越级找自己的人多，说明授权不够，下级权责不清。开始规定严格的接待时间，或者采取“隔离”的措施和“绝缘”的方法。

其他处理方式：________________

8. 当你开会的时间太多，每天都有很多需要应酬的会议时，你如何处理？

（1）每次会议必到，并从始至终。

（2）对一些会议不感兴趣，并认为是一种负担，但出于礼貌，总是随叫随到。但是在会议中，思想经常溜号。

（3）果断地以会议对企业和自己的目标是否有影响、有无贡献为依据，来决定是否参加会议，对组织和个人均无贡献的会议谢绝参加。

其他处理方式：________________

9. 你外出旅行时，怎样打发旅途中的时间？

（1）同车上的人闲聊，打扑克或睡觉。

（2）海阔天空地遐想，回忆往事或不知道干什么。

（3）有计划地运用旅途中的时间思索一些问题或阅读一些书刊，或构思一些文章等，总之有所收获。

其他处理方式：________________

10. 当你工作或学习的效率不高时，你怎么办？

（1）发扬连续作战、拼命刻苦的精神，继续坚持工作或学习，有一股干劲。

（2）休息一下，活动活动，轻松轻松，以图再战。

（3）把工作和学习暂时停下来，转换一下兴奋中心，当效率最佳的时刻到来时，再高效率地学习和工作。你不以工作时间的长短为准绳，而是以效益为标准。

其他处理方式：________________

11. 在与人谈话，对方已偏离话题时，你怎么办？

（1）随声附和，继续说不必要的话，毫不控制，唠叨不休。

（2）对对方的谈话毫无兴趣，思想经常溜号，纯属应酬。

（3）提醒对方，取得谈话的主动权，可说自己一会儿还有一个会议（或说还有别人在等着自己），希望尽快结束谈话，或询问对方有什么事需要自己办。

其他处理方式：________________

12. 当你的工作出现了失误或失败时，你怎样处理？

（1）不认为是自己的失误，再出现这种状况时，还要这样干。

（2）沉浸在痛苦的回忆中，总是在叹息、后悔。

（3）总结了经验，着眼于未来，并暗暗下定决心，今后杜绝这种现象的发生。

其他处理方式：________________

13. 在你阅读时，你怎样进行？

（1）无明确目的，见什么看什么，并常读出声来。

（2）能一面阅读一面选择。

（3）有明确目的地阅读，运用快速阅读法加强自己的阅读能力，并能掌握阅读技巧。

其他处理方式：________________________________

14. 当你主持会议时有人迟到，你如何处理？

（1）感到无所谓，因为自己参会就从不遵守时间，八点开会九点到。

（2）大发雷霆，开始训斥迟到的人：为什么不遵守时间，让大家等你一个人？

（3）了解一下迟到原因，告诫下属今后要按时到会，养成遵守时间的习惯，下不为例。

其他处理方式：________________________________

15. 当你要写一份总结报告，而写完大约需要十小时，你怎样开始？

（1）制订一个写作计划，每天写两小时，五天内写完。

（2）立即开始动笔写总结报告，连续写十小时。

（3）用 2~3 天的时间进行思考，然后连续写下去，一气呵成。

其他处理方式：________________________________

16. 当你在做报告或讲课时，发现听讲的人在睡觉、不注意听或很大声地谈话，你会怎么办？

（1）好像没看见一样，继续进行自己的“精彩”的长篇演说。

（2）大为恼火其为什么不注意听讲，大声地训斥说话、睡觉的人，直到整顿好了会场纪律，再开始自己“津津有味”的长篇报告。

（3）开始意识到自己的讲话不受欢迎，大家对它不感兴趣，自己讲了很多不必要的话。立即采取措施，一是结合实际，讲大家感兴趣的问题，风趣一些；二是赶快把讲话结束，因为再多讲一分钟，就多浪费大家一分钟的宝贵时间。

其他处理方式：________________________________

17. 你有一件工作（比如编写年度计划）需要布置下去，你会采取什么办法？

（1）召开一个会议，通知主管人员参加。

（2）下发一个文件进行通知。

（3）用电话向主管人员通知（或召开电话会议传达）。

其他处理方式：________________________________

18. 你每天晚上（或早晨）对第二天的工作时间怎样安排?

（1）不考虑，对时间支出无定量安排。

（2）心中或口头安排第二天的工作顺序和所用的时间。

（3）书面写出第二天的时间安排计划（先安排既重要又紧迫的工作）。

其他处理方式：______________________________

19. 你对生活的态度是什么样的?

（1）按部就班、平静如水的生活。

（2）匆匆忙忙、精神紧张的生活。

（3）轻松愉快、节奏明确的生活。

其他处理方式：______________________________

20. 你的手表经常处于什么状态?

（1）常常慢。

（2）比较准确。

（3）经常不准确，时间快一些。

其他处理方式：______________________________

完成上述测验后，可根据诊断标准，得到诊断结果。

1. 诊断标准

采取评分的办法，对诊断后的结果进行定量分析。规定：选择（1）+1 分；选择（2）+3 分；选择（3）+5 分。

2. 结果诊断方法

将上述测验题的评分总分与下列各分数段的评价相互对照，即可以诊断出自己的时间管理类型，可大致了解自己的时间管理是否成功。

（1）60 分以下：放任型时间管理（失败型）。

（2）60~80 分：自发型时间管理（一般型）。

（3）80~100 分：自觉管理型时间管理（成功型）。

第6章

大学生职业素养提升

学习目标

1. 了解职业道德的重要性，掌握职业道德的内容；
2. 了解职业能力的基本含义，掌握职业能力的提高途径；
3. 了解个人素质的特征及内容，掌握个人素质的提升方法。

☆ 引导案例："市政哥"张柳名的故事

2015年4月4日，湖南长沙暴雨倾盆，湖南交通频道记者宏伟在直播路况时，无意中拍到一张照片。暴雨中，一名身穿红马甲的市政工人撑着伞站在一个垃圾桶上。垃圾桶已被一尺多深的积水淹没将近一半，旁边一股浊浪更是显得这名工人如置身孤岛一般。

照片被传上网后，迅速引起网民轰动。5日，长沙暴雨过后，事情原委才水落石出。照片中的市政工人叫张柳名，是一位24岁的湖北小伙儿。4日，长沙根据天气预报启动暴雨应急预案，排水和防止涉水人车事故是重中之重。张柳名和同事们被派往各个可能出现积水的路段值班蹲守。

4日下午3时许，长沙暴雨倾盆。张柳名负责的劳动路白沙路口顿时水流成河。由于暴雨倾注的速度远远快过一般情况下积水排泄的速度，为了加快积水下泄，市政工人们便将井盖掀开进行作业。湍急的水流和没于水下的井口隐藏着巨大的危险，而此时专业的警示牌又不敷使用。怎么办?

负责充当看护井口"哨兵"的张柳名急中生智，搬来一个颜色醒目的垃圾桶放在井口旁边。可垃圾桶根本无法在湍急的水流中固定。情急之下他也没多想，索性站在垃圾桶上，成了"人体警示牌"。这种姿势，一直保持到工友们运来警示设备。

"当时只有这个办法才能压住垃圾桶。"张柳名事后解释说，他穿的这个橘红色的马甲，从各个角度看警示效果都很好。

很多网友原创或转发数千条微博、微信，把张柳名唤作"市政哥""环卫哥""真英雄"。很多人认为，"市政哥"这一站，站出的是恪尽职守的职业道德和高尚的情操。

对于外界的赞美，"市政哥"张柳名有些手足无措，他说："平常工作的时候就是这样子的，大雨的时候更要往前。这个区域我分管，保证大家安全，我才算职责到位。"

思考：

1. "市政哥"张柳名的事迹给了我们什么启示?
2. 谈谈职业道德对大学生职业生涯规划的影响。

6.1 大学生职业道德的提升

职业道德是与人们的职业活动紧密联系的、符合职业特点要求的道德准则、道德情操与道德品质的总和，是一定社会中道德基本要求在不同的职业活动中所表现的特定行为规范。譬如做官要有“官德”，行医要有“医德”，经商要有“商德”，从艺要有“艺德”。职业道德直接影响到行业风气的好坏与社会的和谐稳定。

6.1.1 职业道德的重要性

职业道德是职业素质的核心和灵魂，它对职业行为具有规范和引领作用，能引导职业追求沿着正确的方向发展。

举一个大家耳熟能详的例子，有企业招聘员工时在门口“扔”一把拖把或扫帚，有人会说企业这样做很无聊——企业招的是人才，不用考这些没用的。不过，事实是很少有人弯腰去扶。这就值得我们思考，如果大学生人人都是高素质，人人看到拖把都会扶起，那企业根本就不用出这样的考题。

这个例子说明，职业道德是用人单位考核求职者的内容之一。一个职业人即使职业知识再完备、职业技术再熟练、职业能力再强，如果没有良好的职业道德的引领，也难以成为优秀的职业人才。所以，拥有良好的职业道德，有利于大学生未来的职业发展。

延 展 阅 读

老瓦匠盖房

有个老瓦匠准备退休，他告诉老板自己要离开建筑行业，回家与妻子儿女享受天伦之乐。老板舍不得他离开，问他是否能帮忙再建一座房子。老瓦匠答应了。但是大家都看得出来，老瓦匠的心已不在工作上，他用的是软料，出的是粗活，只用了平时三分之二的工时就建完了房子。

房子建好的那天，老板把大门的钥匙递给他。“这是你的房子，”他说，“是我送给你的礼物。”老瓦匠震惊得目瞪口呆，羞愧得无地自容。

职业道德是社会道德体系的重要组成部分，一方面，它具有社会道德的一般作用；另一方面，又具有自身的特殊作用。具体表现在以下几个方面。

1. 调节职业交往中从业人员内部以及从业人员与服务对象间的关系

职业道德的基本职能是调节。一方面，它可以调节从业人员内部的关系，即运用职业道德规范约束职业内部人员的行为，促进职业内部人员的团结与合作。如职业道德规范要求各行各业的从业人员要团结、互助、爱岗、敬业、齐心协力地为发展本行业、本职业服务。另一方面，职业道德又可以调节从业人员和服务对象之间的关系。如职业道德规定了制造产品的工人要怎样对用户负责，营销人员怎样对顾客负责，医生怎样对病人负责，教师怎样对学生负责等。

2. 有助于维护和提高本行业的信誉

一个行业、一个企业的信誉，也就是它们的形象、信用和声誉，关系到企业及其产品与服务在社会公众中的信任程度。提高企业的信誉主要靠产品质量和服务质量，而从业人员职业道德水平高是产品质量和服务质量的有效保证，若从业人员职业道德水平不高，则很难提供优质的产品和服务。

3. 促进本行业的发展

行业、企业的发展有赖于较高的经济效益，而较高的经济效益源于较高的员工素质。员工素质主要包含知识、能力、责任心三个方面，其中责任心是最重要的。

4. 有助于提高全社会的道德水平

职业道德是整个社会道德的主要内容。一方面，职业道德涉及每一个从业人员如何对待职业、对待工作，同时也是一个从业人员的生活态度、价值观念的表现，具有较强的稳定性和连续性。另一方面，职业道德决定着一个职业集体，甚至是一个行业全体人员的行为表现。如果每个行业、每个职业集体都具备优良的职业道德，那么对社会道德水平的提高将会发挥重要作用。

6.1.2　职业道德的内容

职业道德的内容即指某一职业或行业中约定俗成的或明文规定的职业道德的标准，它反映了该职业所应具备的道德本质，体现了社会对全行业的整体道德要求。职业道德的内容主要包括劳动者在职业活动中表现出来的职业良心、职业态度和职业道德修养等。“爱岗敬业、诚实守信、办事公道、服务群众、奉献社会”这二十个字的职业道德规范，是所有从业人员应当具备的最基本的道德素养。

1. 爱岗敬业

爱岗敬业指热爱自己的工作岗位，敬重自己所从事的职业，勤奋努力、尽职尽责。热爱自己的职业，全心全意为人民服务，反映了个人对职业价值的正确认识和对职业的真挚感情，也是社会主义道德原则在职业道德上的集中表现。正因为如此，在各行各业的职业道德要求里，都把热爱本职、爱岗敬业作为一项根本内容。

培养爱岗敬业精神要从学生时代开始。大学生应认真学习，争取优秀的学习成绩，并主动通过见习、实习等环节了解职业，建立初步的职业道德素养，培养敬业精神。

2. 诚实守信

诚实，就是忠诚正直，言行一致，表里如一。守信，就是遵守诺言，不虚伪欺诈。“言必信，行必果”“一言既出，驷马难追”这些流传了千百年的古话，都形象地表达了中华民族诚实守信的美德。

诚实守信是职业行为中最基本的行业要求，是每个从业人员应具备的职业品质，也是职业道德的起码要求。它不仅是为人处世的根本，也是成就事业的根基。

大学生可以从三个方面注重培养自己的诚实精神。首先做到不讲假话；其次要信守诺言，讲信用、不欺诈，不讲空话和大话，言出必行，说到做到；最后做到勇于担当，每个人都可能犯错，犯错本身不可怕，可怕的是不肯承认错误，自欺欺人。

3. 办事公道

办事公道指从业人员在本职工作中，以国家法律法规、各种纪律和公共道德为标准，站在公平、公正的立场上，按照同一标准和同一原则办事的职业道德规范。办事公道是中华传统文化中所推崇的为人处世的原则和美德，它要求我们办事公平公正，做人清白正直。

首先，要坚持真理，明辨是非。在大是大非面前立场坚定，服从大局，服从集体利益，拒绝不正之风。其次，严守职业纪律。自觉接受职业纪律的约束，严格遵守国家法律法规和职业规章，规范行使职业权利，履行职业义务。再次，正确看待现实。大学生在就业中难免会遇到一些不公平、不公正的事情，会接触到社会上的一些不正之风，这些不能成为我们放弃公道、违背良心的理由。大学生应明白社会是发展的、缺陷是客观的，我们也许无法改变大环境中的某些现象，但至少我们可以做到“独善其身”，保持一身正气，而不是消极地对待生活，产生抱怨情绪。最后，公平公正做事，不徇私情。工作中不应以个人喜好片面地看待问题，而应保持标准、尺度的一致，严格按照法律法规和制度办事。

4. 服务群众

服务群众就是全心全意为人民服务，一切以人民的利益为出发点，为社会服务，为公众服务。这就是职业道德的本质要求，是为人民服务精神和集体主义精神在职业道德中的具体体现。

大学生要做到服务群众，首先要树立服务群众的观念，实实在在地为群众提供优质的服务；其次是尊重群众，真心对待群众；最后是不损害群众利益，做每件事都应该把群众的利益放在首位。

5. 奉献社会

奉献社会是一种人生境界。与爱岗敬业、诚实守信、办事公道、服务群众这四项规范相比较，奉献社会是职业道德中的最高境界，同时也是做人的最高境界。爱岗敬业、诚实守信是对从业人员职业行为的基本要求；办事公道、服务群众需要有一定的道德修养作基础；奉献社会则要求每一个人，特别要求当代大学生做到一心一意为社会奉献。

在职场中，奉献是一种爱，是对自己事业的不求回报和全身心的付出。无论什么样的组织机构，无论什么样的社会模式，都需要其成员在适当的时候勇敢站出来，为国家、为民族、为所在组织做出自己的贡献。

古语有云："玉不琢，不成器。"大学生要加强自身的职业道德素养，自觉遵守职业道德规范，做一个有职业良心的劳动者，树立"劳动光荣，不劳动可耻"的思想观念，端正职业态度，努力做到"慎独"，达到道德修养的较高境界。

6.1.3 职业道德的养成

一般来说，大学生培养高尚的职业道德素质需要做好以下几个方面的内容。

1. 树立正确的人生观

要提升职业道德修养，首先要树立正确的人生观。人生观是对生存的目的、价值和意义的看法。简单地说，就是对人生的理解。正确的人生观能指引大学生走人生正道，使其成为有益于社会的、有益于人民的高尚的人。

能否确立正确的人生观，对一个人的职业发展至关重要。在正确对待、处理个人与社会的关系问题上，大学生应该将个人价值和社会价值统一起来，并把社会价值的实现置于最高位置，在为人处世和职业活动中体现出高尚的集体主义精神。

2. 培养良好的行为习惯

行为习惯代表着个人的行为方式，培养良好的行为习惯是提升职业道德修养的重要途径。高校开设的相关职业道德课程或组织的职业道德讲座、论坛、展览、报告会，各级学生党团组织开展的各种职业道德实践活动，都可以增强大学生的职业道德观念，提升其职业道德修养。

大学生良好行为习惯的养成主要还是以自律为主。自律是依靠自我约束力，遵守社会道德规范和各种法纪的自觉认知，并在没有外在监督下形成内在的价值观念，具有高度自觉性的一种自觉行为。大学生作为受到良好教育的群体，有独立意识，具备了一定的自律能力。当然，也不能排除他律的作用。他律作为一种行为规范，时时提醒和约束着大学生的行为习惯。总的来说，大学生良好行为习惯的养成应以自律为主、他律为辅。

3. 学习先进模范人物

学习先进模范人物，以此来激励自己提高职业道德品质，也是提高职业道德修养的有效方法之一。先进模范是社会所标榜和推崇的道德理想或人格理想的化身。大多数从业人员尤其是年轻的大学生，都不同程度向往和追求某种高尚的道德理想或人格理想，对先进模范充满敬佩，渴望建立丰功伟业。

因此，向先进模范学习，是任何社会都十分重视的道德典范学习方式，先进模范的感染和示范作用，对整个社会职业道德风尚的进步和职业道德水平的全面提高都有着重要意义。

4. 积极参加职业实践活动

提升职业道德修养，关键在于付诸实践，这是提高职业道德修养的重要方式。在职业实践活动中，每个人都会自觉不自觉地按照一定的职业道德标准评判个人或他人的职业行为，并对今后的行为产生影响。所以，大学生在校期间积极参加实践活动，如社区服务、青年志愿者服务、校外见习和实习实践等，会对自己所学专业、将来的职业环境和职业道德产生深远的影响。

同时，在这些真实的职业道德学习课堂里，大学生应以实际行动展现自己的道德标准，不断充实和完善自己，把职业道德内化为自己的信念，并在将来走上工作岗位后进一步外化为自己的职业行为。

5. 自我教育

养成良好的职业道德关键在于自身的主动性和积极性。大学生要养成勤于思考的习惯，时刻注重自我学习、自我教育和自我批评，形成“自我尊重、自我反省、自我警示、自我激励”的自我教育模式，促使自己的职业道德修养观不断完善。

6.2 大学生职业能力提升

6.2.1 目标职业对职业能力的要求

职业能力是人们从事某种职业的多种能力的综合，是胜任某种职业的必要条件，它能说明一个人在既定的职业方面是否能够胜任，也能说明一个人在该职业中取得成功的可能性。

不同的职业对从业人员的能力要求也不同。例如，一位教师只具备语言表达能力是不够的，还必须具备对教学的组织和管理能力，对教材的理解和使用能力，对教学问题和教学效果的分析、判断能力等。因此，大学生在制订了职业生涯规划之后，应该有意识、有计划地根据目标职业的能力要求培养和发展自己的职业能力。

根据目标职业对职业能力的要求，可以把职业能力分为通用能力和专业能力两大类。

1. 通用能力

随着社会的发展、时代的进步，人们很难在一个工作岗位上从一而终。面对就业市场的变化、岗位的轮换，大学生需要有更高的能力去适应社会的发展。这种更高的能力不是通常所说的生产技术或专业知识，而是一种非技术、非专业的要素，能够跨岗位、跨职业甚至跨行业。正是这种通用要素的存在才使得劳动者的职业能力具备了一种可转移和普遍的适应性。这种通用的要素就被称为“通用能力”。通用能力在某一环境中获得，并可以有效地移用到其他不同环境中去，是个人能够继续运用和最能够依靠的能力。

通用能力主要包括以下几种。

（1）沟通能力。沟通能力即通过口头或者书面语言形式，以及其他适当形式准确清晰地表达主体意图，和他人进行双向（或者多向）的信息传递，以达到相互了解和影响目的的能力。

沟通能力是人们进行交际的基本能力，也是个人能力的一面镜子，社会常常通过这面镜子对个人做出评价。现在许多大学生在这方面尚有欠缺，比如不敢与陌生人讲话，在公众面前讲话脸红心跳、语无伦次，私下却能高谈阔论等。因此，无论是即将毕业的大学生，还是刚入学的大学生，沟通能力的培养都至关重要。

（2）人际交往能力。人际交往能力即个人与个人、个人与集体以及个人与其他群体之间，运用语言和非语言符号交换意见、交流信息、传达思想、表达感情和需要，从而在心理和行为上产生相互影响的动态过程。

人际交往也是个体认识自我、完善自我的重要手段。孔子曾说过："独学而无友，则孤陋而寡闻。"人是社会人，不可能脱离社会而单独存在，每个人的生活都不可避免地与社会、与他人发生各种关系。大学生必然走向社会，也必然会同社会上的各种人打交道。能否正确、有效地处理、协调好各种人际关系，不仅会影响大学生的环境适应状况，而且还会极大地影响其事业的成败。

一些企业负责人表示，现在已不是"单枪匹马打天下"的时候了，员工必须懂得并善于与他人合作，发挥团队战斗力。因此，大学生培养自己的人际交往能力不仅是自我发展完善的需要，也是未来工作环境的需要，直接关系到其工作效能的高低和事业的成败。

（3）社会适应能力。现在的社会千变万化，大学生如何才能顺利完成从学校到社会的过渡，如何才能很快地适应新的学习、生活、工作环境，轻松、大方地与人交往，对各种情况都应对自如？这就需要大学生提高自己的社会适应能力。

（4）问题解决能力。问题解决能力是指在工作中把理想、方案、认识转化为操作或工作过程和行为，并最终解决实际问题、实现工作目标的能力。大学生可以从以下几个方面来加强和锻炼自身解决问题的能力。

第一，主动承担责任。提高自己解决问题的能力的秘诀是面对问题迎难而上，并真正投入其中，坚持不懈，不断在实践中提高自己的能力。

第二，客观地审视自己并加以完善。想要提高能力，首先必须正视自己。有发展前途的人往往是那些了解自己并能够正视自己的人。

第三，勤于思考。解决问题能力比较强的人都特别善于思考。他们在思考中找到解决方法，在思考中成长，在思考中领悟工作的快乐，解决问题的能力也在思考中不断获得提升。

（5）创新能力。创新能力来自不断发问的能力和坚持不懈的精神，在一定的知识积累基础上，是可以训练出来或启发出来，甚至可以“逼出来”的。大学生应该尽一切努力，利用各种手段和途径逐渐培养自己的创新能力、意识和精神，最基本的内容就是创新性地完成课程作业、学年论文和毕业论文，创意性地完成各种社会实践活动，培养自己的逆向思维、发散思维、聚焦思维。

（6）团队合作能力。团队合作指的是一群有能力、有信念的人在特定的团队中，为了一个共同目标相互支持、合作和奋斗的过程。人类之所以能够从野蛮时代发展到文明社会，靠的就是合作。在现代社会，社会分工越来越细化，知识越来越专业化，任何一件事情的成功都离不开团队的力量，这一切都建立在合作的基础上。因此，大学生必须要培养团队意识和合作精神，在实际工作中充分理解团队目标、组织结构、个人职责，并在此基础上与他人相互协调配合、相互帮助，具体包括正确认识自我，尊重与关心别人，对他人的意见、观点、做法采取正确的态度等。

（7）组织管理能力。大学生毕业后，不是人人都能走上领导岗位从事管理工作的，但每个人在将来的工作中都会不同程度地运用到组织管理能力。随着时代的发展，纯“书生型”的人才已经不能适应社会的需要。近年来，许多用人单位在挑选录用大学生时，在同等条件下，往往会优先考虑曾经担任过学生干部、具有一定组织管理能力的毕业生，这正反映了时代的客观要求。

（8）自我规划能力。大学是学生们自我探索、自我成长的舞台，是为未来职业人生打基础的阶段，如何度过这一重要阶段需要大学生自己规划。很多大学生在入校以前的成长过程中没有培养起足够的规划意识，习惯了一种控制型的环境，在老师和家长主导下学习和生活。到了大学这个“放任型”的环境中，如果不及时培养规划能力，很容易会出现“虚度光阴”的状况。

2. 专业能力

所谓专业能力，是指从事某一职业所必需的专业理论知识和实践操作能力。例如，从事建筑规划的设计师要具备绘画能力，作家应具备写作能力等。专业能力是大学生就业能力和职业素质的核心内容，合格的从业人员必须具备一定的专业能力，这是最起码的素质和最基本的要求。

北京某科技股份公司人力资源部经理介绍说：“专业能力是我们对员工最基本的素质要求，IT 行业招人时更是注重应聘者的技术能力。在招聘时，面对同等能力的应聘者，我们也许会优先录取高学历者。但是，进入公司后学历高低就不是主要的衡量标准了，公司会更看重实际操作，谁能做出业绩，谁就有本事，谁就拿高工资。”

探 索 思 考

专业知识能力清单

列出你在学校中学过或将要学习的专业课程，详细分析一下你在每一门课程中所学到的专业知识能力。

序号	课程	获得的专业知识能力
1		
2		
3		
4		

从事任何一项专业性活动既需要通用能力，也需要专业能力，二者的发展也是相互促进的。两种能力构成有机整体，才能保证有效地完成某项活动。因此，大学生要想成为一名优秀的职业人，既要注重通用能力的培养，也要不断提高自身的专业能力。

6.2.2 职业能力的提高途径

职业能力是职业发展的基础。大学生应主动寻找各种途径和方法，有意识地培养和提高自己的职业能力。

1. 勤于学习，积累知识

接受大学教育是大学生掌握一定的基础知识和技能、提高职业能力和综合素质、促进个人发展的最有效的方法。离开知识积累，能力就会成为“无源之水”。因此，在校期间，大学生一定要确立正确的学习目标，勤奋学习，拓宽自己的知识面。掌握的知识越丰富、越精深、越完善，加工和运用知识的方法越正确、越先进，实现创造创新的技巧越熟练、越精湛，职业能力才能越卓越。

2. 充分利用课余时间，积极参加学校社团活动

大学生可以根据所学专业和自身爱好，积极参加学生会或社团活动，锻炼自己的组织管理能力、团队协作精神，拓宽自己的人际关系，同时检验自己的知识技能。

3. 投身社会实践，利用假期进行实习

社会实践是大学生提高职业能力的重要途径之一。假期的社会实践活动时间相对集中，是大学生运用知识施展才华、服务社会的大课堂。

4. 企业实训

企业实训是大学生结合自己的职业规划，以岗前实习为主要内容的实践活动。它是专业学习与社会实践的紧密结合，是大学生提前进入就业状态的一种尝试，也是大学生步入职场的第一步，是提高职业能力的有效途径。

延展阅读

大学生参加企业实训的意义

随着时代的发展，人力资源的竞争是许多企业开展竞争的重点，因此有的企业在选择在校实习生的过程中也引入了正规的岗位招聘模式。企业通过科学、合理的层层选拔，筛选出符合本企业要求的实习生，并专门设立实习生岗位。而实习生过五关斩六将，经过重重考验，也将成为企业重点培养和发展的对象，其中的一部分实习生还可能在毕业后成为企业的正式员工。所以，也有许多企业将这一类实习生定义为储备干部或者后备人才。

由此我们可以看出，无论是参与企业实训的选拔过程，还是进入企业走上实习岗位进行工作，对大学生来说都是一次宝贵的经历，都将对其将来的职业能力和职业生涯发展产生深远的影响。

6.3 大学生个人素质的提升

微软创始人比尔·盖茨曾经说过：“在现代社会的竞争中能够取胜的关键是

能力；知识经济时代的竞争，说到底是人的素质与能力的竞争。”大学生群体既有较高的知识水平，也是信息掌握方面的优势群体，理应成为知识经济时代的弄潮儿。要在知识经济时代的竞争中立于不败之地，大学生就必须奠定坚实的专业基础，锤炼过硬的综合素质。

6.3.1 个人素质的内容

一般来说，素质就是指一个人的先天禀赋和后天习得的品质。大学生个人素质是其在学习和实践中发展起来或形成的特性和品质。

随着经济的不断深入发展，就业市场上的竞争日趋激烈，社会对大学生提出了更多、更高的要求，主要有以下几个方面。

1. 自信

自信是人类心理生活中最为基本的内在品质之一，也是每个人的人格结构中的本质因素，是自我的核心部分。自信是一个人对自己的积极感受。积极意味着一种自己对自己的认可、肯定、接受和支持的态度；感受则包含了自己对自己的情绪、感觉、认识和评价。

2. 自立

自立是生存的开始，是成功的保证。它是一种人生观，是一种良好的学习、生活习惯，也是一种积极的人生态度。人的成长过程就是一个不断提高自立能力的过程。作为一名学生，大学生首先要学会独立、科学地安排自己的学习、生活。

3. 负责

负责是指个人对自己和他人、对家庭和集体、对国家和社会所负责任的认识、情感和信念，以及与之相应的遵守规范、承担责任和履行义务的自觉态度。它是一个人的基本素养，是健全人格的基础，是家庭和睦、社会安定的保障。

责任是有胜任能力的人在社会生活中应承担的负担以及对自己选择的不良行为所承担的后果。相关调查表明，用人单位在选择应届毕业生时最看重的就是责任感，录用的往往是那些具有爱岗敬业精神的人。

4. 诚信

诚信是一切道德行为的基础和道德修养的前提，是每一个大学生都应当遵守的行为准则。在现实生活中，诚信已经成为衡量一个人思想素质和道德水平的重要标准之一。市场经济是诚信经济，作为社会通行证的诚信就是大学生在社会上获得成功的关键。

5. 勤奋

勤奋是成功的必要条件。要使能力有较大和较快的提高，没有勤奋努力是不可能的。无论事情大小、事情繁简，大学生都应做到勤勤恳恳，切切实实，一丝不苟，能吃苦，不偷懒，不躲避，不推诿。

6.3.2 个人素质的提升方法

大学生提升个人素质要通过科学有效的方法和途径，充分发挥其天赋条件，同时在某些原先不具备或存在不足的方面，通过教育、实践和锻炼，有意识地进行培养和提高。

1. 多参加社团活动

学生社团作为大学生自我教育、自我管理、自我服务的重要载体，是大学生素质拓展的重要阵地。积极参加社团活动对大学生个人素质的提升具有积极的作用，在大学生素质拓展计划中，社团活动就被列为一项重要内容。

社团活动（比如座谈会、参加科研等活动）改变了传统教学中学生被动接受的形式，有利于大学生的主体性和创造精神的发挥。同时，在社团活动中，大学生自己管理自己，自己维持社团内部的团结，自己组织开展活动，自己筹集活动资金……这对大学生的自立能力、组织管理能力、人际交往能力都是很好的锻炼。

2. 加强社会实践

社会实践是大学生走向社会的关键环节。通过加强社会实践，可以提高在校大学生的社会化程度，提高大学生对社会的认识水平和社会适应能力，掌握必要的进入社会的知识和技能，为大学生从学校走向社会打下必要而良好的基础。同时也能使大学生将自己在学校学到的知识、技能服务人民、奉献社会，承担力所能及的社会责任，增强当代大学生的社会责任感。

实践作业

制订能力和素质培养计划

目的：

1. 在了解自己所要从事的职业的基础上，确定自己所要提高的基本职业能力（3~5种）及素质（3~5种）。

2. 结合自己所学的专业，制订适合自身发展的能力和素质培养计划。

方法：

1. 写出你要从事的职业（1~3种），并找出每种职业所需要的主要能力及素质。

序号	能力和素质	职业1	职业2	职业3
1	沟通能力			
2	表达能力			
3	协调能力			
4	组织能力			
5	适应能力			
6	应变能力			
7	创新能力			
8	团队合作			
9	责任心			
10	勤劳			
11	自信			

2. 制订职业能力和素质培养计划。

学年学期	需提高的能力和素质	途径1	途径2	途径3
大一 第二学期	能力： 素质：			
大二 第一学期	能力： 素质：			
大二 第二学期	能力： 素质：			
大三 第一学期	能力： 素质：			

续表

学年学期	需提高的能力和素质	途径 1	途径 2	途径 3
大三 第二学期	能力： 素质：			
大四 第一学期	能力： 素质：			
大四 第二学期	能力： 素质：			

第 7 章

大学生就业指导

学习目标

1. 掌握了解和收集就业信息的途径，学会分析就业信息；
2. 掌握求职过程中简历撰写的注意事项，掌握面试基本类型，提高面试技能；
3. 了解求职过程中的心理问题，并掌握心理调适方法；
4. 了解初入职场会遇到的问题和解决方式；
5. 了解就业过程中的基本权利与常见侵权行为，掌握权益保护的方法与途径。

☆ 引导案例：如何在求职时抢占先机

孙舟来自农村，在上海某工科院校就读。有一次，一位即将毕业参加工作的老乡在临别时对他说："小孙，现在找一份好工作太难了，'事非经过不知难'，我这次就吃亏在动手太迟上，你以后要吸取我的教训。我这里有一些找工作留下的资料，你可以拿去看看。"小孙一看，大部分是用人单位的情况介绍，还有一些发布就业信息的报纸和就业指导方面的刊物，还有一本就业指导书。把这些资料拿回来后，他利用课余时间翻了一遍，对求职知识和技巧有了一个大概的了解。他还细心地把用人单位的通信地址、网址和联系方式用一个小本抄下来，心想也许将来用得着。

转眼间，小孙也大四了，进入第一学期的小孙不动声色地忙开了。他先是给一些在上海工作的师兄、师姐和老乡们打电话，请他们提供本单位本年度的招聘需求信息。然后他去了班主任老师家，拜托老师如果有合适的单位，请帮忙推荐，并留下了自己的两份自荐材料。最后他还到校就业指导中心查询了学校本学期就业工作的安排和即将举行的各地人才交流会的信息。做完这些之后，他又根据自己过去三年收集的招聘需求信息，对即将前来学校的招聘单位的需求情况做了一番分析和预测，估计今年有哪些用人单位有可能需要本专业的毕业生，随后给每家公司发去了求职信。

在春节前，各种渠道的信息慢慢反馈回来了，出乎他的意料，同时有七家单位愿意接收他，许多单位都对他如此熟悉他们的情况惊讶不已。小孙最终选择了上海本地一家自己满意的公司，并决定先去实习。就这样，当其他毕业生对就业还毫无头绪的时候，他已经在规划怎样迈出走向社会的第一步了。

思考：

1. 收集就业信息时有哪些渠道？应该怎样很好地利用这些渠道和信息？
2. 在求职过程中应该注意哪些细节问题？
3. 怎样才能把握求职机会，提高求职成功率？

7.1 求职过程指导

7.1.1 收集和利用就业信息

1. 了解就业信息

大学生就业信息的内容主要包括以下三个方面。

（1）就业政策信息。就业政策是国家和地方政府关于就业方面的制度和规定，可以分为国家就业政策和地方就业政策。国家就业政策是国家根据一定时期社会生产力的发展和社会对人才需求情况而制定的就业行为准则，包括就业体制、程序、时间等，如国家对不同培养方式的大学生的就业政策、不同地区来源大学生的就业政策、特殊情况的大学生就业政策、有关大学生就业的鼓励政策、关于大学生就业的制约政策等。地方就业政策是各地根据本地区经济发展的需要，在国家宏观政策范围内制定的适合本地区需要的就业行为准则，如吸引本地区急需人才的优惠政策，对外地大学生流入本地区的政策及相关的人事代理、户籍制度等。大学生在求职时，应通过各种渠道和方法了解就业政策，在相关就业政策规定的范围内求职。

（2）就业形势信息。大学生应了解社会对人才的需求形势。一定阶段的社会发展，决定了对专业技术人员数量、规格和质量的要求。目前我国正处在经济快速增长和向市场经济转型时期，各行各业需要大量的人才。大学生拥有广阔的就业前景，这是社会的总体需求形势。当然需求也具有不平衡性，边远地区、艰苦行业、基层单位和乡镇企业等仍需要大量大学生，而大城市、大中型企业、机关和科研院所则人才济济，即使有需求，要求也很高。大学生求职时要看到这种需求的差别，通过收集信息把握正确的求职方向，不要只把眼光盯在条件优越而人才竞争激烈的地区和单位，也可以把目光投向虽然目前条件较差、环境较艰苦，但人才缺乏、求贤若渴、亟待发展的地区和单位。

（3）人才需求信息。人才需求信息包括用人单位的需求信息、不同类型的企业对大学生的要求等。各地区、各部门、各行业也有不同的人才需求。大学生掌握了这类信息，一方面可以坚定求职信心，另一方面也可以更快速地选定地区、部门和行业。

2. 收集就业信息

（1）就业信息收集的基本原则。大学生在收集就业信息时，要想做到高质高效、准确无误，又符合自己的实际情况，就必须要遵循一定的原则，明确求职方向、有的放矢，否则就会错失良机，事倍功半。

① 准确性原则。准确性要求信息所反映的情况必须真实、可信。就业信息是否准确是大学生做出决断的关键影响因素，信息不准确，会给求职带来决策上的失误。

② 时效性原则。时效性是信息本身的重要特性之一，信息只有在有限的时间内才有效。而就业信息的时效性则更强，即在就业信息发布的有效期限内，如果招聘单位完成了招聘计划，且已经与应聘者达成协议，那么就业信息自然就失效了。因此，在就业形势十分严峻的情况下，大学生要随时注意所收集的就业信息是否过期，信息源是否已被他用。

案例分析

“守株待兔”一场空

某著名企业集团发布了将要到某校招聘大量人才的信息，该校就业指导中心迅速公布并电话通知了各学院，毕业生们得知此事后，纷纷跃跃欲试，但反应却各不一样，有不少同学立即根据该单位发布的信息及所提供的电话与对方进行联系，进一步了解详细情况并确认了该单位来校的具体时间以及准备下榻的住所，同时开始做相应的准备。如用特快专递将自己的自荐材料寄往用人单位，根据该单位提供的网址了解具体情况等。而毕业生小付等几位同学却不以为然，认为该单位已经确定了要来学校举办专场招聘会，等他们来了再详细了解情况，亲自投送材料也不迟，于是坐等学校的招聘通知。

眼看该单位原计划到校的日期已到，却迟迟未接到学校的招聘通知，正在焦急等待的小付等同学纷纷来到校就业指导中心询问。正巧该单位人事部门负责人准时来了，然而他却非常感慨地说：“感谢贵校的大力支持，你们的宣传工作实在做得太好了！早在我们来贵校之前，就已收到不少贵校学生的自荐材料。昨天一住进贵校招待所，闻讯而来的毕业生一拨又一拨，结果我们的计划提前录满了。我现在来贵中心联系签约事宜，原定今天的专场招聘会是否可以取消？”在场的毕业生追悔莫及，机会就这样在等待中错过了。

---

③ 针对性原则。随着人才市场的发展，就业信息日益丰富，如果在信息收集的过程中不注意适用性，很可能会在众多的就业信息中把握不住方向，难以捕捉到真实的、有价值的信息。因此大学生在收集就业信息时，必须充分结合本校特色、本专业特点。

④ 系统性原则。就业信息的收集要求具有系统性、连续性，因为许多信息都是零碎的。这就要求大学生善于将各种相关的信息收集起来，然后经过加工、提炼，形成一种能客观、系统地反映当前就业市场、就业政策、就业动向的就业信息，为自己求职提供更可靠的依据。

⑤ 计划性原则。首先必须制订信息收集计划，明确信息收集的目的，只有明确了目的，就业信息收集才有方向，才能发挥信息收集的主动性。其次要分清所需就业信息的内容范畴，是有关就业政策、就业动向的，还是关于用人单位需求的，要做到有的放矢。最后要选择信息收集的方法。方法是达到目的的手段，方法正确就可以在信息收集过程中少走弯路，收到事半功倍的效果。比如有些信息必须通过谨慎的实地调查方可纳入，而有的信息则通过查阅新闻、资料即可获得。

（2）就业信息的收集渠道。就业信息的收集渠道主要包括以下几种。

① 通过学校就业主管部门获得就业信息。学校的就业办公室或就业指导中心是高校学生毕业就业工作的行政管理部门，他们会及时向大学生发布有关就业信息，进行就业指导，让大学生大致了解当今社会对大学生需求的状况及有关就业的政策规定，大学生本人也可以就有关问题进行咨询。学校就业主管部门是大学生获取就业信息的主要渠道之一，他们提供的信息无论数量还是质量都有明显的优势。

② 通过各类大学生就业服务机构和就业市场获得就业信息。为了促进就业，各地方都有专门的人才市场，地方和各行业每年还会举办大大小小的人才交流会，很多高校也会组织举办大型的双选会或校园专场招聘会。这不仅为用人单位和大学生面对面接触提供了机会，而且为大学生提供了大量的就业信息。大学生应高度重视、充分利用这些机会，走访用人单位的摊位，寻找交流的机会，尽可能多地了解相关职业和行业的情况，收集就业信息。

③ 利用社会关系主动出击获得就业信息。社会关系网也是获得就业信息的重要渠道，大学生在寻找就业机会时，千万不要忘了周围的亲戚、朋友、朋友的朋友及老师和校友，他们也会提供一些宝贵的信息。

④ 通过实习、社会实践等活动获得就业信息。通过实习，大学生可以比较深入地了解实习单位各方面的信息，同时也能加深单位对自己的了解。如果单位接收应届毕业生实习，而实习生的条件又能让单位满意，那么实习生就极有可能成为单位招聘的对象。通过社会实践活动，大学生可以对社会上的职业结构、行业发展和专业需求有所了解，能够较为充分地收集社会需求信息，在增长实践知识、提高实践能力的同时，为择业和就业打下良好的基础。

⑤ 通过招聘广告获得就业信息。这也是一种常见的有效获取求职信息的途径。看招聘广告也有一定技巧，寥寥数语大有乾坤，如广告中有“会外语者优先”的条款，那么大学生在写求职信和个人简历时最好用中文和广告所要求的外语语种书写，以显示自己确有此能力，增加录取可能性。

⑥ 通过猎头公司获得就业信息。猎头公司对在校大学生来说可能还比较陌生。在人力资源服务方面，猎头即是搜寻高级人才之意。应届毕业生由于初出茅庐，缺少实践经验，一般来说成为猎取对象的机会不大。不过，如果出身名校，且在求学期间已有发明专利或在国际上发表过有影响力的论文，又或者在社会实践时有出色的经历，则到猎头公司推销自己也未尝不可。

⑦ 从大众媒体、互联网获得就业信息。在当今时代，互联网已将人们交往和交流的时间和空间缩短为零，这给大学生择业和就业带来了极大的便利。互联网上信息量大、查询便利，大学生要养成经常上网查询的习惯以便获得大量的就业信息。比如通过各类人才网站、学会网站、企业网站、政府就业网站等，大学生除了可以获得就业岗位信息外，还可以获得大量的就业政策、行业发展、市场分析、双选会时间安排等信息。各高校也建有相应的就业网站，其提供的信息时效性强，更新快，非常值得大学生关注。

（3）收集就业信息的方法。收集就业信息的方法包括以下几种。

① 全方位收集法。即把与所学专业有关联的就业信息统统收集起来，再按照一定的标准进行整理和筛选，以备使用。这种方法获取的就业信息广泛，选择余地大，但较浪费时间和精力。

② 定方向收集法。即根据自己选定的职业方向和求职的行业范围来收集相关的信息。这种方法以个人的专业方向、能力倾向和兴趣特长为依据，便于找到

更适合自己特点、更能发挥自己能力的职业和单位。但需要注意的是，当选定的职业方向和求职范围过于狭窄时，有可能大大缩小选择余地，特别是所选定的职业范围是竞争激烈的“热门”工作时，很可能给下一步的求职带来较大的困难。

③ 定区域收集法。即根据个人对某个或某几个地区的偏好来收集信息，而对职业方向和行业范围较少关注和选择，这是一种重地区、轻专业方向的信息收集法。按这种方法收集信息和选择职业，可能会由于所面向地区狭小和“地区过热”而造成求职困难。

3. 分析和利用就业信息

在已经收集到的大量就业信息中，由于信息的来源和获得的方式不尽相同，内容往往是杂乱的，有相互矛盾的，也有虚假不实的，这就要求大学生根据自己的实际需要对收集到的信息进行分析、整理和筛选，去伪存真、去粗取精，提高就业信息的科学性、准确性、针对性和时效性，以便更好地为求职服务。

（1）分析和利用就业信息的原则。分析和利用就业信息的原则包括以下内容。

① 发挥优势和学以致用的原则。即处理就业信息时，尽量选择适合自己性格气质和利于发挥自身特长的单位和岗位。

② 面对现实、理论联系实际原则。全面、准确地认识和评价自己，无论个人愿望如何美好，在实际操作时都要面对现实，量“力”而行，量“能”择业，量“才”定位。

③ 在政策范围内择业的原则。使用就业信息时，要把个人意愿和国家需要结合起来，根据社会需要，结合自己的能力、愿望做出选择。

④ 辩证分析原则。即用辩证唯物主义方法论来分析信息，用历史的、发展的、变化的眼光研究、处理信息，以确定其实际价值。

⑤ 综合比较原则。即把所有的信息放在一起，从多个方面比较其利弊和优劣，寻找适合自己条件的企业。

⑥ 善于开拓原则。即深入思考、挖掘信息的潜在价值，充分利用。正如人们常说的那样：信息的价值会用则有，不会用则无。

⑦ 早做抉择原则。信息有很强的时效性，及时用之是财富，过期不用等于无。如果迟延抉择，不及时反馈信息，往往会痛失良机。

（2）分析和利用就业信息的步骤。大学生在分析和利用就业信息时可采用如下步骤。

① 鉴别获取的信息。这是信息处理的第一步，也是重要前提。首先要确定

信息的可靠程度，对于不可靠和拿不准的信息要通过各种信息渠道和知情人士去了解。其次，要鉴别信息的内容是否齐全，特别是发现自己想知道的细节没有或者不清楚时，要抓紧时间进行实地考察，旁敲侧击地询问情况或通过其他渠道了解，还可以在应聘时向用人单位核实。

② 按照自我标准，将信息排序，重点把握。即使真实的信息也不是每条都适合大学生自己的实际情况，大学生要对所掌握的信息进行比较和选择，看看自己的性格、兴趣、特长与哪家单位更匹配，哪家单位更符合自己的职业生涯目标，从中选出重点。因此，大学生可以先草拟一个职业选择提纲，确定标准；再按照标准进行初选；对筛选出的信息还要进行再一次的分析和处理。

③ 挖掘潜在信息。许多信息的价值往往不是浮在表面上的，必须经过深入挖掘才能发现。比如，根据有些单位的现状可能还难以判断、预测该单位和自己今后的发展；有些单位虽然目前可能条件差一些，但从长远看是有前途的，能够给人才较大的发展空间。这就要求大学生既要站在高处，从长远的、大局的方向看职业、单位的趋势；又要留意信息的细节，由表及里地挖掘信息的内涵价值。

大学生首先要有这种意识，其次要综合其他信息进行分析。有时，还需要借助一些专业知识和经验。譬如，从单位的组织结构发现其管理模式和运作机制；从单位的人事、财务报表分析其人力资源状况和经济状况；从单位历年的招聘岗位和人数的变化了解其经营方向的变化；甚至从单位招聘的过程和方式，如笔试内容、面试问题、联系方式等方面都可看出其是否与自己的预测判断一致。

④ 及时反馈信息。就业信息是为所有求职者提供的，因而当其他人捷足先登、用人单位已经招聘满额时，该信息也就失效了。因此，大学生获取信息后，一定要根据自己的主观条件和客观的现实可能性，尽快分析处理并向信息发布者进行反馈。早动手未必一定能得到这个岗位，但反应迟钝肯定得不到这个岗位。

（3）分析和利用就业信息的技巧。大学生在分析和利用就业信息时可采用以下技巧。

① 建立个人就业信息管理库。大学生收集到的就业信息往往是五花八门、各式各样的，如果不进行有效的管理，就会如一团乱麻，令人晕头转向，错过许多机会。因此，建立一个简单的个人就业信息管理库非常必要。比如，根据单位地理位置、经济状况、福利待遇、单位发展前景等分别赋予不同权重，利用数理统计公式得出一个用人单位的综合评价，就能较客观地对信息进行量化处理，从

而避免在对比条件相似的用人单位时出现左右摇摆、拿不定主意的情况。

② 寻求个人就业信息咨询“智囊团”。由于缺乏社会经验，大学生在对就业信息进行分析和处理时难免有失偏颇，这时就可以建立一个属于自己的就业信息咨询“智囊团”。比如就业指导老师、辅导员、家长、已参加工作的师兄、老乡等，都可以成为智囊团成员。特别是在辨别信息的真假、鉴别单位的优劣、选择适合自己将来发展的单位等问题上，他们将会对大学生提供非常有益的指导。

③ 对虚假信息进行“反侦察”。在市场经济条件下，各类人才服务机构、劳务中介组织应运而生，其中绝大多数严守职业道德，依规运作，但也有少数中介组织见利妄为，坑蒙拐骗。有些大学生受到丰厚的工资待遇或优越的工作环境的诱惑，而被其蒙骗。大学生，特别是刚刚接触社会的大学生一定要睁大眼睛，对收集到的就业信息多加了解、考察分析，千万不可贸然行动。

7.1.2 简历制作与面试技巧

1. 简历制作的注意事项

（1）言简意赅，语言朴实。许多大学生的个人简历都过于冗长，有的长达十几页，甚至厚如书册。其实，简历内容面面俱到反而会淹没一些有价值的闪光点，用人单位也没有太多的时间去仔细研读。所以，个人简历要尽量短，从实际效果来讲一般只要一页就足够了。个人学习经历应该从大学开始写起，除非在此前有特殊成就，否则不用赘述。所获得的荣誉也要进行精选，开列名单即可，不需附带厚厚的成绩单和荣誉证书复印件。

（2）实事求是，不要过谦。简历中不“注水”，并不等于把自己的一切，包括弱项都写进去。有的大学生在简历里特别注明自己某项能力不强，这就过分谦虚了，实际上不写这些并不代表说假话，在某种程度上倒反映出善于扬长避短的机智。有的大学生在简历上写“我刚刚走入社会没有工作经验，愿意从事贵公司任何基层工作”，这也是过分谦虚的表现，会让用人单位认为求职者什么职位都适合，其实也就是什么职位都不适合。

（3）应聘职位，重点突出。一般来说，用人单位都希望“对口招生”，而不想“大海捞针”。这就需要大学生事先对看准的单位进行有针对性的摸底调查，根据自己所申请的职位来设计个人简历，根据工作内容有所侧重地表现自己。

据统计，用人单位平均在每份简历上花费的时间只有 1.4 分钟。所以，写简历最重要的是要有针对性。这个针对性有两层含义：一是简历要针对所应聘的公司和职位；二是简历要针对自己，写出自己在大学的亮点。版面设计一定要注重效果，重点内容突出、醒目，达到看一眼就能引起注意、越看越感兴趣的效果。

（4）精心编排，不要出错。一份好的简历应该是形式和内容的完美统一。用人单位最不能容忍的是简历上出现错别字，或是在排版格式上有技术性错误，或者简历被折叠得皱皱巴巴、有污渍。这会让用人单位认为求职者连求职这样的大事都不用心，对工作肯定也缺乏责任心，于是直接淘汰。

（5）包装简明，切勿花哨。现在很多大学生的求职简历都做得很讲究，精致华丽、五颜六色，其实除非是应聘美术设计、装潢、广告等专业职位，否则大可不必。简历只要用质量好一些的 A4 复印纸就可以了。过分的标新立异，反而会带来不好的效果，甚至引起用人单位的反感。

所以，制作简历时应该注意：① 打印需层次分明，检查一下是否有排版、语法错误，简历上是否有污渍等；② 每一段落的标题可加粗，倘若你能写一手好字，建议手写而非打印；③ 如果你需要用两页纸来完成简历，请清楚、完整地把你的经历和取得的成绩表现出来，不要压缩版面，不要把字体缩小到别人难以阅读的程度。

（6）工作为重，忌讨价。很多大学生对简历上该不该写和如何写对工资、待遇的要求存在疑惑：要求太高，怕超出企业预算而被拒之门外；要求太低，又担心会让企业觉得无足轻重。其实对于刚出校门的大学生来说，应该立足寻求用武之地，而不要在谈薪论价上费太多的脑筋。

（7）适当的“个性”。用人单位每年要面对成百上千的求职者，在基本素质大体相当时，靠的是优中选优的办法。除此以外，就看“个性”的区别了。个性特点是个人“软技能”的体现，用人单位关注个人特点的描述，目的有两方面：一是为了了解求职者的性格以及价值观是否和公司的企业文化相符合；二是了解求职者的个性是否符合岗位要求。比如，招聘会计，需要细心缜密，对数字敏感；招聘文员，需要认真负责，听从安排；招聘行政助理，则需要按部就班，循规蹈矩，太有创意和想法的人才是留不住的；从事研发、设计类的工作，则需要有创新意识，能在压力下工作。

当前，虽然很多大学生简历的最后一项都是对自己性格特点的描述，然而这类描述几乎成了褒义形容词的堆砌，千篇一律。用人单位在看到几百份描述相似的简历后，往往就不太感兴趣了。其实个性可以体现在很多方面，比如思维方式、思想认识、悟性、灵感、经历、秉性等都可以折射出个性。所以提倡同学们在校期间要全面提高自己的综合素质（包括个性发展），毕业时更要充分地展示自己的才华。

（8）板块划分注意顺序。很多大学生的简历板块划分不一，顺序颠三倒四，让用人单位阅读起来非常困难。例如大学生小李的简历是这样的：第一板块是个人基本信息，第二板块是所获奖学金，第三板块是实习经历，第四板块是项目经验，第五板块是教育经历，然后是个人兴趣等。小李表示，由于自己多次获得校内外奖学金，实习经历也丰富，因此将这两项内容突出放在了首要位置。

虽然简历各个板块内容的撰写没有固定的顺序，然而用人单位却有相对固定的阅读习惯。他们首先想知道求职者是什么学校、什么专业、何时毕业，然后才是实习经历以及学习期间的奖学金、特长等。但小李的简历内容顺序与用人单位阅读习惯相悖，使用人单位看了一大半还不知道其专业和毕业学校，在努力寻找其基本信息的时候，也可能会忽略其多次获得奖学金等突出优点。

2. 求职礼仪

求职礼仪，实质上是求职者的礼节、礼貌在求职过程中的体现。礼仪常常体现在生活中最细微之处，甚至一个眼神、一个手势。它体现了大学生在长期社会生活中的交际习惯、思维定式与行为定式的最高层次。在求职过程中，基本礼仪具体表现在以下七个方面。

（1）准时赴约。参加面试应按约定的时间前往，最好提前5~10分钟到达面试地点，但也不能太早，提前的时间最好不要超过15分钟。如果迟到，一定要向对方说明原因，以求谅解。如果面试地点比较远，地理位置比较偏僻，不妨先跑一趟，熟悉交通线路、地形，甚至事先搞清洗手间的位置，这样就知道了面试的具体地点，同时也了解了路上所需的时间。

（2）入场与入座。进入面试现场不要紧张，如果门关着，应先敲门（敲门时敲两下较为合适，且用力应适中），得到允许后再进去。门打开时，有礼貌地说声“打扰了”，然后转身正对着门，用手轻轻关门，再转身向室内面试官表明来意。面试官介绍其他人时应该点头致意或主动问候，并努力记住每个人的姓名、职务，当对方伸出手时要及时与之握手，握手要用力，忌主动伸手。等面试官说“请坐”时再坐下。坐姿要端正，两手自然轻放在膝上，千万不要两手下垂或抱在胸前，或背后交叉。脚或者腿不要颤抖或晃动。坐在椅子上要避免耷拉着肩膀、含胸驼背、半躺半坐。男生跷着二郎腿，女生双膝分开、叉开腿等，会给人放肆和缺乏教养的感觉。

（3）注意力集中，学会倾听。谈话时要注意倾听，不要随便打断面试官说话。回答问题时不要东张西望，心不在焉。如果面试官有多人，则回答谁的问题时，目光注视谁。如果不敢正视对方，会被认为害羞或害怕，甚至感觉“有隐情”。一味直勾勾地盯着对方的眼睛也会让人觉得突兀。目光接触的技巧是盯住面试官的鼻梁处，每次 15 秒左右，然后自然地转向其手或办公桌等其他地方，然后隔 30 秒左右，再望向面试官的双眼间鼻梁处。开口回答问题时应该把视线收回来，切忌目光犹疑、躲避闪烁，这是缺乏自信的表现。

好的交谈是建立在“倾听”基础上的。不会听，也就无法回答好面试官的问题。在面试过程中，面试官的每一句话都非常重要，要集中精力记住内容重点。倾听时要做到：① 记住说话者的名字；② 身体微微倾向说话者，自然流露出敬意，表示对说话者的重视；③ 用目光注视说话者，保持微笑；④ 适当地做出一些反应，如点头、会意地微笑、提出相关的问题等；⑤ 仔细聆听问题，从容回答，不可打断对方讲话或反问。

（4）举止文雅，谈吐文明。大学生应注意自己的举止，回答问题时要简洁、完整，切忌夸夸其谈。多使用“您好”“请多关照”“谢谢”“再见”等礼貌用语。

探索思考

“最好的介绍信”

某公司经理对他为什么要录用一个没有任何人推荐的小伙子时如是说：“他带来了许多介绍信。他神态清爽，服饰整洁；在门口蹭掉了脚下带的土，进门后随手轻轻关上了门；进了办公室，其他的人都从我故意放在地板上的那本书上迈过去，而他却很自然地俯身捡起并放在桌上；他回答问题简单明了，干脆果断。这些难道不就是最好的介绍信吗？”

思考：究竟什么才是求职者“最好的介绍信”？

（5）掌握时机，适时提问。为了充分利用面试的时间使双方从互不认识到感兴趣，大学生应学会适时提问，展示自己的才华。如“我这样理解，您认为如何”“能否请您谈谈公司未来几年有什么发展大计”等，以显示出对新工作的重视和关心。

（6）适时告辞。面试不是闲聊，也不是谈判。谈话时间的长短要视面试内容而定。面试官认为面试应当结束时，往往会说一些暗示的话语，如“感谢你对我们公司的关注”等，大学生听到诸如此类的暗示语之后就应该主动告辞。

（7）礼貌再见。面试结束时的礼仪也是公司考察求职者的一个环节。首先，不要在面试官结束谈话前表现出浮躁不安、急欲离去的样子。其次，告辞时应感谢对方花时间同自己面谈。离开时，如果有秘书或接待员接待过自己，也应向他们致谢告辞。

经验分享

参加面试时男女衣着建议

1. 男生

注意脸部的清洁，胡子一定要刮干净。头发梳理整齐，最好是前不过眉、后不及领，两侧不遮耳朵，忌长发、卷发、光头、中分。查看领口、袖口是否有脱线和污浊的痕迹。

春、秋、冬季，男士面试最好穿正式的西装，夏天穿长袖衬衫，系领带，不要穿短袖衬衫或休闲衬衫。西装要平整、清洁、有裤线，西装口袋不放任何东西，必须拆除商标。西装的色调应以给人稳重感觉的深素色为主，如藏青色、蓝色、黑色、深灰色等。配套的衬衫宜选择白色。

领带应选用丝质的，领带上的图案可以根据自己的爱好选择，最好是单色的，它能够和各种西装和衬衫相配。单色为底，印有规则、重复出现的小圆点的领带格调高雅，也可以用。斜条纹的领带能表现出你的精明。领带在胸前的长度以达到皮带扣为好，如果一定要用领带夹，应夹在衬衫第三和第四个扣子中间的位置。可选深色的袜子、黑色的皮鞋。皮带要和西装相配，一般选用黑色。

男士着装遵循“三一致”原则：皮鞋、皮带、皮包颜色一致，一般为黑色。眼镜要和自己的脸型相配，镜片擦拭干净。

2. 女生

面试时的着装，要简洁、大方、合体。职业套装是最简单也是最合适的选择。裙子不宜太长，但是也不宜太短，最好不要高过膝盖三厘米。低胸、紧身的服装，过分时髦和暴露的服装都不适合面试时穿。春秋的套装可选花呢等较厚实的面料，夏季选真丝等轻薄的面料。衣服的质地不要太薄、太透，薄和透有不踏实、不庄重的感觉。色彩要表现出青春、典雅的格调。用颜色表现你的品位和气质，不宜穿抢眼的颜色。

丝袜被称为女性的第二层皮肤，以透明近似肤色的颜色最好。要随时检查是否有脱线和破损的情况，最好带一双备用的。穿式样简单、没有过多装饰的皮鞋，后跟不宜太高，颜色和套装的颜色一致，如果你不知道如何配色，最简单的办法就是穿黑色的皮鞋。夏日最好不穿露出脚趾的凉鞋，更不宜将脚指甲涂抹成红色或其他颜色。如果习惯随身携带包，包不要太大，款式可以多样，颜色要和服装的颜色相搭配。

化淡妆。如果使用香水，应该选择香型清新、淡雅的。不留长指甲，最好涂自然色的指甲油。发型文雅、庄重、梳理整齐，尽量不要烫发、染发，越自然越好。长发最好用发夹夹好，不能染鲜艳的颜色。前额刘海不要超过眉毛。佩戴饰物应注意和服装整体的搭配，最好以简单、朴素为主。不宜过多佩戴耳饰、戒指等首饰。出发前，最好从头到脚再检查一遍，看看扣子、拉链是否扣好、拉好，领子、袖口是否有破损，衣服是否有褶皱，鞋子是否干净光亮。

3. 面试基本类型与应对技巧

（1）面试基本类型。常见的面试一般有以下几种类型。

① 结构化面试、半结构化面试与非结构化面试。根据面试的结构化（标准化）程度，面试可以分为结构化面试、半结构化面试和非结构化面试三种。

结构化面试，是指面试题目、面试实施程序、面试评价、面试考官构成等方面都有统一明确规范的面试。正规的面试一般都为结构化面试，如公务员录用面试等。

半结构化面试，是指只对面试的部分因素有统一要求的面试，如规定统一的程序和评价标准，但面试题目可以根据面试对象不同而有所变化。

非结构化面试，是对与面试有关的因素不做任何限定的面试，也就是通常所说的没有任何规范的随意性面试。关于面试过程的把握、面试中要提出的问题、面试的评分角度与面试结果的处理办法等，面试官不会在事前做精心准备与系统设计。非结构化面试颇类似于人们日常非正式的交谈，除非面试官的个人素质极高，否则很难保证面试的效果。因此，目前非结构化的面试越来越少。

② 单独面试与集体面试。根据面试对象的多少，面试可分为单独面试和集体面试。

单独面试，指面试官与应试者单独面谈。这是最普遍、最基本的一种面试方式。单独面试的优点是能提供一个面对面的机会，让面试双方较深入地交流。单独面试又有两种类型：一是只有一个面试官负责整个面试过程，这种面试大多在较小规模的单位录用较低职位人员时采用；二是由多位面试官参加整个面试过程，但每次均只与一位应试者交谈，公务员面试大多属于这种类型。

集体面试又叫小组面试，指多位应试者同时面对面试官的情况。在集体面试中，通常要求应试者做小组讨论，相互协作解决某一问题，或者让应试者轮流担任领导主持会议、发表演说等。这种面试方法主要用于考察应试者的人际沟通能力、洞察与把握环境的能力、领导能力等。无领导小组讨论是最常见的一种集体面试法。在不指定召集人、面试官也不参与的情况下，应试者自由讨论面试官给定的讨论题目。题目一般取自拟任工作岗位的专业需要，或是现实生活中的热点问题，具有很强的岗位特殊性、情景逼真性和典型性。讨论时，众面试官坐于离应试者有一定距离的地方，不参加提问或讨论，通过观察、倾听为应试者评分。

③ 一次性面试与分阶段面试。根据面试的进程，面试可分为一次性面试和分阶段面试。

一次性面试，是指用人单位对应试者的面试集中于一次进行。在一次性面试中，面试官的阵容一般都比较“强大”，通常由用人单位人事部门负责人、业务部门负责人及人事测评专家组成。在一次性面试情况下，应试者是否能面试过关，甚至是否被最终录用，都取决于这一次面试的表现。面对这类面试，应试者必须认真准备，全力以赴。

分阶段面试又可分为两种类型，一种叫“依序面试”，另一种叫“逐步面试”。依序面试一般分为初试、复试与综合评定三步。初试的目的在于从众多应试者中筛选出较好的人选，一般由用人单位的人事部门主持，主要考察应试者的仪表风度、工作态度、上进心、进取精神等，将明显不合格者予以淘汰。初试合格者则进入复试，复试一般由用人部门主管主持，以考察应试者的专业知识和业务技能为主，衡量应试者对拟任工作岗位是否合适。复试结束后再由人事部门会同用人部门综合评定每位应试者的成绩，确定最终合格人选。

逐步面试，一般是由用人单位的主管领导、处（科）长以及一般工作人员组成面试小组，按小组成员的层次，以由低到高的顺序依次对应试者进行面试。面试的内容依层次各有侧重，低层次一般以考察专业及业务知识为主，中层以考察能力为主，高层则实施全面考察与最终把关。实行逐层筛选淘汰，越来越严。应试者要对各层面试的要求做到心中有数，力争每个层次均留下好印象。面对低层次面试时，不可轻视大意，不可骄傲马虎；面对高层次面试时，也不必胆怯拘谨。

④ 常规面试、情景面试与综合性面试。根据面试内容设计重点的不同，面试可分为常规面试、情景面试和综合性面试。

常规面试，就是我们日常见到的、面试官和应试者面对面以问答形式为主的面试。在这种面试中，面试官处于积极主动的位置，应试者一般是被动应答的状态。面试官提出问题，应试者根据提问做出回答，展示自己的知识能力和经验。面试官根据应试者对问题的回答以及应试者的仪表仪态、身体语言、在面试过程中的情绪反应等对应试者的综合素质状况做出评价。

情景面试，就是给应试者创设一个实际情景，面试官通过观察应试者的言语交流和行为表现，评价其是否具有相关的实际能力。前面所讲的无领导小组讨论即是情景面试的一种。情景面试突破了常规面试那种一问一答的模式，除无领导小组讨论外，还引入了公文处理、角色扮演、演讲、答辩、案例分析等人员甄选中的情景模拟方法。

综合性面试兼有前两种面试的特点，而且是结构化的，内容主要集中在与工作职位相关的知识技能和其他素质上。

⑤ 目标参照性面试和常模参照性面试。依据面试结果使用方式的不同，面试可分为目标参照性面试和常模参照性面试。

目标参照性面试，就是面试结果须明确应试者的素质水平是否达到某一既定的目标水平，通常分为合格与不合格两种。而常模参照性面试，则是根据面试结果对应试者按素质水平高低进行排序，从而进行优胜劣汰决策的面试，结果往往分为若干档次。

（2）面试中的应对技巧。大学生在面试时应注意以下应对技巧。

① 充满自信，大胆展示。大学生在面试过程中，不要轻易被用人单位的招聘条件或面试场面所吓倒，要保持一种积极、乐观的精神状态，大胆展示自己的

才华，争取主动，争取机会。流利的语言表达能力是面试官进行评估的一个重要指标，如果说话时经常用“恐怕”“那”“这”等口头语，会给人犹豫不决、紧张，甚至迟钝的印象，被认为不够职业。

② 不要苛求完美。绝对的完美主义者即意味着自我否定，不知轻重、不分主次，强迫自己在每一个细节上做过分的停留。面试前过于追求完美会给自己增加不必要的心理压力，而在面试中追求完美，往往会因为竭力掩饰、遮盖自己的不足而忽略了面试的根本目的——全面而准确地展现自己的风采。心理学家研究指出：一个人的缺点必然是越抹越黑，一个人的优点则是越擦越亮。所以，不必自怨自艾，不必妄自菲薄，多想想自己的优点和长处，在面试中正常地、真实地发挥自己的水平和能力。

③ 抓住面试官的心理。实际上，面试也是一场心理较量。如果应试者能做到“明明白白他的心”，就能变被动为主动。因此，适当学习一些心理学知识，掌握面试官的基本心理特征，对提高面试的成功率是大有好处的。

④ 把握结束面试的最佳时间。成功的面试都有一定的时间限制，时间的长短要视面试内容而定，一般宜掌握在 30 分钟至 45 分钟。怎样才能把握好适时离场的时间呢？一般来说，在高潮话题结束之后或者是在面试官暗示之后就应该主动告辞。应试者做完自我介绍之后，面试官会相应地提出问题然后转向谈工作，而后，双方会谈及福利待遇问题。这些都是高潮话题，谈完之后就应该主动做出告辞的姿态，不要盲目拖延时间。

4. 面试后的注意事项

（1）结束礼仪。面试虽然结束了，但公司的考察并没有画上句号。面试结束时的礼节也是公司考察的重要方面。具体的做法前文已有介绍，这里不再赘述。

（2）询问决定期限。面试将完的时候，假如对方没有表示会再次联络，则可以询问对方什么时候做出最后决定，好让自己有一个心理准备，或提出可否在一段时间内致电询问。

（3）致感谢信。面试之后，可以在 24 小时之内通过电子邮件寄一封补充性质的感谢信给面试官，对面试官给予面试机会表示感谢。礼多人不怪，在用人单位难以取舍之际，这封信可能会产生决定性作用。在感谢信中应该再次强调自己所具备的优势，并肯定自己对这个职位的兴趣。如果有必要，还应尽可能消除面试官在面试过程中存在的疑虑。

（4）调整心态，总结经验。面试结束后，应该对自己在面试时遇到的难题进行回顾。思考应该如何更好地回答这些问题。尽量把参加面试的所有细节记下来。比如：记下面试时与你交谈的人的名字和职位，以便日后感谢；把面试过，甚至是投过简历的单位、部门记下来，这样如果以后接到复试通知，就不会想不起来是哪个单位了。万一被通知落选了，也应该虚心地向其请教自己还有哪些欠缺，以便今后改进。一般来说，能得到这样的反馈并不容易，应该好好把握时机。

7.1.3 心理调适

1. 求职过程中常见的心理问题

心理问题是大学生求职过程中的瓶颈，只有正确认识并积极调整自己的就业心态，大学生才能在即将到来的求职考验中全面展示自我，以积极的姿态去接受挑战。

在求职过程中，大学生往往会出现以下心理问题。

（1）自卑心理。自卑心理经常发生在自我意识发展不健全的大学生，特别是性格内向的学生身上。过度的自卑会导致大学生在求职时拿不定主意，过分退缩，对自己缺乏信心，真实能力被埋没。

（2）盲目自信。有些大学生或因所学专业紧俏，或因就读重点高等院校，或因自身较优秀的条件为不少用人单位所垂青而自视甚高，过分抬高自己的就业标准。在实际中，他们往往是看这个单位不顺眼，那个单位也不如意，导致与不少适合自己的用人单位失之交臂。他们即使最终会承认就业形势严峻，也不肯放低身段、降低自己的就业期望值，最终导致“高不成低不就”的状况，难以及时就业。

（3）盲目攀比与攀高心理。有些大学生在就业时不考虑自己的主客观条件，不深入了解用人单位的发展情况，而是盲目与身边同学攀比，如攀比工作地点、攀比收入和待遇、攀比工作单位和行业、攀比工作和生活环境等，使得求职变成了一种不正常的自我炫耀。此心理直接导致很多大学生要么暂不就业，盲目等待所谓更“好”的用人单位；要么朝三暮四频频更换工作岗位，导致违约现象增加，大大影响了用人单位正常工作的开展。

（4）患得患失，难以决断。大学生接触社会较少，其理想与客观实际往往存在差异，择业过程中常常会犹豫不决，患得患失。具体表现为对个人利益的斤斤计较，没工作时愁工作，有工作时觉得不够好，总是处于忧虑的状态。患得患失、优柔寡断的心理会阻碍大学生对就业机会的把握，所以大学生应该注意结合自己的专长和发展潜力，权衡各种机会可能带给自己的发展机遇，果断决策。

（5）盲目从众，缺乏自我把握。有些大学生没有很好地对自己的兴趣、爱好、特长进行分析，不考虑职业、岗位是否有利于自己的发展，一味追求热门职业，跟风行事，最后导致要么毁约、要么把就业的压力转变为从业的压力。这种盲从心理既不利于就业，也不利于能力和个性的发挥。求职是一件严肃的事情，一定要认真考虑，谨慎行动，绝不能跟着感觉走，盲目从众。

（6）不平衡心理与嫉妒心理。一些大学生或因自身综合素质和能力不足，或因时机把握不准而找不到理想工作，一旦见到其他同学（特别是在校期间成绩不如自己优秀的同学）就业顺利，心理即产生不平衡感，怨天尤人。嫉妒心甚至会使其把朋友当对头，说风凉话，讽刺挖苦，造谣中伤，最终导致朋友关系恶化，人际关系紧张。这种在择业过程中不能正视自己、嫉贤妒能的表现，也是一种心理误区。

（7）消极依赖，缺乏艰苦创业的心理准备。由于传统观念的影响，部分大学生把就业希望寄托于父母“拉关系、走后门”，更有甚者由家长出面与用人单位洽谈就业事宜，或者坐等学校帮忙落实单位。这些同学在择业问题上缺乏积极性和主动性，与当前竞争激烈的社会现状完全不合拍，最终结果往往不理想。即使找到工作，在试用期间，也会因缺乏艰苦创业的心理准备而抱怨退缩。

（8）造假心理。有些大学生为了给用人单位一个好印象，不惜伪造自荐材料，企图以此来证明自己的实力。实践证明，这种自作聪明的做法往往很难奏效，因为用人单位会通过各种途径了解真实情况。造假不仅损害自己的形象，而且还会给学校的声誉带来负面影响。另外，有些大学生在和用人单位面谈时，故意“放大”自己的能力，甚至超过用人单位的标准。其实这种“放大”能力的做法会使用人单位产生两种顾虑：一是“太优秀了，很多单位可能都会录用，那么以后跳槽的可能性就会比较大”；二是“凭其年龄、经历，可能会如此优秀吗？是不是在信口开河”。因此，在求职中造假，完全是一种得不偿失的做法。

案例分析

简历造假，自毁前程

2018年，某地一大型商场招聘总经理助理，要求具备相关商场管理工作经验。招聘信息发布后，李某前去应聘，在其履历中写明在2002—2017年期间，他曾在另一商场担任副总经理，并有丰富的商场管理经验。凭借出色的简历，李某顺利成为该大型商场的总经理助理，然而工作一段时间后，商场发现李某的工作及业务能力并不能达到工作岗位的要求，并对其展开调查。

经调查发现，李某于2002—2017年期间在某商场担任副总经理的工作经历是虚假的。于是，商场以李某工作能力不符合应聘条件及履历虚假为由辞退李某。对于商场的辞退行为，李某认为该商场违法解除了劳动关系，并将商场告上法院，要求支付违法解除劳动合同的赔偿金及加班工资。

法院经审理认为，根据我国劳动法等法律法规，以欺诈使对方在违背真实意思的情况下订立或者变更劳动合同，应当认定双方劳动关系无效。用人单位可以以劳动者履历虚假为由解除劳动关系。

2. 求职过程中的心理调适方法

心理调适是指运用心理科学的方法，对自己或他人进行心理调适，以使其达到健康状态的过程。自我心理调适，就是自己根据自身发展及环境的需要对自己的心理进行控制调节，从而最大限度地发挥个人的潜力，保持心理平衡，消除心理困扰。面临毕业与就业，大学生应该了解并掌握心理调适的途径和方法，不断调整自身的心理状态，使自己能从容、冷静地面对就业这一人生重大课题，做出正确、理智的选择和行动。

（1）客观认识自我。大学生在求职过程中要知己知彼，知彼就是要了解择业的社会环境和用人单位，正确认识面临的就业形势，了解用人单位的需要；知己就是实事求是地评价自己，对自己有正确的认识。要客观正确地认识自己的优点、缺点、性格、兴趣和特长等。通过在择业前进行职业能力倾向测试，了解职业特点，找到适合自己的职业方向，扬长避短，用发展的眼光来看待自己。

（2）树立合理的职业价值观。对当代大学生来说，职业的意义已经远不是仅仅满足生存的需要，而是要更好地实现自身的价值，为个人发展、社会进步努力。因此，大学生在择业时也不能只考虑工作的经济收入、工作条件、地点等因素，更要考虑职业对自身一生发展的影响与作用，更加看重的应该是自我价值的实现。因此，大学生要在考察社会需要的基础上，树立重自我职业发展、重才能发挥、重事业成功的职业价值观。

（3）树立与时俱进的就业观。就业观是大学生人生价值观的重要部分，它与大学生的世界观、道德意识及心理认知水平相互影响、相互制约，错误的就业观会制约大学生认知水平的提高。每个大学生都希望毕业后能得到一份满意的工作，既能满足自己的物质生活要求，又能契合自己的兴趣爱好。但择业与就业、理想与现实之间总是存在一定差距的，当择业预期无法满足、就业理想难以实现时，大学生应与时俱进，及时调整就业观念。

（4）加强能力锻炼，增强自信心。在竞争异常激烈的今天，用人单位招聘时不仅看学历，更看重个人的能力和素质。所以，大学生要注重培养自己的表达能力、应变能力、实践能力，将理论与实践结合在一起，才能学以致用，适应激烈的社会竞争。同时要不断增强自信和自主择业的意识，勇敢、主动地推销自己，将真才实学展现给用人单位。

（5）调节情绪，保持平常心。经过客观研究后，大学生应该了解，就业市场竞争的激烈性和就业形势的严峻性是无法凭借一己之力改变的。与其怨天尤人，不如调整心态，积极地去面对、去接受。保持平常心，承认并接受无法改变的现实和事实，但绝不能失去奋斗的勇气，而是要越挫越勇，不断地向自己的职业生涯目标迈进。

（6）脚踏实地，从基层做起。当前的就业市场普遍存在这样的一种“错位”现象：用人单位找不到适合的人才，许多大学生又找不到就业单位。原因之一就是大学生就业期望过高。大学生应该树立长远的职业发展观念，脚踏实地，从基层做起，先选择能积累个人经验、提升自己职业发展能力的职位，然后再凭借自己的努力，通过正当的职业流动逐步实现自己的职业理想。

（7）适当鼓励创业。在大学生中，不乏有想法、有能力的年轻人，国家、社会、企业和学校也给予了这些人更多的机会和优惠政策，帮助他们提高自身能力和素质，同时也在创业过程中给予其支持和指导，以更好地发挥他们的能力。对于有理想、有抱负、有创新精神、敢作敢为的大学生来说，创业是值得鼓励的，关键是要有正确的观念和思路，要对自己有一个合理的规划和定位，要与有市场经验的人合作，进行科学化、职业化的管理。

7.2 职业适应与发展

7.2.1 从学生到职业人的过渡

1. 学校和职场、学生和职业人的差别

（1）学校和职场的差别。学校和职场主要有以下几个方面的不同。

① 活动方式不同。在学校，作为受教育者，学生以学习知识为主要活动，其认识社会的途径主要是间接的，认识的内容主要是理论型的、理想主义的；同时，由于学生在求学期间多接受来自家庭和社会的供给和资助，其学习生活长期处于被动接受的状态。而在职场，社会职业角色则要求从业人员运用自己掌握的知识和能力，通过具体的工作岗位向社会提供自己的劳动。同时，在遵守法律法规、社会公德和单位规章制度的前提下，从业人员在生活上有较大的自由度。因此，从学校到职场的过渡，就是一个从接收到运用、从输入到输出的重大活动方式的改变。

② 目标不同。学校的目标是培养人，学生在学校要学习文化知识，掌握社会生活技能。而用人单位的目标首先是生存，是赚钱，然后才是培养人。用人单位对从业人员的要求是运用知识和技能，并在运用过程中不断完善知识，强化、提高技能，其对从业人员的实践能力要求很高。

③ 完成任务的方式不同。学生在学校强调的是“个性”，学校也鼓励学生的个性发展。在学校里，学生完成学习任务基本上是“单兵作战”，独自完成各类作业、试卷、设计，即使需要做一些团队作业，比较用功的学生也可以单独搞定。但在职场上，几乎所有的任务都需要团队协作来完成。而且，每个人的任务完成情况会受到上一个环节的制约，也会影响下一个环节，甚至影响到整个企业。因此，企业强调的是团队精神和严谨的工作纪律，需要的是个人与团队默契的配合，要求用集体的智慧和力量完成工作。如果做不到这一点，是很难圆满完成任务的。

④ 评价成绩的角度不同。学校和职场都看重成绩，但一个看重的是学习成绩，一个看重的是工作成绩。由于考试是限时进行的，对人们短时间记忆、处理复杂

信息的能力要求比较高，所以高智商的人在考试时特别“占便宜”，很容易在学校里取得好成绩。而要想取得好的工作成绩，智商就远远没有情商重要了。大量研究显示，一个人在校成绩优异并不能保证他一生事业成功，也不能保证他能攀升到企业领导地位或专业领域的巅峰。在美国流行这样一句话："智商（IQ）决定录用，情商（EQ）决定提升。”诸多证据显示，情商较高的人在人生各个领域具有较多的优势，无论是谈恋爱、人际关系或是理解办公室中不成文的游戏规则，成功的机会都比较大。

⑤ 人际关系复杂程度不同。在学校，学生日常接触的大多是年龄相近、经历相仿的同学，彼此之间容易理解和沟通，人际关系比较单纯。而职场中人际交往的对象涉及上级、同事、下属、客户、合作单位等方方面面，人际关系相对学校要复杂得多，职场人际关系给上班族带来的心理压力绝不亚于工作本身带来的压力。

（2）学生和职业人的差别。大学生角色与职业角色的根本不同在于社会义务、社会权利和社会规范的不同。

角色的社会义务就是指角色的社会责任，学生的主要责任是学好科学文化知识，掌握社会生活的基本技能，逐步完善自己，以便将来更好地为社会服务，实现自己的人生价值，整个角色过程是一个接受教育、储备知识、锻炼能力的过程。而职业角色的责任是以特定的身份去履行自己的职责，用自己所掌握的知识或技能为社会做出贡献，以自己的行动来承担责任，创造社会经济效益。学生角色责任的履行主要关系到学生本人掌握知识和培养能力的程度，在学校犯错的后果往往不会太严重，至少对学校不会造成太大的影响；而职业角色责任履行的影响则非常大，不仅影响个人价值的实现，还会影响到单位、行业的声誉。

学生角色的权利是依法接受教育，并取得家庭或社会的经济资助，在学分制条件下有选课和选择任课教师的权利。而职业角色的权利则是在开展工作过程中依法行使职权，并在履行义务的同时取得报酬及其他相应的社会福利待遇。

大学生角色与职业角色的社会规范也不同。角色规范，是对角色扮演者的行为规定。学生角色是从教育和培养的角度出发规范学生的行为，如通过制定学籍管理条例、学生行为规范等规章制度，对学生的学习和生活做出相应的要求，目的是为了引导学生健康成长。社会赋予职业角色的规范、提供的行为模式，则因职业的不同而不同。这些模式既具体又严格，职业人如果违背了就要承担一定的责任，甚至法律责任。

2. 初入职场可能会面临的问题

刚刚踏上工作岗位的大学生，面对新的工作环境往往会表现出诸多不适应和困惑，主要表现为心理、管理、人际关系和工作技能等方面的不适应。

（1）心理的不适应。大学生由于受到自身因素和客观环境因素的双重影响，在职场适应的过程中会出现一些心理问题，主要表现在以下三个方面。

① 失落感。初入职场的大学生，每个人都有很高的理想抱负，一些大学生特别是名牌大学的大学生，自恃各方面条件都不错，对工作岗位的期望值过高。当他们按着这个过高的目标接触现实环境时，却发现自己所落实的工作岗位与原来设想中的岗位相差甚远，因此在心理上会产生失落感。

失落心理会让人觉得处处不如意、不顺心，对事业、对生活失去兴趣和追求，产生焦虑、烦躁不安、难过等不良心理倾向。失落心理涣散人的斗志，影响人的追求，进而影响职业适应。大学生要消除这种失落的情绪，就要让自己接受现实，认清自己的职责，积极调整心态，主动地投入工作中，达到心理的平衡。

② 畏难心理。有的大学生在进入新的工作单位后，会缩手缩脚，不敢大胆开展工作。究其原因，一方面很大程度上是因为面对新的工作环境，缺乏工作经验，不知道如何开展工作。另一方面是因为现在大学生多是独生子女，从小到大的人生轨迹均由父母设计，独立处理问题的经验较少，又担心自己做错事会给他人留下不好的印象，因而难以进入状态，往往产生畏惧心理和不安全感。

每个职场新人都会有紧张不安的情绪，只是程度轻重不同而已。其原因就在于对自身的不自信和对陌生人（环境）的恐惧感。要消除这种负面情绪，办法有两个：一是努力提升自我能力以增强自信；二是多与人交流，试着将负面情绪转移，提高交际能力。

③ 自傲心理。有些大学生自视甚高，认为自己接受过高等教育，知识高深，在工作中不去认真了解、熟悉工作单位的情况，却常常对一些管理方式发表“高论”；或者轻视实践，不愿意到基层去锻炼，认为自己从事基层工作是大材小用等。

自傲心理产生的后果就是眼高手低，在实际工作中表现为“大事做不了，小事又不做”，很难完成角色转换。

（2）管理的不适应。大学生因为对所从事职业的意义、重要性认识不到位，对企业管理中各种严格的要求不适应，而产生种种困惑。

① 自由散漫，责任心差。纪律性是企业维护正常生产秩序的基本保证，如果大学生无法处理好纪律问题，自由散漫，不注意融入团队，团队的集体力量就

无法得到体现。

② 自以为是，擅作主张。大学生进入企业后，应该尽快摒弃“精英意识”，以平常心客观地看待工作、看待同事，就事论事，不能“想当然”。因为学历并不能反映能力，高学历并不代表高水平。越是名牌院校的毕业生，企业寄予的期望就越高，一旦达不到预期，带给企业的失望也会越大。

③ 缺乏执行能力。正如前人所讲过的：“一屋不扫，何以扫天下？”对于大学生来说，最关键的是“赢在执行”，做好工作中的每一件事都会带来进步。

（3）人际关系的不适应。在学校，学生作为接受教育的对象，往往得到教师的格外关照、爱护。教师出于职业道德，对学生从爱护的角度严格要求，精心培养，对学生由于不懂事而对自己的不尊重和不礼貌行为从不计较，总是以教育者的博大胸怀宽容学生的种种不足。学生从学校毕业以后初次进入工作岗位，来到错综复杂的大环境里，由于不懂得职场礼仪、知识和规则，缺乏人际沟通的能力与技巧，常常被复杂的职场人际关系搞得晕头转向，出现了种种不适应现象，主要表现在：一是缺乏职业礼仪知识；二是不能正确领会领导、同事的意图；三是随意批判他人工作等。

（4）工作技能的不适应。工作技能的不适应是指因工作需要的知识、技能与自己原有的知识、技能不匹配而产生的不适应。有调查显示，大学生到工作岗位之后，实际知识转化率不到40%。而且，多数大学生不能把这些知识变成自己在岗的职业能力。

提起大学生的基本职业能力，很多经理人颇多感慨：手握计算机三级证书，却不能熟练使用基本的Office办公系统；遇到写总结、方案等，不懂得基本的行文格式和要求……这些看似不是问题的问题却时常让大学生面临挫败，让经理人无语，更影响了企业的工作效率和效果。

大学生走上工作岗位后，应积极进行自我调整，尽快适应新的工作环境，达到职业岗位的要求，在竞争中努力生存、发展，从而实现自己的人生价值。具体来说，应该从以下几个方面做起：一是遵守职业规范和标准，提高职业道德；二是勇于面对困难，练就乐观的职业心态；三是养成良好的学习习惯，完善知识技能结构；四是要达到职业岗位的要求，就要做到珍惜岗位，树立敬业思想；五是适应所在单位的工作秩序，坚守岗位责任制；六是苦练工作技能，提高工作效率。

3. 初入职场应树立良好形象

大学生初次参加工作，给人留下良好的第一印象十分重要。影响第一印象的因素是多方面的，大学生要树立良好的工作形象，必须从身边的一点一滴做起。

（1）注意着装和仪态。进入职场，就要塑造出与工作角色相应的形象。这将最直接地体现一个人的职业素养。概括来说，应做到举止得体、仪表大方、谈吐温文尔雅。初入职场的着装，最关键的就是做到合适，既适合自己的身材又和工作性质、公司的整体着装风格相符。

（2）熟谙职场礼仪，尊重身边每一个人。有良好的礼仪，懂得尊重人，是大学生在人群中脱颖而出的首要条件。一是要给自己一个准确的定位，把周围的人都当作自己的导师，讨教工作经验和生活的智慧；二是调整好评价人的视角，只有尊重大家，才能得到大家的支持，获得更多的资源；三是多用礼貌用语，常把“请”和“谢谢”挂在嘴边。

（3）提高人际敏感度。在学校与同学交往可能有许多随意性，高兴如何说就说出来，惹点小麻烦也无所谓。而工作关系不同于同学关系，需要讲究规则，应注意以下四点。一是不要对人做价值评价。自己的好恶观只代表自己的看法，不一定全面，也不一定反映真实的情况。要从对方的立场看问题，倾听对方的心声，检查自己的判断是否正确。二是要防止遇事追根究底。每个人都有保留自己意见的权利，要防止为满足自己的好奇心而不顾别人感受的做法。三是不要处处好为人师。有时热心过头就成了讨人厌的行为。当别人不需要帮助时，不要随便给建议。四是不要想当然办事。过于自负的行为对他人也是一种冒犯。

（4）摒弃陋习。大学生要避免以下行为：不要卷入他人之间的新旧恩怨，非原则性问题不要斤斤计较；不要急功近利。

（5）严格守时。一些大学生刚到公司的时候，虽工作十分卖力，但却经常迟到早退，而这往往是纪律严明的公司所不能容忍的。因此，大学生要严格要求自己，早到晚走，不要轻易因私事请假。

（6）主动勤快。大学生初入职场，往往不知从何着手，这时候就要做个有心人。从打扫卫生、整理报纸、接电话做起，为其他同事做些辅助性工作，既给人留下勤快的印象，又易于融入同事圈中，能很快得到大家的提携和帮助。

（7）虚心求教。大学生刚到公司，所有的工作都是陌生的，诸多事情都不知如何办理，因此应态度真诚地多向同事请教。要有一种从零做起的“空杯心态”，不论对方年龄大小，只要比自己早进公司，即是自己的老师。

（8）尊重资历。不要试图挑战老员工的地位。即使老员工绩效不理想，但是他们为公司做贡献的时间更长，值得尊重。

（9）少说话，多做事。职场不是一个张扬个性的地方，而是一个比拼能力的地方。初入职的大学生应谦虚，少说话，多倾听；少抱怨，多做事。

7.2.2 培养良好的职业道德

近年来，离职员工带走客户资源、泄露企业机密的案例层出不穷，引人关注。事件背后揭露的是职业道德缺失这一危害严重的职场毒瘤。联系到目前大学生求职高峰时段频繁发生的大学生毁约事件，职业道德评判缺失已经成为威胁企业安全、影响个人职业发展的最大隐患。因此，培养良好的职业道德，加强道德修养是每个大学生的必修课。

加强职业道德修养是一个不断完善的过程。

1. 树立职业道德意识

职业道德意识，即从业者通过学习和实践体验，将外在的职业道德原则、规范和职业道德的基本要求内化为自身的职业道德认知、情感、信念和意志，它是从业者实施职业道德行为的一种精神力量。

（1）提高职业道德认识。这是职业道德的起点和形成良好职业道德品质的第一步。强化职业道德认识，有利于提高大学生学习职业道德理论的主动性。

（2）陶冶职业道德情操。从多方面丰富职业道德知识，不断深化和总结职业道德体验，使之成为理性、稳定的情感。在职业活动中，培养职业道德情感，能够加深大学生对真善美的体验，强化其对假恶丑憎恨的体验，从而使职业道德情感更趋深沉、持久和成熟。

（3）增强职业道德信念。即从业者具有发自内心地对某种职业道德义务的真诚信仰和强烈责任感，它是坚持职业道德行为、形成职业习惯的个性心理倾向。因此，职业道德信念是大学生提高职业道德意识的主要方面，是遵守职业道德规范的重要保障。

（4）培养职业道德意识。大学生在履行职业道德义务的过程中，应培养自觉克服困难和障碍、做出职业道德选择的毅力。它是贯彻职业道德信念并使职业道德行为持之以恒的重要精神力量。

大学生要树立职业道德意识，提高职业道德修养，应在大学期间认真学习社会主义职业道德的有关理论，通过专业知识的学习、实训和社会实践的体验，加深对职业道德理论的理解，以便在将来职业岗位的工作实践中身体力行，养成良好的职业道德习惯。

2. 加强职业道德实践

职业道德的认识、情感、信念和意志只有通过职业道德行为才能表现出来，因此，大学生要加强职业道德实践。

（1）在日常生活中培养。好的习惯是在日常生活中养成的，这就要求大学生从小事做起，从自我做起。

（2）在专业学习中训练。职业素养和职业技能是能否胜任工作岗位的基本条件，要求大学生在遵守职业规范的同时，努力提高自身的职业素养。

（3）在社会实践中体验。实践是知行统一的主要场所，大学生一方面要培养职业情感，另一方面还要学会结合，做到知行统一。

（4）在自我修养中提高。客观看待自己，敢于自我批评，努力做到经常自省；在生活中向榜样学习，努力做到“慎独”。

（5）在职业活动中强化。大学生要将道德知识内化为信念，将职业道德信念外化为行为。

7.2.3　积极的工作态度及行为

工作态度是对工作所持有的评价与行为倾向，包括对工作的认真程度、责任程度、努力程度等。作为工作的内在心理动力，积极的工作态度对工作的知觉、判断、学习以及忍耐力等都能发挥积极的影响，因而能提高个人工作效率，促使其取得良好的工作绩效。这表明积极的工作态度对工作绩效起着促进作用。

1. 热爱工作

热爱工作不是一句口号，而是要在工作中脚踏实地、实实在在地做好每一件事情。工作单位的领导、同事、上上下下所有人员构成了一个集体，这个集体的团结一致和为同一目标工作的热情可以创造出很多财富，而大学生成为这个集体新的一员，就应该以饱满的工作热情投入这个集体中去。

2. 树立积极的工作态度

对于职场新人来说，最重要的就是要端正自己的工作态度，担任什么职务就得做什么样的事情，要真正把自己看成职业人而不是学生。要让别人感觉到你是可塑之材，完全有能力胜任现在的工作并可以做得更好。

那么初入职场的新人应该树立什么样的工作态度呢？

第一，认真对待老板或上级布置的每一份工作。也许这些工作确实很琐碎、枯燥，但是从头学起、循序渐进，这才是初入职场的大学生正确学习和进步的方法。不要小看工作中的小事，这关系到工作态度的问题。

第二，别让自己的小毛病影响工作。有些刚入职场的大学生由于在大学时期养成了贪玩的习惯，开始工作后拖拖拉拉，不能在工作时间完成任务，常常需要晚上或周末加班；还有一些大学生因为一些个人问题，如“头痛”经常需要请假。如果真的生病了完全可以和老板或上级直接说明，但是千万不要因为“头痛”而趁机偷懒。尤其在刚刚参加工作的头几个月，老板或上级对请假、缺席这类事会更加敏感。所以，刚刚进入职场的几个月，即使真有“头痛”之类的小毛病，也要谨慎请假，不要给别人留下一个“毛病多”的印象。

第三，知难而进，不能知难而返。工作中遇到一些困难而不能按时或按质完成工作任务时，既不能因为是新手而畏惧困难，也不能不懂装懂不向其他同事请教或不向上级说明可能遇到的困难。此时，大学生一定要迎难而上，表现出一种不求回报、虚心学习、上进心很强的状态。

问题指导

遇到困难不能按时按质完成工作怎么办

假如老板或上级没有考虑到你是新手，给你定下完成工作的期限可能不合理，这个时候你既要看到按时完成工作的困难，也不能因为有难度而向上级说“恐怕我完成不了”这样的话。到底应该怎么做呢？

你应该明白地向上级讲出你的困难，要让上级知道你所面临的困难和障碍，无论是需要其他方案的支持、同事间的合作，还是你缺少处理复杂任务的经验等，都应该坦诚说明。

如果你能及早发出求援信号，上级和同事会关注你的困难，而且会给你重新确定期限；如果你面对困难无动于衷，只是一味地等着别人来帮助，而不积极主动地寻找解决问题的方法，那你很有可能不能按时完成任务，最终会陷入麻烦。

3. 注重工作方法的有效性

有的人似乎每一天都在忙忙碌碌，可是到了一个阶段总结工作时，又说不出干了些什么，缺乏实质性的、具有效益的工作成果。原因就是这些人缺乏对工作方法有效性的思考。无论什么职业和岗位，都有它自身的规律和法则，如果不注重工作技巧和方法，就无法提高工作效率。

比如，有些技术上的问题，对刚刚参加工作的大学生来说，光靠自己死抠、闷着不问，不仅耽误时间，还有可能造成事故，耽误工作。所以，除了学习书本知识以外，大学生还应该多向技术精湛、具有丰富经验的老员工、老师傅请教、学习。虚心求教不仅能增长知识，积累经验；还能高效快速地解决问题，高质量地完成任务。

4. 建立良好的人际关系

美国著名成功学大师戴尔・卡耐基经过长期研究得出结论：专业知识在一个人成功中的作用只占 15%，而其余的 85% 则取决于人际关系。对于刚入职场的大学生来说，学会处理人际关系也是一门重要的必修课。

大学生初入职场，涉及的人际关系的对象主要有三个方面：上级、同事和职业特点决定的各种工作对象。

（1）正确对待上级。上下级之间的关系在工作上是管理与被管理的关系，所以大学生要接受上级与下级的从属关系，并在工作中遵守这项规则。不能因为上级比自己年轻或者学历比自己低，就轻视上级或自作主张，要学会尊重与服从上级的领导。

遵循下级对上级的行为准则，就要明确自己的工作职责，充分发挥自己的主观能动性；对上级的工作只能补台，不能拆台；对上级的意见要提在当面，不要背后议论；对上级汇报工作要认真准备，做到言简意赅；对上级的隐私要保密；不要在背后贬低上级；不要当众指责上级；愿意接受上级的批评指正；勇于为上级出谋划策。

养成好的职业习惯。工作进行到一个阶段，需要及时向上级汇报；遇到问题或有不同见解时应主动与上级沟通和探讨，以免延误工作；对于上级交代的任务应当快速反应并完成。

（2）与同事友好相处。与同事相处，最重要的原则就是互相尊重、互相帮助、友好相处。既不能狂妄自大、看不起同事；也不能妄自菲薄，被同事看不起。同时要培养自己的归属感，在思想上、感情上、行动上想集体之所想，主动热情地为同事排忧解难。多参加一些集体活动，自然地与同事融为一体。不要以个人好恶去亲近一部分人，疏远一部分人；不要拉帮结伙，参与派别之争。与同事发生矛盾，最好当面解决，不留“后遗症”。在原则问题上不能一味退让，非原则问题则应尽量宽容、忍让。

（3）与不同的工作对象友好相处。由职业特点决定的不同性质的工作需要与各种不同的工作对象打交道，与这些在业务上有往来的人接触也要十分注意搞好人际关系。比如列车上的乘务员、公交车上的售票员要对乘客提供微笑服务；商店里的售货员要向顾客提供周到服务；公司的业务员要了解客户需求，接待客户、洽谈业务；教师要关爱学生，教书育人……

与职业性质有关的人际关系不单纯是人与人的相处问题，还与职业道德有关。因此，大学生无论从事何种职业，都要十分重视人际关系。

7.2.4 职场中的人际沟通

职场中的人际沟通是一件很重要的事。如果大学生能掌握人际沟通的技巧，就可以使工作中的人际关系更融洽，也能使生活过得更有意义。

人际沟通主要有三大技巧。

1. 清晰、简洁地发送信息

信息在发送过程中包括三方面内容：信息、思想和情感。人们在沟通中发送的不仅仅是信息，还有思想和情感。因此，大学生在发送信息的时候，要注意以下几个问题。

（1）选择有效的信息发送方式。大学生要针对不同的沟通对象和目的选择不同的发送方式。信息发送方式有很多，比如会议、电话、亲笔信件、电子邮件、面谈等。如果是一般的说明情况的信息沟通，通过信件、电话、邮件就可以解决；如果是为了交流感情和增加信任，则应该选择合适的时间、地点面谈。

（2）何时发送信息。例如何时约见客户，何时发出致谢函，何时向老板汇报，何时与下属谈心等，都要讲究“天时、地利、人和”，这一点非常重要。

（3）确定信息内容。信息的内容是沟通的实质。不存在没有任何内容的沟通。因此，大学生在沟通开始前应对信息的内容做些适当的准备，例如哪些该说，说到什么程度，哪些不该说。信息的内容应该清晰简洁，用词准确，避免模糊不清或容易引起误解的表述。专业术语在基本确认对方能够理解的情况下方可使用。同时还应该注意的是信息的载体，比如语音、语调、肢体语言的不同运用会给对方带来不同的感受，进而影响沟通质量。

（4）谁该接收信息。应该清楚地知道谁是信息的接收对象，了解接收者的观念、需要和情绪。

（5）在何处发送信息。在正式场合还是非正式场合，比如销售部经理要求财务部改善服务流程和服务态度的建议就不宜在全员大会上提出，而应在平时与财务部经理私下沟通，否则会被误解为发难或告状。而与客户前期预热洽谈阶段不一定要在办公室这样的正式场合，在休闲的茶舍、咖啡厅等地方则比较合适。

2. 积极倾听

掌握别人内心世界的第一步就是认真倾听。在陈述自己的主张说服对方之前，先让对方畅所欲言并认真聆听是解决问题的捷径。

（1）倾听在沟通中的作用。倾听不仅是耳朵听到相应的声音的过程，而且是一种情感活动，需要通过面部表情、肢体语言和话语的回应向对方传递一种信息——我很想听你说话，我尊重和关心你。

（2）高效倾听有以下技巧：倾听是一种主动的过程；鼓励对方先开口；切勿多话；切勿耀武扬威或咬文嚼字；表示兴趣及保持视线接触；专心、全神贯注和表示赞同；让人把话说完，切勿武断下论断；鼓励别人多说；让别人知道你在听；观察肢体语言并注意非语言性的暗示；接受并提出回应；暗中回顾，整理出重点并提出自己的结论。

3. 积极反馈

一个完整的沟通过程是这样的：首先是信息的发出者通过“表达”发出信息，其次是信息的接收者通过“倾听”接收信息。对于一个完整的、有效的沟通过程来说，仅仅这两个环节是不够的，还必须有反馈，即信息的接收者在接收信息的过程中或过程后，及时地回应对方，以便澄清“表达”和“倾听”过程中可能的误解和失真。

（1）反馈的类别。反馈有两种：一种是正面的反馈，另一种叫作建设性的反馈。正面的反馈就是对对方圆满完成的事情予以表扬，希望好的行为再次出现；建设性的反馈就是对对方不足的地方提出改进的意见。

请注意，建设性的反馈是一种建议，而不是批评，明白这一点非常重要。

（2）如何给予反馈。要站在对方的立场和角度上，针对对方最为需要的方面给予反馈，反馈应具体明确、有建设性，对事不对人。

（3）如何接受反馈。接受反馈是反馈过程中一个十分重要的环节。在接受反馈时应该做到以下几点。

其一，耐心倾听，不打断。接受反馈时，一定要抱着谦虚的态度，以真诚的姿态倾听他人的反馈意见。

其二，无论这些意见在你看来是否正确和是否中听，在对方反馈时都要暂时友好地接纳，不能打断对方的反馈或拒绝接受反馈。

其三，避免自卫。自卫心理是每一个人的本能反应。在对方向你反馈时，如果你仅仅站在自己的立场，挑肥拣瘦地选择是否接受，一旦听到对自己不利、不好或自己不想听的东西，就急忙脸红脖子粗地去辩解和辩论，那么明智的另一方就会马上终止反馈。

其四，表明态度。别人反馈之后，你要有一个明确的态度，比如理解、同意、赞成、支持、不同意、保留意见、怎么行动等。不明确表示自己对反馈的态度与意见，会让对方误解你没有听懂或内心对抗，这样就会增加沟通成本，影响沟通质量。

7.3 就业权益保护

7.3.1 求职过程中常见的侵权行为

目前，大学生就业形势越来越严峻。一些用人单位为了最大限度地实现自己的利益，降低运营成本，侵害大学生合法权益的事件时有发生。以下是在大学生求职就业过程中常见的一些侵权行为。

1. 招聘面试阶段常见的侵权行为

招聘、面试阶段常见的侵权行为主要包括虚假广告宣传行为、歧视行为、侵害知情权的行为和侵害隐私权的行为等，具体内容如下。

（1）虚假广告宣传行为。一些用人单位可能会在招聘会、招聘网站或人流量大的地方张贴虚假招聘广告。这些用人单位要么是为了招到素质较高的大学生而夸大或隐瞒自己的某些情况；要么是为了直接进行钱财的诈骗；要么是其他意义上的企业宣传。大学生看到招聘广告后，最好事先对其进行调查和了解，避免上当受骗。

（2）歧视行为。《中华人民共和国劳动法》（下文简称《劳动法》）明确规定："劳动者享有平等就业和选择职业的权利。"

在人才市场已经形成"买方格局"的今天，应届毕业生经常会受到就业歧视，例如性别歧视、年龄歧视、身高歧视、形象歧视、户口歧视、血型歧视以及姓氏歧视等。

（3）侵害知情权的行为。《中华人民共和国劳动合同法》（下文简称《劳动合同法》）规定："用人单位招用劳动者时，应当如实告知劳动者工作内容、工作条件、工作地点、职业危害、安全生产状况、劳动报酬，以及劳动者要求了解的其他情况。"

面试时，用人单位不仅会从大学生的简历上获取大量信息，还会向大学生提出各种问题，以了解更多的情况，然而在大学生提出问题询问企业情况时，有些用人单位会故意回避问题甚至以多种方式迁怒于大学生，这些都是侵害大学生知情权的行为。

（4）侵害隐私权的行为。用人单位侵害大学生隐私权的行为主要表现为：为窃取大学生的私人资料、作品，进行过分地追问；以招聘为由，在笔试、业务考核中让大学生撰写策划方案、翻译文章或者强制性扣留大学生所携带的作品等。面对这样的情况，大学生有权拒绝，必要时可向相关部门举报。

2. 试用期阶段常见的侵权行为

试用期是用人单位和劳动者为相互了解、选择而约定的一定期限的考察期。一些用人单位摸透了大学生就业规划模糊、在试用期比较珍惜就业机会的心理，借机运用各种方式侵害大学生的合法权益。

试用期常见的侵权行为主要包括以下内容。

（1）用人单位单独规定试用期。根据《劳动法》的规定，用人单位和劳动者应当协商一致签订劳动合同，劳动合同可以约定试用期。但有些用人单位往往单方面在劳动合同中更改试用期等条款，并没有与大学生进行协商约定。

（2）试用期不予签订劳动合同。根据《劳动合同法》的规定，用人单位与劳动者建立劳动关系，应当订立书面劳动合同。但在实际中，部分用人单位以口头或以其他形式与大学生约定试用期，并没有签订劳动合同，一旦试用期劳动关系双方发生劳动争议时，大学生便失去了最有力的书面证据。

（3）随意延长试用期。根据《劳动合同法》的规定，劳动合同期限3个月以上不满1年的，试用期不得超过1个月；劳动合同期限1年以上不满3年的，试用期不得超过2个月；3年以上固定期限和无固定期限的劳动合同，试用期不得超过6个月。但是，部分用人单位一律把试用期约定为3个月、6个月或不定期，而不考虑劳动合同期限的长短，致使大学生失去了提前转正和领取正常工资的机会。

（4）试用期不予缴纳社会保险。根据《劳动法》的规定，只要建立起劳动关系，用人单位就应当根据社会保险规定的缴纳比例为劳动者缴纳法定的各种社会保险。但部分用人单位不给试用期的大学生缴纳社会保险，更甚者直接将劳动合同变更为劳务合同，以逃避缴纳社会保险的义务。

（5）试用期非法收取担保财物。根据《劳动合同法》的规定，用人单位与劳动者订立劳动合同时，不得收取任何形式的抵押金、抵押物或其他财物。但部分企业常以不了解大学生的人品等理由，非法要求大学生缴纳保证金，并扣押身份证、学历证书、资格证件等。

（6）试用期薪酬无保障。根据《劳动合同法》的规定，劳动者在试用期的工资不得低于本单位相同岗位最低档工资或者劳动合同约定工资的80%，并不得低于用人单位所在地的最低工资标准。实际中，虽然大学生在试用期内与用人单位建立了劳动关系，但有些单位支付低工资，甚至不支付工资，这些都属于侵权行为。

（7）试用期不予安排培训。根据《劳动法》的规定，用人单位有对劳动者进行培训的义务，劳动者有受到必要的培训的权利。但是很多用人单位在试用期不为大学生提供培训，这也是一种侵害大学生权利的表现。

（8）试用期任意行使劳动关系解除权。根据《劳动法》的规定，劳动者在试用期间被证明不符合录用条件的，用人单位可以解除劳动合同。但是部分企业往往以健康、生理等各种理由随意解聘大学生，实则侵犯了大学生的合法权益。大学生应该知道：用人单位在解聘劳动者之前有证明劳动者在试用期间不符合录用条件的举证责任。

（9）试用期限制劳动合同解除权。根据《劳动法》的规定，劳动者在试用期内可以随时通知用人单位解除劳动合同。但是很多用人单位在劳动合同中约定劳动者在试用期解除合同需承担违约责任，以限制劳动者的劳动合同解除权。

因此，大学生在求职时必须保持清醒的头脑，多了解相关的法律法规，切实维护自己的劳动权益不受侵犯。

3. 合同侵权行为

多数情况下，大学生与用人单位的主动权是不对称的，面对用人单位已经准备好的劳动合同，大学生往往只有签字的份。值得注意的是，在这样的劳动合同中往往隐藏着诸多“霸王条款”，可能会侵害大学生的合法权益。

（1）口头合同。口头合同具体表现在一些用人单位与大学生就工作岗位、工作内容、工作报酬等达成的口头约定，而并没有签订正式的书面劳动合同。一些大学生由于求职心切、缺乏经验，极易相信用人单位的种种具有诱惑性的“允诺”。这种“口头合同”很难靠得住，通常会使大学生失去劳动合同这张纸面的凭证而被侵权。

（2）单方合同。一些用人单位在订立劳动合同时，只约定大学生应该承担哪些义务，违反约定应该承担怎样的责任，毁约要缴纳违约金等，而对于大学生的权利则模糊定义或者几乎一字不提，导致大学生处于被动从属的地位。

（3）“两张皮”合同。有些用人单位为了应付国家有关部门和机关的检查，往往与大学生签订两份劳动合同，一份合同用来防备检查，另一份才是双方真正履行的合同。至于前者大学生不仅见不到，甚至不知道，因为这份合同是用人单位为了满足自己的利益一手炮制的。双方真正履行的那份合同一定是有利于用人单位的不平等合同。

（4）“生死”合同。即一旦发生意外，企业不承担任何责任。一些危险行业的用人单位为逃避责任，经常在签订合同时要求大学生接受合同中的“生死条款”。这些用人单位不按《劳动法》的有关规定履行生命安全义务，对很多劳动者的生命安全造成了极大威胁。

（5）押金合同。用人单位通常会利用大学生急于求职的心理向大学生收押金、风险金、培训费、保证金等各种名目、数额不等的财物，当大学生稍有违反“约定”的行为或者违反了单位管理制度时，用人单位即以“合法”的形式扣留这部分财物。

（6）“卖身”合同。这种侵权合同主要表现为五个方面，具体内容包括：劳动者在一定时期内不能跳槽到同行的单位工作；劳动者在工作中加班加点，被强迫劳动；严格规定劳动者吃饭、穿衣、上厕所的时间；剥夺劳动者的休息权、休假权；任意侮辱、体罚、殴打或拘禁劳动者。一旦签订了这样的劳动合同，劳动者的生活、休息和人身自由就受到了用人单位的非法限制。

（7）权利、义务约定不明的合同。这种侵权合同主要表现在两个方面。

① 有些用人单位随意调整、更换劳动者的工作岗位，并在劳动合同中模糊定义岗位信息，以致双方的某些权利和义务不太明确，为日后劳动争议处理埋下隐患。

② 我国《劳动法》规定："国家实行劳动者每日工作时间不超过八小时、平均每周工作时间不超过四十四小时的工时制度。"在工作过程中，根据有关规定，用人单位不得随意让劳动者加班加点，如有特殊需要，应向劳动者支付加班工资。但是，有些用人单位在劳动合同中没有明确劳动者的工作时间，并随意延长劳动者的工作时间。

大学生在就职时，一定要与用人单位签订合法、合理的劳动合同，并对用人单位主体的合法性，劳动合同条款、内容的合法性进行充分了解后再订立合同，以切实保护自己的合法权益免受侵害。

7.3.2 就业协议与劳动合同的签订

1. 就业协议的签订

（1）就业协议的概念及作用。就业协议是由教育部或各省、市、自治区就业主管部门统一制定，明确毕业生、用人单位和学校在毕业生就业工作中权利和义务的书面协议。就业协议须毕业生、用人单位、学校三方签字盖章才能生效，缺少其中任何一方签字盖章，就业协议都是无效的。

签订就业协议，其目的是保护毕业生和用人单位各自的权益，它是毕业生就业和用人单位接收毕业生的重要依据。同时，就业协议是学校进行毕业生就业管理、编制就业建议计划的重要依据。国家为宏观控制毕业生流向，保障急需人才的补充，使毕业生就业有一定的计划性，要求学校要以就业协议为依据编制毕业生就业的建议性计划，报上级毕业生就业部门审批。同时，学校为加强对毕业生就业工作的管理，维护毕业生和用人单位的合法权利，保持与用人单位良好的合作关系，维护高校自身信誉，要参与就业协议的签订并监督执行。

（2）就业协议的签订。签订就业协议一般要经过如下程序：

① 毕业生到所属学院就业办领取就业协议；

② 毕业生和用人单位达成就业意向后，双方在就业协议上签字盖章；

③ 无独立人事权的用人单位须报请上级主管部门在就业协议上签字盖章；

④ 毕业生所属学院就业办审核就业协议，并签字盖章；

⑤学校就业中心审核就业协议，并签字盖章。

毕业生在与用人单位签订就业协议前，要认真阅读协议中的全部条款，特别是要清楚用人单位提出的附加条款，并弄清楚条款的内容和含义，同时还要学会运用条款和掌握签订就业协议中的步骤。毕业生应着重注意以下几点。

第一，学习相关法律、法规和政策知识。大学生在求职、就业、签约之前，一定要全面了解和掌握国家和地方政府关于促进大学生就业的相关政策，了解规范就业市场的相关法律、法规和有关规定，还应对不同地方人事主管部门的特殊规定有所了解，比如是否可以迁户口等。只有这样，才能在应聘和签约时保持思路清楚和条理明晰，及早识破不法单位故意设下的陷阱；才能根据法律法规的要求约束自己的就业行为，提高依法就业的意识，维护就业秩序；才能懂得如何通过合法的途径和手段解决就业过程中出现的问题，最大限度地保护自己的正当权益。

第二，要查明用人单位的资质情况，签订就业协议的当事人必须具备合法的主体资格。一般而言，用人单位必须具有从事各项经营或管理活动的能力，单位应有用人指标和用人人事权。毕业生要了解用人单位有无独立的人事权以及用人单位的上级主管单位和部门。如果用人单位没有独立的人事权，就业协议除了需用人单位盖章外，还必须由其上级主管部门盖章，否则，由于用人单位的上级主管单位或主管部门不认可，所签协议将为无效协议。由于就业市场招聘单位类型多样，不乏鱼目混珠的情况，因此毕业生在与用人单位签订就业协议时应慎重，要仔细了解用人单位的基本资质情况，才能做出正确的判断。

第三，要按正确的程序签订就业协议。毕业生就业协议的签订应按照规定的程序进行。一般而言，毕业生应凭用人单位接收函到学校领取就业协议，在与用人单位签约后交学校就业指导部门审核。但是，现在越来越多的用人单位要求毕业生先带上就业协议面试，以确定其是否与其他用人单位签订协议，所以也可以由毕业生在学校就业部门领取就业协议，先与用人单位签订就业协议，再将就业协议交学校就业部门审核。不管怎样，就业协议的签订必须由学校就业部门最后把关，以维护毕业生的合法权益。

第四，要明确有关条款的内容。毕业生就业协议一般由主管部门事先拟定，对毕业生与用人单位起示范作用，所以，毕业生与用人单位在签约时，应尽量采用示范条款。如确有必要进行变更或增加，必须明确其内容，不要产生歧义，尤其是涉及福利待遇、工作期限、违约责任等内容，否则一旦发生争议，很可能会由于事先约定不明确从而侵犯毕业生的合法权益。

第五，在协议上写明违约责任。毕业生就业协议一经订立，就对当事人具有约束力，一方不得随意解除，否则应承担违约责任。有时，毕业生对用人单位情况不是很了解或感到不完全如意，但又担心就业市场的变化，一旦放弃后落实就业单位可能更困难。在这种情况下，毕业生可与用人单位在就业协议中就解除条件作约定。约定条件一旦成立，毕业生可依约解除协议，而无须承担违约责任，避免产生经济损失或其他争议。

案例分析

案例一：就业协议学生单方违约

小王是北京某高校毕业生，2017 年 11 月开始找工作。小王一直想在北京当一名公务员，但由于国家公务员的录取要在次年的 5 月才有结果，而北京公务员的录取也要到次年的 4 月、5 月才能有结果。为了“保底”，小王于 2017 年 12 月与一家公司签订了《高校毕业生就业协议》(俗称“三方协议”)。2018 年 5 月，小王被某国家机关录取。于是小王决定与原来签订了三方协议的公司解除协议，该公司要求小王按照双方的约定交纳 3 000 元的违约金，小王找到就业指导办公室的老师咨询自己是不是必须得交这 3 000 元钱。

我国《合同法》第 107 条规定：“当事人一方不履行合同义务或者履行合同义务不符合约定的，应当承担继续履行、采取补救措施或者赔偿损失等违约责任。”因此，案例一中的小王应当按照三方协议中的约定承担违约责任，交纳违约金。在教育部关于《全国普通高等学校毕业生就业协议书》管理办法中也规定：毕业生在协议书上签署个人意见之后，用人单位或学校两方之中只要有一方在协议书上签字，毕业生即不得单方面终止协议的签订工作。毕业生违约时，必须与原签约单位办理解约手续，然后将原协议书交还招生就业工作处，并换取新的协议书。

案例二：就业协议企业单方违约

小张是某高校毕业生，2017 年 12 月与一家自己比较满意的公司签订了《高校毕业生就业协议》。协议签订以后小张就没有再找别的工作，开始撰写毕业论文和做一些毕业和就业准备工作。次年4月，小张得到签约单位的通知，说由于该公司经营策略上的变化，原本计划招收的20名应届毕业生现缩招为5名。该公司打算与小王解除就业协议，并提出愿意按照三方协议的约定承担违约责任。小张认为自己因为和该单位签订了三方协议，失去了很多其他的就业机会，现在该公司给一笔违约金就可以和自己解除协议自己再找工作时间上很仓促。他找到就业指导老师咨询，可不可以通过诉讼或其他方式强制该单位履行三方协议。

由于用人单位与毕业生在三方协议中达成的合意是关于毕业生毕业以后到用人单位工作的内容，关系到双方日后建立具有较强人身属性的劳动合同，不适合采取强制实际履行的违约责任形式。因此在案例二中，不能强制该公司履行就业协议。但小张有权要求其按照就业协议的约定支付违约金。

第六，要注意备注（所约定条款）的合理性和可接受性。毕业生在签约时应认真查看补充条款的内容本人能否承受（例如对于违约问题，有的用人单位为了惩罚违约的毕业生，约定的违约金数额过高，使毕业生难以承受）；毕业生与用人单位约定的备注条款，要注意必须有毕业生和用人单位双方的签字，否则发生争执时，由于没有双方的签字，备注条款很难发生作用。

案例分析

就业协议不能替代劳动合同

大学生求职时签订就业协议就可以吗？它能否替代劳动合同？很多用人单位和大学生对就业协议和劳动合同的认识模糊，有的用人单位觉得“签过就业协议就行”，有的大学生竟不知道签订劳动合同。

陈立即将毕业时与某公司签订了一份《毕业生就业协议书》，约定陈立毕业后在该公司服务5年，否则就要赔偿违约金1万元。后来陈立到公司后又与公司签订了3年期限的劳动合同，约定试用期为4个月，陈立可以在试用期内提请书面辞职。合同没有约定违约金事项。工作了3个月后，陈立觉得这份工作不适合自己，于是向公司提出了辞职。但公司不同意解除劳动合同。公司认为，陈立违背了先前签订的协议书，给公司造成了损失。这便引发了双方的一场官司。

“大学生与用人单位在签订就业协议时，双方没有形成劳动关系，所签订的就业协议也不是劳动合同。”专业人士分析道，“建立劳动关系应当签订劳动合同。就业协议是确定就业意向和相关权益的，包括报到日期、未来劳动合同的期限、试用期、薪酬、岗位、福利、违约金等。但工作后就应该签订劳动合同。如果就业协议与劳动合同发生冲突，应该以劳动合同为准。陈立的辞职符合劳动合同的约定，不必支付违约金。该公司应为陈立办理解除劳动合同的各项手续。”

专家建议：大学生在校期间签订的就业协议书不属于劳动合同，只是一份意向书。因为在校大学生不符合签订劳动合同中的劳动者的资格，只有获得毕业证书后，才满足要求。毕业生必须凭就业协议书与用人单位另行签订劳动合同。同时为避免用人单位“反悔”而造成损失，毕业生也可事先约定高额违约金或赔偿金。

---

2. 劳动合同的签订

（1）劳动合同的概念及主要内容。劳动合同，也称劳动契约、劳动协议，它是指劳动者同企业、事业单位、机关单位等用人单位为确立劳动关系，明确双方责任、权利和义务而签订的协议。劳动合同依法订立即具有法律约束力，当事人必须履行劳动合同规定的义务。劳动合同分为固定期限的劳动合同，无固定期限的劳动合同和以完成一定工作任务为期限的劳动合同。固定期限的劳动合同就是用人单位与劳动者约定合同终止时间的劳动合同，比如一年、两年、三年，时间是确定的。无固定期限的劳动合同是指用人单位与劳动者约定无确定终止时间的劳动合同。以完成一定工作任务为期限的劳动合同是指双方当事人将完成某项工作约定为终止条件的劳动合同。

劳动合同的主要内容在《劳动合同法》第十七条中有明确的规定。根据《劳动合同法》中的内容，劳动合同应当具备以下条款：

① 用人单位的名称、住所和法定代表人或者主要负责人；

② 劳动者的姓名、住址和居民身份证或者其他有效身份证件号码；

③ 劳动合同期限；

④ 工作内容和工作地点；

⑤ 工作时间和休息休假；

⑥ 劳动报酬；

⑦ 社会保险；

⑧ 劳动保护、劳动条件和职业危害防护；

⑨ 法律、法规规定应当纳入劳动合同的其他事项。

劳动合同除前款规定的必备条款外，用人单位与劳动者可以约定试用期、培训、保守秘密、补充保险和福利待遇等其他事项。

（2）签订劳动合同的注意事项。毕业生在签订劳动合同时应注意以下事项。

① 学习劳动法规。因为缺乏法律知识和经验，很多毕业生不知道自己即将签订的劳动合同是否符合规范，是否能保护自己的利益，因此毕业生应加强劳动法规的学习。《中华人民共和国劳动合同法》（中华人民共和国主席令第65号）、《中华人民共和国劳动合同法实施条例》（中华人民共和国国务院令第535号）、《中华人民共和国劳动争议调解仲裁法》（中华人民共和国主席令第80号）以及各地方性的劳动合同管理规定，都是调整劳动关系、签订劳动合同、解决劳动争议的最基本也是最常用的法律法规，毕业生在实际就业前应对这些法律常识有所了解。

② 全面了解用人单位情况。在签订劳动合同前，毕业生应尽量全面地了解用人单位的相关情况，包括企业文化、发展趋势、福利待遇、员工管理等。一般来讲，资质和声誉比较好的企业，用工比较规范，注重企业形象和人性化管理，非法用工和侵犯劳动者合法权益的情形比较少。

③ 仔细阅读合同文本。在签订劳动合同过程中，用人单位大多是要约方，所签劳动合同文本一般由用人单位草拟提出。因此，毕业生在与用人单位签订劳动合同之前，一定要向用人单位索要劳动合同文本，了解所要签订的劳动合同的内容是否合法，条款规定的权利和义务是否对等，措施是否明确具体等，一般应从以下几个方面仔细阅读、审核。

一是是否明确约定具体工资数额。不应出现不约定或约定“工资不低于当地最低工资”的条款，以避免有些企业在面试时口头承诺给予劳动者高额工资却并不履行。

二是工作岗位约定是否明确具体。不应出现不约定或约定类似于“管理岗位”等抽象概念的条款，以避免出现入职前的口头承诺与入职后的实际岗位不符的情况。

三是工作时间、工作地点是否清楚。如出现“可以长期在外地出差”等字眼时，毕业生应加倍小心。

四是试用期约定是否符合规定。主要应审查试用期内是否签订劳动合同、试用期是否超过规定期限、试用期内工资是否低于最低工资标准等。

五是社会保险方面应审查是否按规定缴纳五险一金。

六是应审查签订劳动合同的单位名称与实际用工的单位名称是否一致。

七是竞业限制是否有补偿。

延 展 阅 读

什么是竞业限制

在一些高科技企业或者是涉及商业秘密的单位，在劳资双方签订劳动合同时，用人单位为了保护自己的商业秘密，往往会事先拟定一个保密条款，约定劳动者在离开该单位后，不得使用单位的商业机密。《劳动合同法》第二十三条规定："用人单位与劳动者可以在劳动合同中约定保守用人单位的商业秘密和与知识产权相关的保密事项，对负有保密义务的劳动者，用人单位可以在劳动合同或者保密协议中与劳动者约定竞业限制条款，并约定在解除或者终止劳动合同后，在竞业限制期限内给予劳动者经济补偿。劳动者违反竞业限制约定的，应当按照约定向用人单位支付违约金。"

④ 毕业生还应详细了解用人单位的录用条件。用人单位一般会在试用期对毕业生进行考核，若毕业生经考核被证明不符合录用条件的，用人单位可以解除劳动合同。故毕业生最好与用人单位当面确认录用条件，避免用人单位随意设定录用条件并以毕业生"试用期不符合录用条件"为由随意解除劳动合同，损害毕业生的权益。毕业生可以要求用人单位解释合同，如果劳动合同中的条款写得不够明确或者自己理解困难，一定要请用人单位进行条款解释。即便有些重要条款表面看起来已经十分明确，但解释非常必要，可以防止双方对合同理解产生分歧。

⑤ 商谈。在签订劳动合同过程中，双方是平等的，如果毕业生对合同中某些条款内容有不同看法，甚至存在与用人单位有分歧的地方，可以提出自己的看法和修改意见，与对方协商。

⑥ 及时签订劳动合同。毕业生到单位报到后，应尽快与用人单位签订劳动合同，使双方的劳动关系能以法律的形式确认，使自己的合法权益能得到及时的

保护。签订劳动合同后，毕业生也要持有一份合同，作为享受权利、履行义务以及处理劳动争议的依据。

案例分析

签订劳动合同须及时

供职于上海一家酒店的小宋，在研究生即将毕业时和酒店签订了就业协议。毕业后，他按协议约定工作已满 3 个月，但酒店既不与他签订劳动合同，也不为他缴纳社会保险费。日前，他找到另一家酒店打算就职，但原酒店以“就业协议中有约定”为由，要求他支付 3 000 元“违约金”后方能离职，否则将扣留档案不予放行。

劳动保障部门指出，就业协议和劳动合同是两个不同的概念，酒店一旦和求职者确立了劳动关系，就应依法签订正式的劳动合同，应当订立劳动合同而未订立的，劳动者可以随时终止劳动关系。小宋已经拥有劳动者身份，酒店不能继续凭借就业协议中的条款加以阻挠。

劳动保障部门为此提醒劳动者，“在就业协议中约定了服务期和违约金，就无须再签订劳动合同”，这是一种误解。在明确劳动关系之后，求职者应注意及时与企业签订劳动合同，以防止社会保险费等权益受到侵害：双方未订立劳动合同的，“跳槽”行为将不受法律约束。

⑦ 善用法律救助方式。掌握合法的维权手段是解决合法权益受损最有效的途径。毕业生在实际就业中合法权益受到侵犯时，应该积极运用法律武器，通过协商、申请调解、仲裁、诉讼等合法手段，维护自己的正当权益。如果毕业生在实际工作中遇到劳动保障方面的问题，还可以及时拨打全国统一的劳动保障公益服务电话 12333，咨询劳动保障的相关政策，获取有关的信息，更好地维护自己的合法权益。

7.3.3 劳动争议及处理

在就业的过程中，如果出现复杂的劳动纠纷，大学生应该如何应对呢？这就需要大学生了解劳动争议以及常见的劳动争议处理方式。

1. 劳动争议的概念及分类

劳动争议也称劳动纠纷，是指劳动关系双方当事人因劳动权利和劳动义务的认定与实现所发生的纠纷。

按照不同的标准，可将劳动争议分为以下几类。

（1）按照劳动争议的主体划分。

①个别争议。职工一方当事人人数为2人以下，有共同争议理由的。

②集体争议。职工一方当事人人数为3人以上，有共同争议理由的。

③团体争议。工会与用人单位因签订或履行集体合同发生的争议。

（2）按照劳动争议的性质划分。

①权利争议，又称既定权利争议。劳动关系当事人基于劳动法律、法规的规定，或集体合同、劳动合同约定的权利与义务所发生的争议。

②利益争议。当事人因主张有待确定的权利和义务所发生的争议。它通常表现为签订、变更集体合同所发生的争议。

（3）按照劳动争议的标的划分。

①劳动合同争议。解除、终止劳动合同而发生的争议。因开除、除名、辞职等对适用条件的不同理解与实施而发生的争议。

②关于劳动安全卫生、工作时间、休息休假、保险福利而发生的争议。

③关于劳动报酬、培训、奖惩等因对适用条件的不同理解与实施而发生的争议等。

2. 劳动争议的处理

根据我国劳动法的有关规定，当发生劳动争议时，争议双方应协商解决；当事人不愿协商、协商不成或者达成和解协议后不履行的，可以向调解组织申请调解；不愿调解、调解不成或者达成调解协议后不履行的，可以向劳动争议仲裁委员会申请仲裁；对仲裁裁决不服的，除法律规定的终局裁决外，当事人一方或双方可申诉到人民法院，由人民法院依法审理并做出最终判决。

（1）劳动争议的协商解决。劳动争议的协商解决是处理劳动争议的一个独立程序。从诉讼和仲裁法学的角度考察争议或纠纷的协商解决是指权利的自立救济方式。当代解决劳动争议的自立救济方式主要为当事人的互相协商、和解。当事人完全可以自行解决争议、也可以请求第三方介入协助解决争议。根据《企业劳动争议协商调解规定》的内容，协商的具体步骤如下：

①发生劳动争议，一方当事人可以通过与另一方当事人约见、面谈等方式协商解决；

②劳动争议当事人的劳动者一方可以要求所在企业工会参与或者协助其与企业进行协商；

③一方当事人提出协商要求后，另一方当事人应当积极做出口头或者书面回应，5 日内不做出回应的，视为不愿协商；

④协商达成一致，应当签订书面和解协议；

⑤发生劳动争议，当事人不愿协商、协商不成或者达成和解协议后一方当事人在约定的期限内不履行和解协议的，可以依法向调解委员会或者乡镇、街道劳动就业社会保障服务所（中心）等其他依法设立的调解组织申请调解，也可以依法向劳动人事争议仲裁委员会申请仲裁。

（2）调解委员会调解的程序。

①申请和受理。发生劳动争议后，当事人可以口头或书面形式向调解委员会提出调解申请。申请内容应当包括申请人基本情况、调解请求、事实和理由。调解委员会在收到申请后，对于属于劳动争议受理范围且双方当事人同意调解的，应当在 3 个工作日内受理。

②调查和调解。调解委员会根据案件情况指定调解员或调解小组进行调解，在征得当事人同意后，也可以邀请有关单位和个人协助调解。

③调解协议书。经调解达成调解协议的，由调解委员会制作调解协议书。调解协议书应当写明双方当事人基本情况、调解请求事项、调解的结果和协议履行期限、履行方式等。调解协议书由双方当事人签名或盖章，经调解员签名并加盖调解委员会印章后生效。

当事人不愿调解、调解不成或者达成调解协议后一方当事人在约定的期限内不履行调解协议的，调解委员会应当做好记录，由双方当事人签名或盖章，并书面告知当事人可以向仲裁委员会申请仲裁。

（3）劳动争议仲裁的程序。

①申请。劳动争议发生后，当事人申请仲裁应首先依法向仲裁委员会提交书面仲裁申请书，并按照被申请人人数提交副本。仲裁申请书应当载明下列事项：劳动者的姓名、性别、年龄、职业、工作单位和住所，用人单位的名称、住所和法定代表人或者主要负责人的姓名、职务；仲裁请求和所依据的事实、理由；证据和证据来源、证人姓名和住所。书写仲裁申请确有困难的，可以口头申请，由

劳动争议仲裁委员会记入笔录，并告知对方当事人。

②受理。劳动争议仲裁委员会在收到仲裁申请之日起5日内，认为符合受理条件的，应当受理，并通知申请人，出具受理通知书；对于不符合本仲裁委员会管辖范围的，仲裁委员会应当在收到仲裁申请之日起5日内，向申请人做出书面说明并告知申请人向有管辖权的仲裁委员会申请仲裁。

劳动争议仲裁委员会在受理仲裁申请后，应当在5日内将仲裁申请书副本送达被申请人。

被申请人在收到仲裁申请书副本后，应当在10日内向劳动争议仲裁委员会提交答辩书。劳动争议仲裁委员会收到答辩书后，应当在5日内将答辩书副本送达申请人。

③开庭和裁决。开庭和裁决一般来说有以下3个步骤：案件仲裁准备，包括组成仲裁庭或指定仲裁员，审阅仲裁材料，调查、收集证据等；送达开庭通知，仲裁委员会分别向申请人和被申请人送达开庭通知；开庭裁决。

仲裁庭裁决劳动争议案件，应当自劳动争议仲裁委员会受理仲裁申请之日起45日内结束。案情复杂需要延期的，经劳动争议仲裁委员会主任批准，可以延期并书面通知当事人，但是延长期限不得超过15日。逾期未做出仲裁裁决的，当事人可以就该劳动争议事项向人民法院提起诉讼。

7.3.4 社会保险的有关知识

社会保险是指国家通过立法，按照权利与义务相对应原则，多渠道筹集资金，对参保者在遭遇年老、疾病、工伤、失业、生育等风险情况下提供帮助（包括现金补贴和服务），使其享有基本生活保障、免除或减少经济损失的制度安排。

《劳动法》第七十条规定：“国家发展社会保险事业，建立社会保险制度，设立社会保险基金，使劳动者在年老、患病、工伤、失业、生育等情况下获得帮助和补偿。”第七十二条规定：“用人单位和劳动者必须依法参加社会保险，缴纳社会保险费。”《中华人民共和国社会保险法》（下文简称《社会保险法》）规定：“个人依法享受社会保险待遇，有权监督本单位为其缴费情况。”因此，大学生应该了解社会保险的相关知识，依法维护自己的合法权益。

1. 社会保险的险种

根据《社会保险法》规定，我国社会保险的主要险种有五项：基本养老保险、基本医疗保险、失业保险、工伤保险和生育保险。

（1）基本养老保险。基本养老保险是社会保险五大险种中最重要的险种之一。养老保险(或养老保险制度)是国家和社会根据一定的法律法规，为解决劳动者在达到国家规定的解除劳动义务的劳动年龄界限，或因年老丧失劳动能力，退出劳动岗位后的基本生活需要而建立的一种社会保险制度。

我国实行的是具有中国特色的、多层次养老保险制度。因为我国是一个发展中国家，不仅人口多、底子薄，而且地区之间经济发展不平衡，这也就决定了不同地区、不同企业之间的养老保险水平在国家统一政策指导下存在一定差别。多层次养老保险体系不仅可以减轻国家基本养老保险负担，还可以适应不同经济条件的企业的需要，满足职工不同层次、不同水准的多种保障需求，使养老保险制度能够切实起到保障生活和安定社会的作用。

（2）基本医疗保险。基本医疗保险就是当个人生病或受到伤害后，由国家或社会给予的一种帮助，即提供医疗服务或经济补偿的一种社会保障制度。

医疗保险费由用人单位和个人共同缴纳。《国务院关于建立城镇职工基本医疗保险制度的决定》中明确规定："用人单位缴费率应控制在职工工资总额的6%左右，职工缴费率一般为本人工资收入的2%，随着经济的发展，用人单位和职工缴费率可做相应调整。"

参加基本医疗保险的另一个好处，也是最大的好处，就是实行社会统筹，具备共济性，增强了抗风险能力，保障了职工的基本医疗需求；第二个好处是能让参保人自主选择定点医疗机构和定点零售药店；第三个好处就是设计了归个人所有的个人医疗账户，个人账户在规定范围内可自由支配，在不发生医疗费用时，可为参保人积蓄一定的资金，并可依法继承；第四个好处就是实行了社会网络化管理，一方面加强了医疗费用的监控，使医疗过程更加合理，另一方面就医时发生的医疗费，个人交上自付部分，其余部分由医疗保险经办机构与医疗机构通过网络结算，既减轻了参保人的负担，又提供了方便快捷的服务。

（3）失业保险。在商品经济社会中，有竞争就有优胜劣汰，因此，靠薪水度日的劳动者也存在着失业之忧，一旦成为竞争中的失败者，就有生计断绝的风险。保障这部分人的基本生活需求，就成了社会为消除动乱隐患而普遍关注的重要问题，这也正是失业保险要解决的问题。

失业保险是当法定范围内的靠薪水度日的劳动者因失业而丧失经济来源时，国家或社会按法定时限保障其基本生活需求的社会保险项目。这一概念包括三层含义：其一，失业保险是针对劳动者阶层而言的，失业是工薪劳动者在职业竞争中被淘汰，失业的后果是使人生计断绝；其二，有法定时限；其三，失业保险是通过社会保险达到保障目的的。

根据有关法律规定，具备下列条件的失业人员，可以领取失业保险金：按照规定参加失业保险，所在单位和本人已按照规定履行缴费义务满1年的；非因本人意愿中断就业的；已办理失业登记，并有求职要求的。失业人员符合上述条件的，可以申请领取失业保险金，并享受其他失业保险待遇。其中，“非因本人意愿中断就业的”是指下列人员：终止劳动合同的；被用人单位解除劳动合同的；被用人单位开除、除名和辞退的；根据《劳动法》第三十二条第二、第三项与用人单位解除劳动合同的。

失业保险金的领取流程是：失业人员应在终止或者解除劳动合同之日起60日内向失业保险业务的经办机构申领失业保险金；失业人员申领失业保险金应填写《失业保险金申领表》，并出示有关证明材料（本人身份证明、所在单位出具的终止或者解除劳动合同的证明、失业登记及求职证明、省级劳动保障行政部门规定的其他材料）。

（4）工伤保险。工伤保险也称职业伤害保险，是指劳动者在生产劳动和其他工作过程中遭受意外伤害或因长期接触有毒有害物质引起职业病伤害后，由国家或社会给予负伤者、致残者或死亡者生前供养的亲属必要的物质保障的制度。实行工伤保险制度，对于维护劳动者基本权益，保持社会稳定，促进经济发展与社会进步都具有十分重要的意义。从国内外实践经验来看，对所有劳动者实行工伤保险制度，加强工伤事故预防和职业病的防治，妥善处理职业伤害事故，对维护社会公平和社会稳定发挥着重要作用。

（5）生育保险。生育保险是国家通过社会保险，对生育职工给予经济、物质等方面帮助的一项社会政策。其宗旨在于通过向生育女职工提供生育津贴、产假以及医疗服务等方面的待遇，保障她们因生育而暂时丧失劳动能力时的基本经济收入和医疗保健，帮助生育女职工恢复劳动能力、重返工作岗位，从而体现了国家和社会对妇女在这一特殊时期的支持和爱护。

《关于全面推进生育保险和职工基本医疗保险合并实施的意见》（国办发〔2019〕10号）中明确规定：统一参保登记，即参加职工基本医疗保险的在职职工同步参加生育保险；统一基金征缴和管理，即生育保险基金并入职工基本医疗保险基金，统一征缴，统筹层次一致；统一医疗服务管理，即两项保险合并实施后实行统一定点医疗服务管理，将生育医疗费用纳入医保支付方式改革范围，推动住院分娩等医疗费用按病种、产前检查按人头等方式付费，生育医疗费用原则上实行医疗保险经办机构与定点医疗机构直接结算；职工生育期间的生育保险待遇不变，即生育保险待遇包括《中华人民共和国社会保险法》规定的生育医疗费用和生育津贴，所需资金从职工基本医疗保险基金中支付。生育津贴支付期限按照《女职工劳动保护特别规定》等法律法规规定的产假期限执行。

2. 社会保险的特点

一般来说，社会保险具有下面几个显著的特点。

（1）非营利性。社会保险是非营利性保险，它不以盈利为目的。社会保险不以经济效益的高低来决定其项目的取舍和保障水平的高低。

（2）强制性。社会保险属于强制性保险。社会保险的缴费标准和待遇项目、保险金的给付标准等，均由国家或地方的法律、法规统一规定。

（3）普遍保障性。社会保险对于社会所属成员具有普遍的保障责任。不论被保险人的年龄、就业年限、收入水平和健康状况如何，一旦其丧失劳动能力或失业，政府即依法提供补偿，以保障其基本生活需要。社会保险除了现金支付以外，通常还为劳动者提供医疗护理、伤残康复、职业培训和介绍、老年活动等多方面的服务。

（4）权利与义务的基本对等性。社会保险待遇的给付一般不与个人劳动贡献挂钩。享受者要做出贡献，但其享受并不是与其贡献完全一致的，其分配制度是以有利于低收入阶层为原则的。因为同样的风险事故，对于低收入劳动者所造成的威胁通常要高于高收入劳动者。

3. 参加社会保险所享有的权利

根据《劳动法》和《社会保险法》的相关规定，大学生就业后，依法缴纳社会保险费，便可享有以下权利。

（1）有权依法享受社会保险待遇。

（2）有权监督本单位为其缴费情况。

（3）有权免费向社会保险经办机构查询、核对其缴费和享受社会保险待遇的权益记录。

（4）有权要求社会保险经办机构提供社会保险咨询等相关服务。

（5）对侵害自身权益和不依法办理社会保险事务的行为，有权依法申请行政复议或者提起行政诉讼。

此外，大学生还有权对违反社会保险法律、法规的行为进行举报、投诉。

案例分析

试用期如何缴纳社会保险费

小王于2018年1月1日与公司签订了两年的劳动合同，公司的人力资源部门与其约定：试用期三个月，试用期内不给予缴纳社会保险费，等试用期过后再补缴。小王工作了两个月后，该公司以小王在试用期内无法胜任工作为由，单方面解除了劳动关系。2018年3月，小王离职时要求公司为其办理试用期期间的社会保险登记并补缴社会保险费。而该公司则认为，小王在试用期内被辞退，按照约定，公司没有缴纳的义务。2018年5月，小王将该公司告上法庭，要求该公司承担缴纳社会保险费的义务。最终，人民法院依法判决被告该公司为原告小王补缴为期两个月的社会保险费。

本案例中，企业要给员工在试用期期间缴纳社会保险费。根据《劳动合同法》相关规定，劳动关系存续期间，用人单位应当依法为劳动者缴纳社会保险费，员工从到单位起1个月之内，用人单位就应该与其签订劳动合同并为其缴纳社会保险费，试用期内同样如此。劳动者若遇到本案例中类似情况，可以向当地的劳动保障监察部门进行投诉，维护自己的合法权益。

注：《劳动合同法》第十九条规定，劳动合同期限三个月以上不满一年的，试用期不得超过一个月；劳动合同期限一年以上不满三年的，试用期不得超过二个月；三年以上固定期限和无固定期限的劳动合同，试用期不得超过六个月。

实践作业

制作个人简历

根据自己的专业特点和用人单位在面向该专业进行招聘时的要求，制作一份个人简历。

第8章

大学生创业指导

学习目标

1. 了解创业的内涵；
2. 了解创业精神与创业素质；
3. 掌握创业成功的基本因素；
4. 了解大学生创业的相关政策法规；
5. 掌握创业的过程和创业过程中的问题及对策。

☆ 引导案例：80后大学生陈慧超的创业故事

陈慧超于1987年12月出生浙江湖州，本科学历。他来澄创业初期，作为一个外乡还未毕业的大学生，在此无依无靠，白手起家。面对人们的不信任，他用自己的坚毅和执着，渐渐感动着周围的人，并逐渐成长为一名在行业内小有名气的标志性人物。他就是江阴市极地营企业管理有限公司（以下简称“极地营公司”）总经理——陈慧超。

“梅花香自苦寒来”，陈慧超所走过的创业历程并非一帆风顺，相反，充满了荆棘，但凭着顽强的拼搏精神、坚韧不拔的毅力，他一步一个脚印，打造出了发挥自身价值的事业平台。

一、艰苦童年，生活磨砺不屈性格

俗话说“穷人的孩子早当家”，陈慧超的创业故事和他艰苦的童年生活是分不开的。十多岁时因为家庭经济的变故，他便早早承担起生活的担子。大三那年，在一次野外生存训练中他被户外拓展这个行业深深吸引，于是独自一人跑到了江西南昌拜师。同年下半年，正值大四的他放弃了去中石化公司实习的机会，揣着从同学那借来的8 000元钱去了北京，学习并考取了国家级拓展培训师（中级）证书，还获得了“优秀学员”称号。在拿到大学毕业证书后，他满怀激情开始创业。然而由于资金有限、经验不足，他到处碰壁，多次穷途末路，几乎到了饭都吃不上的境地。出于生活压力，他不得不暂时放下创业梦想从事销售工作。靠着用心加勤奋，他的业绩经常是公司第一。当资金开始有所积累，社会经验也日益丰富时，不屈的他在参加完江阴SYB创业培训后毅然辞职，在租住的卧室里踏上了第二次创业征程。

二、踏实实干，辛苦付出崭露头角

公司创立之初，没有团队，资金不足，市场无序是他面临的三大问题。陈慧超透过对市场的分析和判断，并通过自己所学和之前的工作经验，针对基层、管理层拓展等为企业量身制定有效的拓展训练课程，获得了企事业单位的认可，并从一定程度上开创了江阴拓展训练的新局面，在江阴不论是极地营品牌还是陈慧超本人都已成为行业新锐。而通过自身的不懈努力，越来越多的业内人士从无锡、常州，甚至是杭州、湖州、烟台等地慕名而来，加入极地营的品牌旗下。目前，极地营品牌已有山东烟台和浙江湖州两地正式加盟，舟山极地营也正在积极地筹备中。

三、开拓创新，企业不断做强做大

随着政府政策引导企业转型，各企事业单位越来越关注员工团队成长，良好的大环境为公司提供了广阔的发展空间。经过几年的奋斗，极地营公司除了吸引到一批有着同样梦想的团队成员外，还与全国多家基地、大学建立了合作关系，此外，创新经营模式使得企业的架构经过几年的发展逐渐成熟。2012年10月，极地营公司与长三角人力资源网合资，创建第一个国内拓展行业在线交流学习平台——中国拓展师网。至今公司已服务江阴企事业100多家，累计培训5 000多人次。

四、热心公益，努力回馈感恩社会

“企业来源于社会，理应奉献社会。”这是陈慧超奉行的企业发展宗旨，也是极地营企业文化之一。在致力于企业发展的同时，他也积极投身社会公益事业，参与了“爱心妈妈”“成长心连心”等关注孤儿和困难家庭的资助活动，参加了江阴义工队、江阴红十字会的志愿者活动，提供公益咨询与培训服务。他常常用自己的故事去鼓励在创业路上的青年，帮助外来人员和下岗职工到客户单位实现再就业。

这就是自强不息、奋进不止的陈慧超。他总是在用自己的实际行动告诉周围的人，昔日稚嫩大学生，今朝豪情畅大志！在宽广的事业平台上，他自信地向人们阐述着自己的理念，以其坚韧不拔的创业精神，为人们带去无限动力和正能量，用自己的坚强与汗水，书写着一个年轻人的热血青春！

思考：

1. 陈慧超为什么能创业成功？
2. 创业应该具备哪些条件并做哪些准备？
3. 如果你是陈慧超，你会怎么做？

8.1 创业概述

8.1.1 创业的内涵

对于创业的定义，目前还没有统一的说法。综合国内外学者的观点，有三种不同的界定，即实体说、功利说和价值说。

实体说：创业需要承担创业的实体，通常这个实体就是企业，创业者依据所在国家或地区的法律法规进行登记注册是创业活动的一个重要标志。

功利说：创业就是创造财富和积累财富的过程，创业活动具有开拓性、功利性和自主性等功能。

价值说：创业即创造者通过发展和识别机会，组织各种资源提供产品和服务，以创造价值的过程。

随着时代的发展变化，创业的含义也在不断变化和发展。美国著名创业学教授杰弗里·蒂蒙斯（Jeffry A.Timmons）认为："创业是一种思考、推理和行动的方式，它为机会驱动，需要在方法上全盘考虑并拥有和谐的领导力。"现在，我们将创业的内涵总结如下：某一个人或团队，不局限于外界现有的资源，运用个人或团队的力量开创性地去寻求机遇，创立企业和实业并谋求发展的过程，通过这个过程来满足其精神和物质的需求和愿望。创业是一个发现和捕捉机会并由此创造出新颖的产品、服务或实现其潜在价值的过程，而创业者则是追求这些机会的人。

大学生不满足于就业现状或无法顺利就业，转而筹集资金，收集资源，挖掘机会，发挥自己的主观能动性，尝试通过开办实业或提供服务获得经济利益及实现人生价值，这一行为实际上就是创业。

8.1.2 创业精神与创业素质

1. 创业精神

理想与实际毕竟存在差距，创业可能失败，但经历却能受用一生。

创业成功需要创业精神。如果把大学生创业比作一个金字塔的话，那么创业精神无疑是塔基，塔基的坚固与否对创业的成功与否起基础性的作用。虽然创业精神属于意识领域，但是创业精神是支撑创业大厦的精神支柱，如果没有这种坚固的塔基，这个创业大厦很容易在困难中变得摇摇欲坠。所以，面对今天的就业压力，“创业非常重要”这一浅显的认识已不能作为创业成功的主旨和内核，只有具备了创业精神，才能真正理解创业的精髓所在。

创业精神包括实事求是，敢于开拓的冒险精神；追求卓越，永不止步的创新精神；不畏挫折，勇于挑战的自信精神；吃苦耐劳，自强不息的拼搏精神；善于合作，同心同德的团队精神；刻苦钻研，勤于借鉴的学习精神。大学生创业精神的基本内涵还应体现在对创业环境的主动适应性上，对事物善于分析和对机遇有敏锐的洞察力。

（1）实事求是，敢于开拓的冒险精神。大学生创业需要胆量，需要冒险。大学生在创业中的冒险行为是创业精神的一种表现形式。但是我们提到的冒险不是赌博，是在本着实事求是、脚踏实地的作风上追求一种有目标、有计划、有策略、有价值的冒险行动。

我们有必要用实事求是原则来区分冒险和冒进的实质性不同。有位哲学家曾经这样解释冒险和冒进：有一个山洞，山洞里有一桶金子，为了得到金子需要进洞里把金子拿出来。假如这个山洞是一个狼洞，那么就是冒险；假如山洞是一个老虎洞，那么就是冒进。假如山洞里没有金子，有的只是一捆劈柴，那么即使山洞是一个狗洞，那也是冒进。哲学家给我们道出了冒险和冒进的本质区别：冒险是这样一种东西，你经过努力，有可能得到，而且那东西值得你得到；否则，就是冒进。创业者一定要分清冒险与冒进。

另外，我们不能把实事求是和敢于开拓分开来看，反而应该辩证地看待它们的关系。实事求是，敢于开拓的冒险精神并不是说大学生创业只要敢想敢干，有冒险主义精神便一定能成功，而是要求大学生在本着实事求是原则的基础上敢于承担风险，勇于开拓未知世界，接受挑战并能承受未来的不确定性。

延展阅读

马云的冒险行为与成功创业

马云毕业于杭州师范学院，毕业后任教于杭州电子工业学院。在那个“当教师就是抱住金饭碗”的时代，马云这样的工作是非常让人羡慕的。但是随后的一次偶然出访美国接触到因特网的经历改变了他的思想，他觉得自己不能这样平庸地活着，于是他毅然辞掉大学教师的职位下海。

他的家人和朋友普遍不理解这种冒险行为，但是马云觉得如果现在不冒险将来就要后悔。那时候国人对互联网还不熟悉，他客观地分析了中国互联网现状及前景，相信随着科技革命的到来，互联网的普及一定会带动自己事业的腾飞。果然，马云凭借着最早在中国开拓电子商务应用并坚守在互联网领域的优势，带领他的团队创造了中国互联网的众多第一。

今天互联网的发展对当初马云的冒险行为进行了最有力的证明，但是我们从反面想一想，如果面对当时中国网络领域发展的不确定性，他选择了朝九晚五的教师生活，他今天能享受到创业成功的巨大乐趣吗？也许中国互联网的普及还要延迟很长时间。马云的创业成功说明他在实事求是分析国内外形势的前提下，凭着自己的冒险精神在互联网中一展身手是值得的——他从山洞中拿到了金子。

（2）追求卓越，永不止步的创新精神。创新精神是一种勇于抛弃旧思想、旧事物，创立新思想、新事物的精神。创新精神要求大学生不满足于现有的成绩，要不断地反思和创新；不墨守成规，敢于和善于打破原有的、强加在思维上的条条框框；不人云亦云，而是追求新颖，用自己的知识灵活地解决问题。当然，创新并不是说原有的经验不重要，相反，创新是在借鉴原有经验基础上的创新，是质的飞跃。今天很多大学生创业时经常会觉得没有方向，认为自己想到的行业都有人做了，想创业又没有合适的项目来做，其实这就是缺乏创新精神的一种表现。

延展阅读

复旦高才生到农村卖鸡蛋

很多主流媒体都报道过复旦大学计算机专业大学生顾澄勇的事迹。大学毕业后，在同学们大都选择进入高级写字楼进行计算机产品的开发与研究时，他却做出了一个让全班同学都惊讶的决定：到农村卖鸡蛋。名牌大学毕业后回农村养鸡卖鸡蛋，这种行为让他受到了来自各方面的压力，尤其是家庭的压力。最大的压力来自在农村卖了一辈子鸡蛋的父母，父母觉得辛辛苦苦培养儿子上了大学就是想让他出人头地，不要再跟自己一样卖一辈子鸡蛋。

可是顾澄勇依然顶着各方面压力加入了卖鸡蛋的行列，他敢于这样做正是源于他的父母卖了一辈子鸡蛋可还是不能摆脱贫困这一事实。大学期间，他在多次的市场调查中发现农产品存在薄弱环节——质量，这是一个被现代人越来越关注的问题。接着他运用自己所学的知识开发出了一种农产品查询软件系统，让市民可以了解自己的鸡蛋是在何时、何地生产的，是否经过检验，质量是否有保障，从而放心购买。

几年后，他的公司年产值超过两亿元。同样是卖鸡蛋，他勤劳的父母辛苦了一辈子也没能摆脱贫困，他却用最短的时间不仅完成了资金积累还把企业做得又大又强，靠的是什么？靠的就是创新精神。他敢于打破传统的卖鸡蛋的思维："卖鸡蛋论斤卖，卖不了好价钱，我要变成按个卖，打出自己的品牌来，为企业创造更多的利润。"

他成功了，但是他没有停止创新的步伐。现在他又在鸡蛋上搞更进一步的研究开发，试图对鸡蛋进行深加工，开发出液蛋——蛋黄与蛋清相分离的新产品。无疑他的思维又一次打破了常规，走在了鸡蛋行业的前面。

顾澄勇的事迹就是对创新精神的最好诠释。这个例子表明，大学生在培养创新精神时要有打破常规的勇气，敢做他人没做过的事，敢于在行业内标新立异地走出一条差异化经营的特色路，这样大学生创业才不怕没项目。

（3）不畏挫折，勇于挑战的自信精神。自信的基本解释是自己相信自己。很多大学生在毕业后，还没有创业便认为创业不是自己的事情，是那些有本事、有背景的人的事。还没有创业，自己就已经把自己否定掉了。试想，如果自己都不相信自己会成功，在推销自己的产品时都不自信，又如何让别人相信你的产品，相信你这个人呢？

高尔基指出："只有满怀自信的人，才能在任何地方都怀有自信，沉浸在生活中，并实现自己的意志。"信念的力量是无穷大的，当理想与现实还有相当远的距离时，具有"自信人生二百年，会当水击三千里"的信心与决心是至关重要的。

（4）吃苦耐劳，自强不息的拼搏精神。吃苦耐劳，自强不息的拼搏精神是培养大学生创业精神的最基本内容，更是大学生创业成功的重要因素。大学生毕业后忽然从学校走到社会创业，这期间需要尽快完成角色的转变；创业过程中还会遇到各种困难，例如资金短缺、市场风险等，这都要求其要有自立自强的心态，保持在艰苦条件下奋发努力的昂扬斗志：也许自己不是天资聪颖、才华横溢的创业天才，但是必须要相信勤奋会让自己赢得一切；也许刚开始创业，这也不懂、那也不懂会被别人看不起，但是自己首先要相信只要有吃苦耐劳、自强不息的拼搏精神，就能开拓出属于自己的一片天地。

（5）善于合作，同心同德的团队精神。有位成功的企业家曾经这样来评价团队精神的重要作用：“我们大家共同相信：我们一定能成功。就算公司失败了，只要这帮人在，想做什么一定能成功！我们可以输掉一个产品，一个项目，但不会输掉一个团队！”大学生要想创业成功，有了自信、自立、自强的精神还不够，还要有善于合作、乐于合作的心态。因为大学生的创业必须合理配置人、财、物，而调动人的积极性是资源配置的核心要素。团队精神能够合理调动每个人的智慧、力量等资源，使之产生最大的效益。

（6）刻苦钻研，勤于借鉴的学习精神。在知识经济时代的今天，只凭吃苦耐劳、冒险精神和激情进行创业是非常困难的。大学生要想创业成功并且持续成功，不仅需要有勇气、自信等优良品格，还要有广博的知识，有一专多能的知识结构。如果没有新的知识作为基础，那么便不会有新的想法，很多创业项目便成了无源之水、无本之木。

2. 创业素质

创业者的素质，是指其自身所具备的基本条件和内在要素的总和。创业的过程并不会一帆风顺，而是充满了挑战和挫折，所以创业者必须具备一定的素质才能担当起创业的重担。

（1）创业意识。想要成为一个创业者，首先要树立创业的意识。大学生的创业意识不是依靠想象而形成的，而是在实践活动中培养出来的，因此培养创业意识是一个长期的过程。

创业活动并非一朝一夕的事，创业道路的艰难曲折更是难以预测。因此，当大学生具备了创业追求与兴趣后，还必须将其提升为创业理想。创业理想是创业行为中较高级别的意识，是创业者开展创业的必要条件之一。创业者正因为有了这样的理想才会为此不懈努力，并保持这种乐此不疲的精神状态，向着理想的目标奋勇前行。创业世界观是创业意识的最高层次，是由一系列创业思想组成的逻辑系统。创业世界观对创业主体——创业者的整个精神世界具有极强的影响，它决定了创业者的个性发展方向，决定了创业者对社会和环境的认识的正确性与深刻性，决定了创业者的工作现状与前途，并调节和引导创业者思想合理运行。创业意识通过追求、兴趣、理想、世界观在实践过程中产生作用，同样，追求、兴趣、理想、世界观也影响着创业意识的形成。

（2）心理素质。心理素质是指创业者的心理条件，包括自我意识、性格、气质、情感等心理构成要素。

自信是创业者必须具备的最基本的心理素质。因为创业是艰难的，过程中难免会遇到这样或那样的苦恼、挫折、压力甚至失败，所以创业者必须要具有能够承受压力、迎接挑战的心理素质，而培养这些素质就要靠增强自信心。刚强、坚持、果断和开朗的性格也是创业者所必需的，只有具备这样的性格，在面对苦难挫折时才会积极应对，遇到问题才会当机立断。理性的情感也是创业者不可或缺的气质。理性能够使创业者面对问题时实事求是，可以避免走弯路。

（3）身体素质。身体素质是指身体健康、体力充沛、精力旺盛、思路敏捷。俗话说“身体是革命的本钱”，要做好任何事情，好的身体都是必要的前提条件。尤其现代小微企业的创业与经营是艰苦而复杂的，创业者所肩负的责任是重大的，需要付出的劳动也不少，如果没有好的身体，必然会出现力不从心、难以坚持的状况。

（4）知识素质。知识素质是创业者引领创业方向，进行理性思考，做出正确决策的基础。在知识的武装下，创业者才会显示出实力。创业者应具备的知识包括以下方面：了解相关的法律法规，并能用其维护自己的合法权益；了解科学的经营管理知识和方法，提高管理水平；掌握与本行业、本企业相关的科学技术知识，依靠科技进步增强竞争力；具备市场经济的知识，如财务会计、市场营销、国际贸易、国际金融等相关知识。

（5）能力素质。创业者能力素质应该包括以下几个方面：创新能力，分析决策能力，预见能力，应变能力，用人能力，组织协调能力，社交能力，激励能力等。或许有些创业者并不完全具备这些能力素质，但是只要具备自觉性和行动力，通过学习和改造也可以获得这些能力素质。

（6）品质素质。社会上流传着这样的用人原则：“能力优秀、品德低下，可用不重用；能力中等、品德高尚，可以重用；能力一般、品德一般，可用可不用。”高尚的人格、谦逊的品质、良好的修养，是任何创业者乃至于任何事业成功者都需要具备的素质。立业必先立德，没有良好的思想道德和高尚的人格品质，没有社会责任意识、使命意识，那就无法创立事业，即便成功了，也只是昙花一现，辉煌一时。从众多成功创业者的经历来看，遵纪守法、诚实守信、道德高尚、品行端正是他们的共同特征，也是他们最重要的品质素质。

延展阅读

创业者的四种素质类型

一般来说，创业者以某种素质居优势，其他素质相对较弱。因此，按照基本素质构成，可以将创业者分为四种素质类型：A 型、B 型、C 型、D 型。

A 型最为典型，是以操作系统——创业能力为中心的创业基本素质结构，对现实中创业者基本素质涵盖面最大，也最具有普遍意义，是“基本型”。在这一素质结构中，创业能力是创业实践活动赖以启动、运转和发展的操作系统，是影响和制约创业实践活动的最直接、最重要的因素。创业意识、创业心理品质、创业知识结构在创业实践活动中发挥作用的方式是间接的：创业意识是使操作系统启动，强化并支配、控制其方向和过程的动力系统；创业心理品质是调节、维持操作系统的意志、情感性软件，我们称之为调节系统；创业知识结构是操作系统运行的知识——信息框架和背景，为操作系统提供解决问题的工具和手段，可称之为工具系统。整个素质结构以操作系统——创业能力为核心，整合一致，各要素之间相互制约、相互影响、相互促进，共同影响着创业实践活动。

B 型是以创业意识为核心的素质结构方式，各因素相互影响、相互联系，中心为开创型个性这一动力系统，可称之为“开拓型”。

C 型是一种创业实践经历特别复杂、坎坷，个性极其顽强的所谓“意志型”创业者，其素质结构是以情意系统为中心构建起来的，其他要素均为情意要素所统辖。这类创业者，在其创业生涯中最为突出、最为闪光的就是意志、情感特征。

D 型是一种文化程度较高的所谓“智高型”创业者，其要素结构是以认识系统为中心构建起来的。对这类创业者来说，其宽广的知识背景和某种领域的专业知识，在其创业生涯和创业活动中发挥着至关重要的作用。

8.1.3　成功创业的基本要素

很多有抱负的大学生都希望通过创业获得事业的成功，但是创业成功者毕竟是少数，在每年新创办的企业中，至少有 50% 在半年之内倒闭，倒闭的主要原因是没有把握创业的基本法则。因此，大学生必须要了解创业成功需要具备的要素。

1. 创业要有足够的资源

创业所需的资源主要包括以下几个方面。

（1）业务资源：赚钱的模式是什么。

（2）客户资源：谁来购买。

（3）技术资源：凭什么赢得客户的信赖。

（4）经营管理资源：经营能力如何。

（5）财务资源：是否有足够的启动资金。

（6）行业经验资源：对该行业资讯与常识的积累。

（7）行业准入条件：某些行业受到一些政策保护与限制，需要具备进入的资格条件。

（8）人力资源条件：是否有合适的专业人才。

创业者不一定需要百分百地具备以上资源，但至少应具备其中一些重要条件，其他条件则可以通过市场化方式来获取。创业者如果有足够的财力，其他欠缺的资源也可以弥补；如果有足够的客户资源，其他欠缺的资源也容易获取。

2. 创业前要慎思

创业前要认真思考，反复评估，考虑成熟再行动。除了要有足够的资源准备外，心理准备也很重要。

第一，为什么要创业？是否有足够的决心，愿意承担风险吗？过去的利益是否舍得放弃？

第二，是否具备创业者应该有的能力与素质？是否能承担挫折？是否具有综合全面的素质，还是有专项技术特长？

第三，创业成功的核心资源优势是什么？自身具备的条件是什么——足够的资本？行业经验？客户资源？技术创新？商业运营能力？与即将面对的竞争对手相比是否具有明显的优势？

第四，是否有足够的耐心与耐力度过创业消耗的初期？估计多长时间可以走过创业瓶颈阶段？自己有多长时间准备？

第五，创业最大的风险是什么？最坏的结果是什么？自己是否能够承受？不要只考虑乐观的一面，一定要对风险有充分的心理准备，否则，当遇到现实与想象不一样的时候，很容易造成信心动摇。

3. 先有业务，再创业

创业者在创业之前，一定要有明确的创业方向，再决定创业。假如选择了某一个行业，创业前一定要积累一些该行业的经验，收集相关的资讯。如果有可能，可以考虑先进入该行业为别人打工，通过打工的经历来积累经验与资源。行业知识、客户资源渠道、赢利模式都有了，再创业，成功就指日可待了。

4. 经营能力最重要

很多大学生在创业时，过多强调资金因素的影响，其实不然，创业条件中资金虽然很重要，但不是至关重要的，最重要的是创业者个人的经营能力，特别是业务能力。如果资金是根本因素，那么给你投资 1 000 万元，你会经营什么？你有什么项目可以确保赚钱吗？很多人恐怕都无法保证，也不知道投资什么，所以资金因素不是最主要的。经营赚钱的能力是最重要的，拥有非常出色的经营能力，自然会找到投资者，很多投资家天天都在找好项目投资。

在创业初期，创业者个人的能力非常重要。创业不是一件轻松的事情，事无巨细，都要自己亲手操作，在创业者的个人能力中，业务能力、客户开发能力、综合应变能力都十分重要。其实很多时候创业者就是一个业务经理，能够拿到订单什么都好办了。很多创业成功者都是做业务出身的。有了客户，有了订单，别的事情自然都变得容易了。

小组讨论

成功创业的影响因素

因素 1：________________

因素 2：________________

因素 3：________________

因素 4：________________

8.1.4 大学生创业的相关政策法规

1. 高校毕业生自主创业可以享受的税收优惠政策

按照《国务院关于进一步做好普通高等学校毕业生就业工作的通知》（国发〔2011〕16 号）的规定，持就业失业登记证（注明“自主创业税收政策”或附着高校毕业生自主创业证）的高校毕业生在毕业年度内（指毕业所在自然年，即1月1日至12月31日）从事个体经营的，3年内按每户每年8 000元为限额依次扣减其当年实际应缴纳的营业税、城市维护建设税、教育费附加和个人所得税。高校毕业生创办的小型微利企业，按国家规定享受相关税收减免政策。

2. 高校毕业生自主创业可以享受的小额担保贷款和贴息支持政策

按照《国务院关于进一步做好普通高等学校毕业生就业工作的通知》（国发〔2011〕16号）的规定，高校毕业生自主创业的小额担保贷款和贴息支持政策是：对符合条件的高校毕业生自主创业的，可在创业地按规定申请小额担保贷款；从事微利项目的，可享受不超过10万元贷款额度的财政贴息扶持。对合伙经营和组织起来就业的，可根据实际需要适当提高贷款额度。

3. 高校毕业生自主创业可以享受的免收费政策

按照《国务院办公厅转发人力资源社会保障部等部门关于促进以创业带动就业工作指导意见的通知》（国办发〔2008〕111号）的规定，高校毕业生自主创业的，免收有关行政事业性收费：毕业2年以内的普通高校毕业生从事个体经营的，要按照有关规定，自其在工商部门（现为市场监督管理部门）首次注册登记之日起3年内，免收管理类、登记类和证照类等有关行政事业性收费。

4. 高校毕业生自主创业可以享受的创业服务政策

（1）享受培训补贴。对高校毕业生在毕业年度内参加创业培训的，根据其获得创业培训合格证书或就业、创业情况，按规定给予培训补贴。

（2）免费享受创业服务。有创业意愿的高校毕业生，可免费获得公共就业和人才服务机构提供的创业指导服务，包括政策咨询、信息服务、项目开发、风险评估、开业指导、融资服务、跟踪扶持等“一条龙”创业服务。

（3）享受孵化基地。各地在充分发挥各类创业孵化基地作用的基础上，因地制宜建设一批大学生创业孵化基地，并给予相关政策扶持。对基地内大学生创业企业要提供培训和指导。

5. 高校毕业生自主创业可以享受的企业注册登记方面的优惠政策

（1）程序更简化。凡高校毕业生（毕业后2年内，下同）申请从事个体经营或申办私营企业的，可通过各级市场监督管理部门注册大厅“绿色通道”优先登记注册。其经营范围除国家明令禁止的行业和商品外，一律放开核准经营。对限制性、专项性经营项目，允许其边申请边补办专项审批手续。对在科技园区、高新技术园区、经济技术开发区等经济特区申请设立个私企业的，特事特办，除了涉及必须前置审批的项目外，试行“承诺登记制”。申请人提交登记申请书、验资报告等主要登记材料，可先予颁发营业执照，让其在3个月内按规定补齐相关材料。凡申请设立有限责任公司，以高校毕业生的人力资本、智力成果、工业产权、非专利技术等无形资产作为投资的，允许抵充40%的注册资本。

（2）减免各类费用。除国家限制的行业外，市场监督管理部门自批准其经营之日起一年内免收其个体工商户登记费（包括注册登记、变更登记、补照费）、个体工商户管理费和各种证书费。对参加个私协会的，免收其一年会员费。对高校毕业生申办高新技术企业（含有限责任公司）的，其注册资本最低限额为10万元，如资金确有困难，允许其分期到位；申请的名称可以“高新技术”“新技术”“高科技”作为行业予以核准。高校毕业生从事社区服务等活动的，经居委会报所在地市场监督管理部门备案后，一年内免予办理工商注册登记，免收各项工商管理费用。

6. 高校毕业生自主创业可以享受的企业运营方面的优惠政策

（1）员工聘请和培训享受减免费优惠。对高校毕业生自主创办的企业，自市场监督管理部门批准其经营之日起一年内，可在政府人事、劳动保障行政部门所属的人才中介服务机构和公共职业介绍机构的网站免费查询人才、劳动力供求信息，免费发布招聘广告等；参加政府人事、劳动保障行政部门所属的人才中介服务机构和公共职业介绍机构举办的人才集市或人才、劳务交流活动给予适当减免交费；政府人事、劳动保障行政部门所属的人才中介服务机构免费为创办企业的高校毕业生、优惠为创办企业的员工提供一次培训、测评服务。

（2）人事档案管理免两年费用。对自主创业的高校毕业生，政府人事、劳动保障行政部门所属的人才中介服务机构免费为其保管人事档案（包括代办社保、职称、档案工资等有关手续）两年。

（3）社会保险参保有单独渠道。高校毕业生从事自主创业的，可在各级社会保险经办机构设立的个人缴费窗口办理社会保险参保手续。

7. 高校毕业生自主创业可以享受的保障就业权益政策

推行就业创业地落户政策。根据《国务院关于进一步做好普通高等学校毕业生就业工作的通知》的规定，各地应取消高校毕业生落户限制，允许高校毕业生在就（创）业地办理落户手续（直辖市按有关规定执行）。

延展阅读

大学生创业引领计划

“大学生创业引领计划”是人力资源社会保障部、国家发展改革委、教育部、科技部、工业和信息化部、财政部、人民银行、工商总局、共青团中央等九个部门为贯彻党中央、国务院“促进以创业带动就业”的战略部署，鼓励、引导和支持大学生自主创业而实施的计划，主要在三个方面对高校毕业生的创业提供支持。

（1）场所方面。针对高校毕业生创业经营场所负担重的问题，该计划要求各地充分利用大学生科技园、科技企业孵化器、高新技术开发区、经济技术开发区、工业园、农业产业园、城市配套商业设施、闲置厂房等现有资源，建设大学生创业园、留学人员创业园和创业孵化基地，为高校毕业生创业提供创业经营场所。同时要制定创业经营场所租金补贴办法，对符合条件的创业大学生给予经营场所租金补贴。

（2）培训方面。针对高校毕业生在创业中缺乏经验的问题，该计划要求有关部门加强创业公共服务。建立健全创业公共服务政府采购机制，构建覆盖院校、园区、社会的创业公共服务体系，为创业大学生提供针对性服务；对各方面相关优惠政策进行归集梳理，加强宣传解读并提供咨询，帮助符合条件的创业大学生获得相应政策扶持；建立健全青年创业辅导制度，为创业大学生提供创业辅导；搭建青年创业者交流平台，为创业大学生及时了解政策和行业信息、学习积累行业经验、寻找合作伙伴和创业投资人创造条件；积极引导大学生参加创业实践活动，举办青年创业大赛，使之成为凝聚青年创业者、展示创业方案和创业项目的舞台；拓宽人事和劳动保障事务代理服务范围，为创业大学生提供档案保管、人事代理、职称评定、社保代理等服务；积极探索将促进就业创业政策措施向网络创业领域延伸拓展的有效方式，为在电子商务网络平台上注册“网店”的创业大学生提供政策支持和服务；充分发挥留学人员回国服务工作体系的作用，帮助他们了解国内信息、熟悉创业环境、交流创业经验、获得政策扶持。

（3）资金方面。针对高校毕业生创业资金不足的问题，该计划要求各地提供多渠道资金支持。

一是落实小额担保贷款政策，加大对创业大学生的支持力度，简化反担保手续，强化担保基金的独立担保功能，适当延长担保基金的担保责任期限，落实银行贷款和财政贴息，重点支持吸纳大学生较多的初创企业。

二是充分发挥中小企业发展专项资金的作用，更多支持大学生创业实体。

三是鼓励企业、行业协会、群团组织、天使投资人等以多种方式向创业大学生提供资金支持，设立重点支持创业大学生的天使投资和创业投资基金，与青年创业引领计划公益扶持基金等已有力量做好对接工作。对支持创业早期企业的投资，按规定给予所得税优惠或其他政策鼓励。

四是逐步对现有各类高校毕业生就业创业基金进行整合，完善管理体制和运营机制，向大学生创业实体提供支持。

8.2 创业过程指导

8.2.1 创业准备

创业准备是指创业者在开展创业活动前所进行的一系列相关条件和因素的准备。创业准备是开展创业活动的重要前提条件，任何创业者在开展创业活动之前，都要花费大量的心血和付出巨大的努力来进行创业准备。没有进行充分的创业准备，创业活动不可能取得成功。

1. 创业前的积累

（1）接受创业教育。创业是一个复杂的系统工程，需要创业者的知识、阅历、经验以及处理信息、把握商机、判断决策等能力的培养，需要在企业定位、战略策划、产权关系、市场营销、生产组织、团队组建、财务体系等一系列领域有一定的知识积累。所以，有心自主创业的大学生在创业之前，都应主动寻找并抓住机会接受创业教育。因为创业教育能够培养大学生的创业意识、创业思维、创业技能等各种创业综合素质，使其具备一定的创业能力，并在创业激情中注入理性的力量。同时大学生还应该充分利用寒暑假参加社会实践活动，特别是创业实践活动或勤工俭学活动，或毕业后先为别人打工一段时间，以积累创业的相关经验。相反，如果不具备创业素质和技能就匆忙走上创业之路，往往会为创业失败埋下伏笔。

（2）熟悉行业。在确定创业及其经营项目之后，最重要的准备是尽快熟悉这一领域。要熟悉的不仅是相关的专业知识和技能，更重要的是这一行业的经营管理特点，顾客需求特点，原料、人力等资源的供给渠道，相同、相关企业的现状，竞争对手情况等。

熟悉的方法主要有两个：一个是通过网络和各种媒体，收集最新动态；二是亲临类似的企业考察，最好能在此类企业打工，在打工过程中有意识地观察、学习与思考。

（3）编织关系网络。开办企业的过程，实际上就是一个组织供应商、承办商、咨询专家、雇员的过程。广泛有效的社会关系是自主创业的保障，一个开办初期的企业，往往需要得到各方面的帮助才能发展。大学生创业者较之社会创业者欠缺的是广泛的社会关系，竞争中也常常因此而处于不利地位。

大学生有意在某个行业创业，要首先多结交该行业的朋友，待人际关系网络建立起来后再正式开业。开办企业前，应多参加社交活动，扩充自己的社交圈子，市场监管、税务、银行、行业主管部门、大客户等都需要亲自拜访。不能“平时不烧香，临时抱佛脚”。

（4）积累资金。大学生必须要考虑：创业需要多少资金？在什么时候需要这些资金？一般至少要准备公司运营3个月所需的现金，能够让公司在遭遇淡季，或者大客户延迟付款时安然度过。资金不足是大学生创业的最大困难之一。通过父母亲友融资当然好，几个朋友合资入股也很现实，但自己通过一段时间的打工积累资金，不但能获得熟悉经营管理、编织关系网络的机会，而且也会更加慎重地考虑创业投入，防止大手大脚，白白浪费资金。

（5）学会经营。下决心创业的大学生，可以多阅读有关企业经营管理方面的书籍，必要时还可以通过在相同或相关企业打工的方式，从不同的角度审视老板及其周围管理层人员的管理方式，注意他们交际的人群，考察他们对人、财、物的组织和使用等情况。没有财力时，要努力劳动，苦干实干地逐渐积累资金；稍有财力后，要凭借智慧经营，讲求策略；财力富足后，应当在争夺获利的时机上下功夫。大学生要会运用这些宝贵的经营思想，掌握更多的经营知识，寻找自己的经营策略，努力走好创业第一步。

（6）克服创业的心理障碍和行为障碍。创业的心理障碍和行为障碍，一是见异思迁，既想搞这行，又想搞那行；或者刚开始某一创业项目还未见效，就又想转行搞其他项目，这山望着那山高，结果搞来搞去没有一项成功。二是在创业活动中违背事物发展的客观规律而急于求成。急于求成往往表现为过分看重行为结果与切身利益的直接关系，而忽视行为过程及间接因素。

要克服创业的心理障碍和行为障碍，一是要遵循事物的发展规律，弄清某一创业项目的发展过程、前因后果及与之相联系的诸要素之间的相互关系，制订实施计划，并按计划一步一步地实施。二是要增强自制力，严格控制自己的急躁情绪，时刻提醒自己把要做的每一件事做完。三是要培养良好的创业作风，做到在创业过程中“思考要热，决策要冷，干要坚决”。四是要培养恒心和持久力，在创业过程中时刻想着要创新、创造。创业需要大量的时间和精力，不可能一蹴而就，只有坚持才能获得最后的胜利。

2. 把握创业机会

（1）培养和提高自身发现创业机会的能力。这就需要大学生能够深入市场进行调查研究，了解市场需求状况，把握市场发展变化规律，并对竞争对手有一个完整清晰的认识，做到有的放矢。大学生在日常生活和实践中要眼观六路、耳听八方，广辟信息渠道，广泛猎取信息，从其他创业者的经验教训中吸取有益的东西，转化为自身的经验和能力，增强发现机会的可能性。要努力克服从众心理和传统观念的束缚，注重培养自己的观察力和敏锐思维，敢于创新、勇于创新，及时发现并捕捉被别人忽视和遗忘的创业机会。

（2）在变化中寻找和把握机会。变化就是机会。不断发展变化的市场环境会给创业者带来良好的创业机会，需要创业者透过这些现象的变化，发现变化的本质，善于在变化中发现和把握创业机会。我国的经济体制改革带来了产业结构的变化、消费结构的变化、科技的日新月异、人们生活方式和价值观念的变化、人口结构的变化、居民生活水平的提高等一系列的变化。变化带来了繁荣，同时也孕育着商机。作为创业者，大学生必须拥有敏锐的观察力，善于在变化中发现和捕捉商机，从而走上成功创业之路。

（3）在市场需求中寻找和把握机会。无论市场环境如何变化，人们的日常需求不会减少，大学生应该认真研究市场需求规律，发现和把握其中蕴含的创业机会。了解市场需求最根本的是了解消费者的需求，盯紧消费者的需求变化，在消费者的需求中寻找创业的突破口。市场需求多种多样，有些大学生很难把握市场需求变化规律，创业活动无从下手，这时应该及时地把消费者进行分类研究，分析和掌握不同群体的不同需求特点和变化规律，从而发现和捕捉到创业机会。

对一名优秀的创业者来说，即便是一个微小的消费者群体，如果能够满足他们的需求，也会产生一个很大的市场。

（4）从特殊性中寻找和把握机会。随着社会的不断发展和市场经济体制的不断成熟完善，追求个性发展已经成为现代人的一大特点，大学生应充分把握现代人这一特点，从中发现和捕捉创业机会。但是，面对纷繁复杂的市场环境，很多大学生都感觉无从着手，寻找不到合适的创业机会。其实，如果从某一个小的或者比较特殊的方面入手，去观察一个人、一个行业或者一个领域，往往会发现其中蕴含着很多的创业机会。大学生应该具备从事物的特殊性中寻找创业机会的能力，善于发现和把握事物发展的特殊性，避开大众的眼光和思维，大处着眼小处着手，在人们不经意的地方和领域发现创业机会，促进创业活动的成功开展。

（5）在日常交往中寻求和把握机会。日常交往是大学生最容易发现和捕捉创业机会的途径和方法。日常交往中，人与人之间的某些活动，例如感情的交流、信息的传递以及互相帮助等，在不经意的过程或环节中往往蕴含着许多创业机会。大学生应通过积极主动地与人交往，不断扩大交往范围，在与人交往中进行信息收集和经验积累，从而发现和捕捉到更多的创业机会。

3. 创业项目的构思

一个成功的企业来源于创业者正确的创业意识和精妙的创业构思。对创业项目有一个周密的构思和合理的选择，就可以减小日后失败的风险，顺利达到创业的目标。因此，大学生创业应了解创业项目构思的基本常识。

（1）创业项目构思的基本要求。创业项目的构思是整个创业活动的重要环节，它直接关系到创业活动的成败。大学生在构思创业项目时应充分考虑以下四个方面的基本要求。

① 从顾客的需求出发，上市场需要的项目。创业项目必须是市场前景好的项目。创业项目的选择要从顾客的需求出发，充分考虑顾客的合理要求，满足市场的迫切需要，使项目产品“适销对路”。市场的需求是有层次的，不同的人有不同的需求，创业定位一定要准。大学生应在制造产品、销售产品、提供服务三类企业中，发现人们遇到的问题和未满足的需要，为新的商机寻找线索。如果现在人们无法获得所需要的产品或服务，这显然是一个填补空白的商业机会；如果现有的企业服务很差，对于新企业来说就是一个提供更佳服务的竞争机会。

② 从自己的专长出发，上熟悉的项目。创业要扬长避短，发挥自己的长处。

创业者本身的经验、学识、能力，特别是熟悉要涉足的行业，对创业成功起着重要的作用。进入熟悉的行业，市场熟、产品熟、人际关系也熟，就能驾轻就熟。

③ 从自己的资金、管理能力出发，上力所能及的项目。构思创办一个企业的时候，在判断其在当下是否有市场前景、发展机会的同时，还要认真思考自己是否有资金、管理能力来利用这个机会。对于大学生来说，选择的项目一定要大小合适，要便于操作和实施，要能较快赢利。有的创业项目从理论上讲很有市场前景，但对目前的自己来说，项目太大，资金、技术力量达不到，或者管理能力达不到，也不能贸然上马。

④ 从创新思维出发，上富有特色的项目。创新能为企业带来活力。创业之初，上的项目要有特色，才能使企业在激烈的竞争中站住脚；创业成功之后，要根据自己的经验和实力，敢于引进创新型的项目。对于小企业来说，其经营哲学是“无边界行为、快速敏捷反应、简化和充分的自信”，其灵魂在于不能把自己禁锢在狭小的空间里、拘泥于有限的经营范围中，而应密切注视顾客的新需求，善于捕捉别人没有发现的商机，及时发现新产品、新技术、新服务、新方法，果断调整自我，开发新项目。

创业项目的构思选择是一个系统工程，以上四点基本要求是相互联系、缺一不可的。

（2）创业项目构思的验证分析。为了减少投资失误的风险，提高创业成功的可能性，在形成创业项目的构思后，还必须要对项目的可行性进行验证分析。这种分析可从企业内部因素和外部环境两个方面来进行。

① 企业内部因素对项目实施的影响。首先要分析将创办的企业对项目实施有什么优势，如产品质量比竞争对手的好、企业的位置有利、员工技术水平高等；其次要看存在哪些劣势，如产品价格比竞争对手的高、没有足够的资金按自己的愿望做广告、无法像竞争对手那样提供综合性系列服务等。这样，就可以在实施项目的过程中，做到“知己”，不断地“扬优避劣”，适时调整企业的运作模式，来保障项目的实施。

② 企业外部环境对项目实施的影响。在这方面首先是要看周边地区存在的有利机会。例如，国家产业导向朝着有利于项目实施的方向发展；即将创办的企业，其产品将越来越流行；附近没有类似的竞争对手；潜在顾客的数量正在上升等。其次要看外部环境对企业实施项目存在哪些不利的因素和威胁。如在这个地区有生产同样产品的其他企业；原材料价格上涨导致今后出售的产

品价格会上调；不知道产品还能流行多久等。

通过验证分析，大学生可以对项目构思做一些修改，甚至重新选择项目。在项目实施的过程中，要采取更加主动的措施，以保证项目的实现。

4. 编写创业计划书

创业计划书是对所选创业项目的调查和论证，是说服自己，更是说服投资者的重要材料。调查和论证使大学生能对整个创业过程进行有效的把握，对市场机会的变化有所预警，从而降低进入新领域所面临的各种风险，提高创业成功的可能性。创业计划书的主要内容包括以下方面。

（1）企业构思。企业构思是在创业资源的基础上，描述未来方向的总体设想，它决定着创业企业未来的成长轨道以及资源配置的取向，主要包括创业企业的核心战略和企业定位。核心战略是创业企业的根本战略，不仅决定着创业企业能否存续，而且决定着创业企业能否实现成功的跨越和进一步发展。而企业定位则包括创业产品定位和创业市场定位，决定着创业企业能否成功地进入并立足市场，进而拓展市场。

①产品或服务。企业定位反映了企业的经营策略，因此要用产品或服务明确界定企业的角色。与众不同的定位，可以明确自己的创业具体目标，并争取投资人的青睐。

大学生首先应考虑自己的产品或服务是否能满足消费者某种需要，进而考虑这种产品或服务是否具有独一无二的特性，是否有其他产品可以代替，是否能补缺其他产品的缝隙市场，这种产品或服务的市场有多大，顾客的数量是否足以支撑正常运营等。

②顾客定位。顾客定位是将自己的产品在潜在顾客心目中确定一个适当位置，定位的目的是使企业在开始经营前明确产品的销售对象和目标市场，分析产品的个性、鉴别竞争者的市场地位，从而明确创业企业最佳的市场切入点。小企业要始终本着“别人不做，我做；别人没有，我有；别人做不到，我能做到”的思路去开展经营。

（2）市场调查及预测。市场调查就是通过让潜在顾客和竞争者回答问题的方式来获取信息。同时，大学生必须要预测市场风险。创业计划书要充分考虑这些风险，还要针对不同风险制定对策。

①了解顾客和竞争对手。要通过市场调查了解可能的顾客群体，包括他们的数量、文化层次、消费水平及消费需要等。大学生一开始就应该直接与顾客接触，

倾听他们的问题及需求；当顾客人数增长时，也要通过电话、电子邮件等方式与他们继续保持联系；即使公司有了初步的成功，也不能忽略了这些“上帝”。

同时，还要通过市场调查了解自己的竞争对手。创业计划书要考虑到未来的经营范围，有多少家同类型的小店、小厂、小公司，占据的市场份额有多大，经营方式有什么特点，在哪些方面不能满足顾客的需要等。在此基础上，还要从技术和经济角度对所选项目进行评估、测算，最后确定切实可行的创业项目。

② 明确产品或服务特点。编写创业计划书，必须搞清楚产品和服务的特点，并认识到为什么这些特点对目标顾客具有吸引力，和同类产品或服务有什么区别等。

③ 销售预测。销售预测是制订创业计划时最重要也是最困难的部分。收入来自销售，没有好的销售就不可能有利润。现实中多数人往往过高估计自己的销售额，因此，大学生在进行销售预测时不要过分乐观，应保守一点，留有余地。

④ 供产销渠道和促销方式。企业的供产销渠道要通畅，相互衔接，生产、销售、财务、人事、技术、设备、质量、后勤等部门相互协调、密切配合。

要在几家供货商之间比较原材料供应，不能单看价格，要重视供货商延迟交货可能会导致的损失。应当进什么货和什么时候进货是门学问，无论是商店还是工厂，摆在货架上的多余物品都是“死钱”，只有当它们迅速周转时，才能带来利润。而对于不断波动变化的商品价格，大学生需要每天留心观察，以便抓住订货的时机。

促销是指把企业的产品或服务信息传递给顾客，吸引他们来购买自己的产品或服务。促销通常有三种方法：广告、宣传和销售促销。

（3）法律形态。创业必须确定企业的组织形式即企业的法律形态。小企业常见的法律形态有：个体工商户、个人独资企业、合伙企业和有限责任公司等。选择哪种法律形态要考虑的主要因素有：企业的规模，行业类型和发展前景，业主或投资者的数量，创业资金的多少，创业者的观念（倾向个人决策还是协商合作）等。

新企业顺利运行，必须有一个合理的组织结构，必须明确企业的岗位及其职责。有效率的企业，每个员工都对企业的成功起着重要的作用。小企业可由下列人员组成：业主、企业合伙人、员工、企业顾问等。

制定岗位职责是企业正常运转的保证，其作用主要有三个方面：可使员工确切知道企业需要他做什么；可作为衡量员工工作绩效的标准；可作为聘用员工的参考依据。

（4）企业财务。财务是指企业为了达到既定目标，所进行的筹集资金、运用资金和收益分配的活动。所有财务情形必须仔细计算出来，以便让可能的贷款人或投资人了解并支持投资计划。

① 资金来源：融资或贷款。资金是大学生创业必须跨越的一座大山。

个体、家庭经济资金的筹集比较简单，主要是自筹。合伙人共同出资筹办企业，要明确彼此间的权利和义务，明确合伙人的出资额、出资方式以及各自承担的责任，共同经营，共担风险，共享利益。向银行贷款是借钱生财的最好方法。个人创业贷款是指具有一定生产经营能力或已经从事生产经营活动的个人，因创业或再创业提出资金需求申请，经银行认可有效担保而发放的一种专项贷款。

② 启动资金使用预测。自有资金不足，往往会导致创业者利息负担过重，无法成就事业，因此大学生要有“有多少实力做多少事”的观念，不要过度举债经营。

启动资金用来支付场地（土地和建筑）、办公家具设备、机器、原材料和商品库存、营业执照和许可证、开业前广告和促销、工资以及水电费和电话费等费用。这些支出可归为两类。一类是投资（固定资产），即企业购买价值较高、使用寿命长的东西。明智的做法是把必须要用的投资降到最低限度，少担风险。另一类是流动资金，即企业日常运转所需要支出的资金，主要用于购买并储存原材料和成品，用于促销、工资、租金、保险和其他费用的支出。

③ 成本和利润预测。成本是实现赢利的前提条件，只有准确预测成本，才能确定产品的价格，保证获利。

所有企业都有两种成本。有些成本是不变的，比如租金、保险费和营业执照费等，这些成本叫作固定成本。另外一些成本会随着生产或销售的起伏而变化，如材料成本，这些成本是变动成本。利润来自销售收入减去企业经营成本，只有收入大于成本才有利润。

预测销售收入及利润情况，可采取以下步骤：①列出企业推出的所有产品或服务项目；②预测第一年里每个月期望销售的每项产品或服务的数量；③为每项产品或服务制定价格；④用销售价格乘以月销售量来计算每项产品或服务的月销售额；⑤用销售收入减去企业经营成本，计算利润。

5. 创业计划的审定

在完成创业计划的编制后，要对创业计划再次进行审定。审定的内容包括：

有没有足够的时间精力来承担企业的管理工作；是不是有足够的资金来办企业；企业是否能够赚钱；自己有没有足够的责任心和能力等。应向尽可能多的人征求意见，反复审阅创业计划的内容，直到满意为止。有很多机构和专家，如政府有关部门，相应业务领域和企业中有经验的咨询服务顾问和协会代表，会计师、银行家、律师等专业人士，高等院校教师等，都可以帮助大学生审核创业计划。创业计划提供了纸面上而不是在现实中测试创业项目的机会，只有通过认真审定，才能合理决定创业项目的取舍。

8.2.2 一般创业过程

1. 组建创业团队

创业团队，就是由少数情趣相投、技能互补，可以互相帮助和扶持，有着共同创业目标的创业者组成的团队。创业团队的组建是整个创业活动中十分重要的环节，它对创业活动的顺利开展和成功与否发挥着重要的影响作用。一般来说，组建一个团结、高效的创业团队，应该具备以下几个条件。

（1）具备正确的团队观念。树立正确的团队观念，首先需要团队具有高度的凝聚力，每位团队成员都要意识到大家处于一个共同体中，有福同享、有难同当；需要每位成员都必须具备诚实守信、善良正直的高贵品质；需要每位成员树立远大的理想，把创业活动当作自己所从事的一项事业，为企业的长远发展着想，在企业的成长中实现自己的价值，并能够为他人和社会创造价值。

（2）树立共同的目标。树立共同的目标对于一个团队的良性发展有着促进作用。每位成员如果明确了共同的目标，并将其作为自己的奋斗目标，为实现这个目标不懈努力，那么必将促进团队的团结、稳定，也必将推动和促进创业活动的成功。

（3）建立团队管理机制。建立合理的团队管理机制是创业团队保持团结、和谐、高效的制度保障。建立合理的团队管理机制，需要团队成员妥善处理各种权利和利益关系，做到分工明确，责任落实，将责、权、利有机结合起来；需要制定详细具体的管理制度，用制度去约束人、管理人，做到在制度面前人人平等。

（4）寻求合理的知识结构。一个优秀的创业团队，必然是一个知识结构合理的创业团队。实践证明，团队成员的知识结构越合理，创业成功的机会就越大。对于创业者来说，在组建创业团队时，要努力做到成员之间优势互补，合理搭配，尽量避免专业或技术上的相似性或相同性。

2. 开展市场调研

要进行必要的市场调研和产品研究，并围绕其产生业务构想。

3. 确定公司的名称

给公司命名不是一件简单的事情，也有许多讲究和艺术。

（1）你必须喜欢。

（2）要给人以准确、简练的印象，不应让外界产生误解。

（3）应充满乐观向上、积极进取的精神。

（4）应易于被员工喜爱和接受。

（5）字数不宜太多。

（6）易于读写，应鲜明、朗朗上口，不要用生僻、令人费解的字。

（7）要独树一帜，不要人云亦云。

（8）不要过于专业化，应保持合理的弹性和余地。例如“×× 无线电元件公司”和“×× 二极管公司”绝不是等同的概念。

（9）要适合目标公众的口味，例如“鸭鸭集团”，就显得市民化、大众化。

4. 聘请法律顾问

新公司的创立经常要涉及许多法律和制度方面的问题，大学生往往很难掌握那么多的法律知识，因而需要从法律顾问那里获得正确的建议。

5. 筹集创业资金

创业必须要有足够的资金。一般来说，创办企业所需要的资金主要有：固定资金，即企业的固定资产总价值，包括购买或租赁生产厂房、机械设备、运输工具等的费用；流动资金及用于支付劳动者酬劳的费用；注册资金，即国家所承认的私营企业的所有资产的货币表现，银行贷款、借款不能作为企业的注册资金。大学生获取维持企业运转和经营的创业资金，主要有以下渠道：自筹资金、银行贷款、寻找风险投资、合伙入股、信用卡透支等。

6. 专业运行

一旦所筹的资金到位后，创业团队就要从“业余状态”转入“专业状态”，开始全天候的筹备工作。

7. 筹办注册经济实体

（1）寻找企业落户场所。企业选址要根据行业特点确定。要选择有发展机会和空间的地方，重点考虑经营项目的特点、经营场地周围常住人员和流动人口状态、交通及通信条件；要选择与本企业经营方向相近的企业为邻，以便相互沟通，协调发展，为客户提供一条龙服务，减少成本。企业选址还要有前瞻性，要把眼光放长远些，多了解该地区将来的发展情况和城市发展规划，并进行动态分析，考虑日后变化。此外，还应兼顾环保要求和经济适用原则，量力而行。

（2）注册独立的经济实体。创办新企业要注册登记，如同办理“户口”。根据我国的法律规定，新办企业必须经市场监督管理部门核准登记并颁发营业执照，获得有关部门颁发的经营许可证（包括卫生、环保、特种行业许可证等）。企业只有领取了营业执照，才算具备了“正式户口”的合法身份，才可以开展各项法定的经营业务。

完整的企业注册程序包括：准备经营场地、开具有关房产证明、企业名称登记、领取并填写工商注册登记表、准备提交相关文件资料、办理有关前置审批手续、办理入资验资手续、领取工商营业执照等。

企业在领取工商营业执照后，应在规定时间内办理如下手续：一是企业代码登记；二是公章雕刻，银行账户申请；三是国税登记；四是地税登记；五是统计登记；六是行业管理登记；七是科技企业登记；八是各项社会保险统筹及就业证办理。

8. 办理涉及学校的手续

（1）对于应届毕业生在自主创业企业中担任企业法人代表的，在其公司申请注册过程中，需要学校出具的证明包括：① 就业办公室出具的应届毕业生证明；② 公安处户政科出具的集体户口证明；③ 公安处治安科出具的无刑事犯罪记录证明。

（2）对于应届毕业生在创业企业中担任企业股东的，学校为其提供的证明包括：① 就业办公室出具的应届毕业生证明；② 公安处户政科出具的集体户口证明。

9. 拟定各种章程

初创公司的一些基本规章制度和管理办法虽然不一定很完善，但是一个基本的运行框架还是必需的。

10. 引入必要的生产办公设备

这些引入的生产办公设备主要偏重实用功能，切记追求高档、豪华。在创业的初期注意保持节约，每一分钱都要用在刀刃上。

11. 培训员工

对招聘的员工进行必要的岗前培训，明确技术和纪律要求。

12. 采购材料和试产试销

首先选购少量原料，进行试生产，发现存在的问题。把试制品拿给专业人员和消费者，收集反馈信息，考察市场情况。

13. 重新确立产品设计

把试生产、销售中所暴露出来的问题汇总，重新审定产品的设计，一旦确认可行，则可进行具体操作。

14. 确立正式规则

召集创业人员，制订正式的采购、生产、物流、销售和服务等一系列策略方案，这样公司便可步入正式运行的轨道。

当然，以上所述自主创业的程序只是理论上的指导，在实际的创业过程中，大学生可以根据需要选择其中的部分程序，也可以根据实际情况增加部分环节。比如关于创业资金的到位问题，在开始创业前能够把所需的资金全部到位固然很好，但在现实的创业过程中很少有这样如意的情况。这时候就可以在做培训规划、市场调研的同时进行资金的筹措工作，甚至也可以在公司正常运转以后根据需要再进行筹措。

8.2.3 创业过程中的常见问题、原因及对策

1. 创业过程中的常见问题

（1）资金问题。大学生创业基本上是白手起家，资金来源除了向家人、亲戚、朋友借之外，部分依靠银行的小额贷款。资金的局限性往往使得大学生在创业投资过程中顾虑过多，压力过大，放不开手脚，直接导致一些决策性的失误，或者是由于资金短缺“心有余而力不足”，白白丢失发展机遇。

（2）时间问题。时间问题主要是针对在校大学生创业而言。在校大学生的主要任务是完成学业，这已不轻松，而创业初期问题繁多，更需要花费时间、精力去解决，这往往导致两边都无法做好。有些大学生也因为创业而导致多门成绩不合格，不得不选择休学，甚至被迫退学。

（3）心态问题。心态问题往往决定了大学生创业最终能否走向成功。大学

生创业心态问题主要表现在两个方面。一是缺乏自信。绝大多数大学生创业者选择创业的原因不是因为对成功创业的自信，而是源于外在求职的压力，其创业初衷就埋下了失败的种子。二是急功近利。大学生创业者中不少人将起点定得太高，如瞄准高科技领域、大型商场、名牌产品专卖店等投资大、风险也大的项目，其心态接近赌徒心理。

（4）能力问题。大学生创业者往往经验不足，主要表现在两个方面。首先，专业经验不足，创业涉及的专业知识不仅包括所在行业的技术技能，还涉及工商、金融、税务等专业经验，而这些都无法在短时间内获取。其次，人际经验不足，创业要处理创业团队内部与外部人际关系，相对来说比较复杂，大学生处理起来并不容易。

（5）知识问题。创业要求创业者对营销、财务、管理、商务、税务、法律等都要有一定的知识积累，而大学生的经营理念与手段等往往并不能适应市场的实际情况，对市场特点、产品营销方式等了解不深，难以得到第一手的市场信息，也很难准确分析市场未来的发展方向。

（6）风险问题。一般来说，创业的成功率在10%左右。一项有关创业的研究结果显示，从形成创业构想到最后得以上市的比率仅有百万分之六；而真正实际投入运作的新创企业中，能活过一年的也仅有60%。最近的有关报道也显示，有着海外留学背景的高层次的海归留学人员的创业成功率有30%左右，而经过创业培训的大学生成功创业率也不过25%，这也从侧面反映了大学生创业的风险和难度。

2. 大学生创业存在问题的原因分析

大学生创业存在问题的原因是多方面的，有家长的原因、政府政策的原因，也有社会环境及舆论的原因，但最主要的是大学生本人原因和高校原因。当代大学生大多是独生子女，自我中心倾向明显，心理素质不强，难以承受创业的失败和挫折，这是导致创业失败的群体性格特征。同时，高校教育对大学生创业重视不够，创业素质的培养未形成有机的整体，对学生创业的指导和帮助非常欠缺。

3. 大学生创业存在问题的对策

（1）大学生应做到以下几点。

① 端正心态，谨言慎行。在校大学生创业应慎行。大学生宜先获取适当经验知识。大学时期是人生中最重要的集中学习专业知识的时间，学好专业知识是未来实现辉煌职业计划的关键。大学生可遵循“先就业后择业再创业”的模式，

先到未来可能要创业的行业或相关行业就业，学习专业知识，积累人际关系，等有了一定经验之后再进行创业。

② 多做调研，加强学习。要加强创业的内外环境分析，做好市场调查。调查是发现问题和解决问题的最有效手段，应该充分进行PEST（政治或政策、经济、社会、技术环境）、SWOT（优势、劣势、机会、威胁因素）分析，寻找较好的时机与项目。科学有效地收集创业信息、研究分析创业策略是创业的前提，资源的转化与优化组合是创业成功的根本保障。

③ 选择优势项目，确保资金稳健。大学生创业的优势项目主要有高新技术企业、创意型企业、智力服务型企业、新兴产业、服务特殊群体的企业、加盟连锁经营等。对于资金不太雄厚的大学生创业者来说，适宜选择门槛低、成本少、风险小的投资项目，例如，网上创业就由于具备这些特点而被许多大学生作为创业的首选。大学生创业应当避免完全负债或高额负债，避免过高压力影响自信，同时避免资金风险。为解决创业资金问题，除父母资助、亲友借助之外， 尚有银行贷款、风险投资、典当融资、股权融资和融资租赁等常用的融资方式。

延展阅读

网店创业受大学生创业者青睐

大学生网店创业规模有多大？中国就业促进会2015年7月27日发布的项目报告显示，到2014年年底，全国网店直接带动就业累计逾1 000万人，其中大学生创办的网店带动就业人数约为618万人，贡献率超六成。

报告显示，大学生个人网店带动就业总规模约为540万人。在我国全部个人网店中，由大学生创办的个人全职自营网店占16.4%，个人全职有雇用员工的网店占13.5%，个人兼职有雇用员工的网店占9.4%，个人兼职无雇用员工的网店占20.4%，其他非大学生创办的个人网店占40.3%。2014年，大学生创业网店共带动就业约78万人。

大学生网店带动的就业规模随着大学生毕业时间长短有着明显变化。2014年，在校大学生创办的网店带动就业规模约为30万人。毕业2年以内的大学生创办的网店带动就业规模约为76万人。毕业5年以内的大学生创办的网店带动就业规模约为206万人。毕业6年及以上的大学生创办的网店带动就业规模约为 357 万人。

大学生创办的网店有什么特点？报告显示，男性店主多于女性店主，约占 61%；只开一家网店的占到 71%；近八成的大学生网店没有实体店；大学生直接注册创办企业网店的占 19.6%。

在“大众创业，万众创新”的背景下，不少大学生把目光投向门槛较低的网店创业。同时，他们也希望获得更多的支持。报告表明，七成以上大学生网店店主希望政府强化网络创业就业扶持政策，还有接近四成的大学生网店店主希望在税费减免方面得到支持，三成多的店主希望政府在物流配送方面给予更多便利。

④ 全盘考虑，科学管理。创业是一项系统工程，大学生必须考虑人、财、物、市场细分、定位、管理体系、财务控制、退出机制、预算等一系列的问题。在创业初期，也许只是选址失误这样一个小错误，就可能让大学生成为一个失败的创业者。将创业构想转化为健康的企业实体的创业过程要求大学生进行有效创业管理，可参照项目管理机制进行。项目管理主要致力于解决新项目创建及管理问题。大学生创业过程中可以将创业项目进展、费用、质量、风险等作为子项目进行控制，为每个子项目制订一定的计划和标准，并进行定期或不定期的监控，发现项目活动与标准之间有所偏离，迅速采取必要措施进行解决。

（2）学校应做到以下几点。

高校作为素质教育主体，应强化创业教育，宣传贯彻创业思想，提升创业意识，培养创业能力，从而提高大学生的综合创业素质。综合多方面而言，普通高校在创业教育和指导方面的具体措施可以从以下几个方面考虑。

① 改革教学课程体系和教学内容，增加创业知识的教学。改革的方式有以下几种：一是在经管类专业教学计划中增加创业学的课程；二是在原有经管类教学课程中增加创业知识，进行案例教学；三是在全校学生中开设创业学的选修课；四是举办系列创业知识讲座。

② 通过组织课外活动增强大学生创业素质的培养，仅依靠第一课堂教学是不够的。第一课堂教学往往注重知识的传授，对能力的培养则更多地需要通过组织学生参加课外活动来实现。参加课外活动可以有效地提高大学生的文字及口头表达能力、社会交往能力、团队合作能力、心理承受能力等，例如管理案例分析比赛、“挑战杯”创业计划设计大赛等。

③ 帮助和指导大学生进行创业实践，提高创业的成功率。一方面校内市场应向大学生创业者适度开放。高校蕴含着巨大的校内市场。大学生熟悉校内情况，了解学生需求，有一定的人际网络，在校内市场创业方面有着先天的优势；在校内市场上，稚嫩的大学生创业者也更易于培养和孵化。校内市场可以被视为培养大学生创业素质的绝好实验室，与其让校外企业来抢占这些资源，还不如利用这些资源让大学生进行创业锻炼。另一方面设立大学生创业风险投资基金。高校应当设法建立风险投资基金，可以由高校拨一笔专项资金，也可以通过各种途径吸引社会赞助来设立风险投资基金。相应地，要建立大学生创业风险投资基金的管理机构，严格选择符合条件的大学生创业项目，并对大学生创业项目的经营情况实施监控，一方面保证风险投资基金的顺利回收，另一方面也保证大学生创业的成功。还可以建立大学生创业指导研究队伍，组织一批有丰富创业知识、创业经验的教师，成立大学生创业指导研究组，针对大学生创业实践进行个别辅导。

实践作业

创业者角色模拟

假如你现在要创业，手里有10万元的资金，你会选择做什么？请写出你的计划，包括你的创业步骤、每一步的资金运用以及预测的结果。

参考文献

[1] 王丽 . 大学生职业生涯规划训练手册 [M]. 北京：北京理工大学出版社，2011.

[2] 共青团中央学校部，中国青少年研究中心 . 大学生职业生涯设计 [M]. 北京：中国言实出版社，2004.

[3] 苏文平 . 赢在第四起跑线：大学生职业生涯规划 [M]. 北京：机械工业出版社，2011.

[4] 卜欣欣，陆爱平 . 个人职业生涯规划 [M]. 北京：中国时代经济出版社，2004.

[5] 赵敏，张凤 . 大学生职业生涯规划与辅导实务 [M]. 北京：电子工业出版社，2010.

[6] 韩景旺，沈双生，田必琴 . 我的生涯我做主：大学生职业生涯规划与就业指导 [M]. 保定：河北大学出版社，2008.

[7] 邵晓红 . 大学生职业生涯与发展规划 [M]. 北京：北京大学出版社，2009.

[8] 任国升，高雪升 . 大学生职业生涯规划与就业指导 [M]. 保定：河北大学出版社，2011.

[9] 杨英，龙立荣 . SWOT 分析法在职业生涯决策中的运用 [J]. 华东经济管理，2005, 19（2）.